메타버스를
디자인하라

메타버스를 디자인하라

XR이 지향하는 미래 공간 구현하기

초판 1쇄 발행 2022년 2월 10일

지은이 코넬 힐만 / **옮긴이** 주원 테일러 / **펴낸이** 김태헌
펴낸곳 한빛미디어(주) / **주소** 서울시 서대문구 연희로2길 62 한빛미디어(주) IT출판부
전화 02-325-5544 / **팩스** 02-336-7124
등록 1999년 6월 24일 제25100-2017-000058호 / **ISBN** 979-11-6224-516-3 13000

총괄 전정아 / **책임편집** 서현 / **기획·편집** 정지수
디자인 이아란 / **전산편집** 백지선
영업 김형진, 김진불, 조유미, 김선아 / **마케팅** 박상용, 송경석, 한종진, 이행은, 고광일, 성화정 / **제작** 박성우, 김정우

이 책에 대한 의견이나 오탈자 및 잘못된 내용에 대한 수정 정보는 한빛미디어(주)의 홈페이지나 다음 이메일로
알려주십시오. 잘못된 책은 구입하신 서점에서 교환해드립니다. 책값은 뒤표지에 표시되어 있습니다.

한빛미디어 홈페이지 www.hanbit.co.kr / 이메일 ask@hanbit.co.kr

지금 하지 않으면 할 수 없는 일이 있습니다.
책으로 펴내고 싶은 아이디어나 원고를 메일(writer@hanbit.co.kr)로 보내주세요.
한빛미디어(주)는 여러분의 소중한 경험과 지식을 기다리고 있습니다.

메타버스가 그리는 세상
확장현실 편

메타버스를

UX
FOR
XR

디자인하라

XR이 지향하는 미래 공간 구현하기

코넬 힐만 지음 | 주원 테일러 옮김

Apress® HB 한빛미디어
Hanbit Media, Inc.

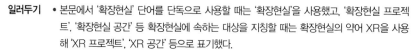

일러두기 • 본문에서 '확장현실' 단어를 단독으로 사용할 때는 '확장현실'을 사용했고, '확장현실 프로젝트', '확장현실 공간' 등 확장현실에 속하는 대상을 지칭할 때는 확장현실의 약어 XR을 사용해 'XR 프로젝트', 'XR 공간' 등으로 표기했다.

• 아울러 가상현실(VR), 증강현실(AR), 사용자 경험(UX)도 동일한 기준으로 구분해 표기했다.

• IT 용어에 익숙하지 않은 독자라면 본문을 읽기 전에 용어 사전(283쪽)을 미리 읽어보는 걸 추천한다.

오드리Audrey, 르누아르LeNoir,

르모르비에LeMorbier, 레잉키LeInky에게

지은이 소개

코넬 힐만 Cornel Hillmann

컴퓨터 그래픽 아티스트이자 확장현실 디자이너로 지난 20여 년간 미디어와 오락, 광고, 디자인 분야에서 활약했다. 파나소닉Panasonic, 재규어Jaguar, 다큐멘터리 〈미래 동물 대탐험The Future Is Wild〉, 싱가포르 국제 영화제, 레이저Razor를 비롯한 다수 브랜드와 협업했다. 컴퓨터 그래픽 학사 졸업 후 로스앤젤레스에서 아트 디렉터로서 커리어를 시작했다. 이후 독일 함부르크에서 CNT 미디어CNT Media를, 동남아시아에서 이머징 엔터테인먼트Emerging Entertainment를 설립했고, 지금은 싱가포르에서 디자인 스튜디오 studio.cgartist.com을 운영한다. 말레이시아의 림콕윙 대학교Limkokwing University에서 실감형 미디어 후반 작업과 3차원, 가상현실, 미디어 디자인 고급 과정을 강의했다. 또한 『Unreal for Mobile and Standalone VR(모바일과 독립형 VR을 위한 언리얼 엔진)』(Apress, 2019)을 집필했다. 주로 언리얼 엔진을 이용한 확장현실 제작과 기업 프로젝트 시각화 작업에 시간을 쏟는다.

대부분의 여가 시간을 가상현실에서 보낸다. 가상 스튜디오에서 신시사이저로 작곡하거나 가상현실 슈팅 게임 〈데드 앤드 베리드 2Dead and Buried II〉를 즐긴다. 또한 〈파퓰레이션 원Population: One〉, 〈하이퍼 대시Hyper Dash〉, 메타버스 플랫폼인 알트스페이스VRAltspaceVR도 즐겨 한다. 가상현실 밖에서는 소프트웨어 코딩 작업과 테크 창작물 리뷰 작성이 취미다.

티노 쿤 Tino Kuhn

UX 디자인 리드이자 디지털 크리에이티브 디렉터. UX 전략에 크리에이티브 스토리텔링과 최신식 경험 디자인을 능숙하게 녹여내며, 다양한 매체와 산업군에서 디지털 마케팅의 크리에이티브 전략을 감독한다. 모바일 플랫폼을 통해 강력한 제품 경험을 구현해내는 혁신적인 디지털 마케팅과 광고 집행으로 상을 여러 개 수상했다. 주요 경력으로 에미레이트 항공Emirates, 보다폰Vodafone, 프랜차이즈 음식점인 난도스Nando's의 UX 디자인과 전략을 담당했다. 최근에는 혁신적인 소셜 플랫폼의 교육 마케팅과 교육 공학에 관심이 많다.

고향인 독일 함부르크에서 뉴 미디어 디자인 스튜디오를 설립한 뒤 호주 멜버른으로 이주해 크리에이티브 마케팅 분야에 신흥 기술을 접목하는 얼리 어답터로 활약했다. 현재 호주에서 가장 큰 교육과 학문 플랫폼 중 하나인 오픈 유니버시티 Open Universities Australia(OUA)에서 근무한다. 또한 360 영상과 가상현실 게임을 향한 열정을 동력으로 삼아 미래형 게임화 교육 플랫폼과 정신 건강 애플리케이션 개발에 몰두하고 있다.

주원 테일러 juwon.kt@gmail.com

샌프란시스코 거주 9년 차인 사용자 경험 리서처. 미국 샌프란시스코 아카데미 오브 아트 대학교Academy of Art University에서 광고 전략 석사 학위를 졸업한 후 여행 상품 서비스 플랫폼 익스피디아Expedia와 온디맨드 헬스테크 스타트업 알토 파머시Alto Pharmacy에서 시니어 사용자 경험 리서처로 근무했다. 미국에 이주하기 전에는 한국외국어대학교에서 스페인어와 경영학을 전공하고, 브랜드 전략가로 활동했다.

현재 브런치(brunch.co.kr/@creativejuwon)와 인스타그램(instagram.com/juwon.kt)을 통해 사용자 경험, 해외 커리어, 심리에 관한 에세이를 작성해 공유하며 사용자 경험 리서처를 꿈꾸는 이들을 위한 멘토링도 진행한다.

메타버스는 이미 우리 주변에 있다. 굳이 묵직한 VR 안경을 쓰고 가상현실에 입장하지 않더라도, 현실과 디지털 세계의 경계가 흐려지는 모든 순간이 메타버스다. 인스타그램의 증강현실 필터로 머리에 꽃 장식을 하고, QR 코드로 음식점의 메뉴를 열어보고, 〈포켓몬 GO〉 게임을 즐기는 그런 일상적 순간까지도 말이다. 페이스북은 '메타Meta'로 사명을 변경하며 메타버스에 대한 야심을 본격적으로 드러내었고, 마이크로소프트, 구글, 어도비, 애플 등 세계적인 기업들이 앞다투어 증강현실과 가상현실을 위한 뼈대를 세우고 있다. 이러한 열기에 힘입어 메타버스를 설명하거나 메타버스의 잠재력이 실현된 사회를 전망하는 도서들이 쏟아져 나오고 있다. 그러나 정작 메타버스가 어떻게 설계되는지, 메타버스라는 새로운 세계에 발을 들일 이주민을 어떻게 정착시켜줄 수 있는지에 대해 논하는 책은 찾아보기 힘들다. 메타버스에 관한 기존의 도서 대부분이 마치 어느 소문난 맛집의 인기를 묘사하고 요리의 맛을 찬양하는 셈이라면, 이 책은 그 맛집의 주방으로 직접 걸어 들어가 요리에 쓰인 재료를 소개하고, 특별한 맛과 식사 경험을 창조해낸 주방장의 성공 비결뿐 아니라 지난 시도와 실패까지 낱낱이 분석한다.

저자 코넬 힐만은 메타버스계의 베테랑 요리사로서 자신만의 비밀 레시피로 '사용자 경험'을 제시한다. 지난 수십 년간 수많은 학자와 연구진, 혁신을 꿈꾸는 기업들이 가상현실과 증강현실을 위한 기술 개발에 몰두해왔다. 어떤 기술은 혁신으로 불릴 만큼 우수했지만 사용자에 대한 배려가 부족했고, 어떤 기술은 사용자 경험을 안정적으로 제공할 수준에 도달하기 위해 필연적으로 오랜 숙성 기간을 거쳐야만 했다. 메타버스는 차세대 기술의 장악을 노리는 어느 기업의 영향력만으로 하루아침에 갑자기 생겨난 것이 아니다. SF 영화나 소설로 담아낸 인간의 상상력, 인간의 신체적 한계를 극복해 정신세계의 확장을 이루고자 하는 의지, 그리고 코로나바이러스와 같은 사회적 장벽을 뛰어넘어 다른 이들과 관계를 맺고자 하는 연대 의식이 메타버스라는 새로운 우주를 계속해서 키워왔다. 본격적인 메타버스 시대의 문턱에 서 있는 지금이야말로 사용자의 관점을 적용해 확장현실 기술을 분석하고 메타버스의 설계를 고민해볼 적기다.

사용자 경험은 모바일 애플리케이션과 웹사이트 개발에서 두각을 드러냈다. 사용자 경험은 기술과 사람 간의 커뮤니케이션을 효과적으로 설계해 디지털 경제의 성공을 이끈 핵심 영웅이다. 사소해 보이는 버튼 하나의 위치, 콘텐츠를 소개하는 순서, 화면 전환의 구성 등 화면에 띄워지는 어느 것 하나 사용자 경험의 고민을 거치지 않은 것이 없다. 많은 사용자가 스마트폰에 중독되는 것은 단지 그들이 통제력이 부족하거나 의지가 나약해서가 아니라, 그만큼 사용자 경험이 사용자의 욕망을 섬세하게 채워주고 특정 행동들을 효과적으로 유도하는 데 성공했기 때문이다. 웹과 모바일 앱 경험의 최적화를 향해 달려온 사용자 경험 디자인은 이제 머신러닝이나 인공지능으로 업무의 일부를 처리할 수 있을 정도로 높은 성숙도에 도달했다. 대신, 더욱 많은 관심과 노력을 사용자 경험의 윤리성과 책임감 있는 디자인에 쏟고 있다.

이러한 시점에서 메타버스가 사용자 경험의 차세대 도전 과제로 지목된 것은 참으로 반가운 일이다. 사용자 경험은 지난 10여 년간 디지털 경제의 성장을 이끌며 지식과 노하우를 단단하게 축적해왔으며, 이 경험을 통해 메타버스라는 새로운 매트릭스의 설계자로서 갖추어야 할 성숙된 관점과 책임감 있는 태도도 획득했다. 주로 손가락이나 음성 입력으로 이루어졌던 한 뼘의 평면 화면 위 상호작용으로부터 무한한 규모의 공감각적 공간 속에서 온몸의 움직임과 시선이 활용되는 몰입형 상호작용으로의 도약은 엄청나다. 특히 사용자 경험 디자이너라면 이 도약이 암시하는 업무의 확장을 상상하는 것만으로도 엄청난 부담감을 느낄지 모른다. 하지만 정확히 그런 이유로 우리는 그 어느 곳에서 보다 바로 메타버스에서 사용자 경험의 건강한 철학과 단단한 접근 방식이 필요하다. 사용자를 고려하지 않은 채 부주의하게 설계된 메타버스 경험은 화면이 멈추고 버튼이 먹통이 되는 것과는 차원이 다른 파괴력을 가질 것이다. 저자는 사용자 경험의 기본적인 설계 절차를 메타버스 개발 맥락에서 재해석함으로써 훌륭한 메타버스 입문 참고 자료를 제공하고 있을 뿐 아니라, 메타버스의 윤리적 문제와 사용자 경험의 역할에 대한 질문까지 함께 제시하며 독자를 메타버스 개발의 세상으로 친절하게 온보딩한다.

안식년에 이 책을 만난 것은 개인적으로 큰 행운이었다. 사용자 경험 리서처로 5년여간 일해오다 번아웃이 찾아왔다. 디지털 전환이 추상적인 사회학적 개념이 아니라 일상적인 업무의 속도와 내가 속했던 산업의 변화, 노이즈 가득한 사용자 연구 데이터로 나타났고, 코로나바이러스 팬데믹은 이 모든 것을 가속화시켰다. 혼란 끝에 도망치듯 안식년을 가졌다. 히피 문화부터 SF 소설까지 메타버스에 영향을 준 다양한 문화적 현상, 롤러코스터와 같은 굴곡진 가상현실 기술의 발달사, 디자이너의 판타지처럼 들릴 만큼 강력하고 효과적인 확장현실 관련 설계 도구에 이르기까지 저자와 함께 메타버스의 구석구석을 둘러보고 있자니 마치 어디론가 여행을 떠난 기분이었다. 무엇보다도 웹과 모바일의 프레임을 통해 친숙하게 다뤄왔던 사용자 경험을 메타버스라는 낯설고 새로운 무대 위에 올려놓고 재조명하니 사용자 경험의 장기적 가치와 사용자 경험 실무자의 역할이 더욱 선명하게 보였다. 설령 메타버스 개발로 전향할 생각이 없는 디자이너에게도 이 책이 신선한 영감이 되어 디자이너로서의 관점을 확장시켜 줄 수 있으리라 확신한다.

이 프로젝트를 제안한 서현 팀장님, 번역의 길에 든든한 가이드가 되어준 정지수 편집자님, UX의 세계로 친절하게 인도해준 크리스 마리치[Kris Marich]와 조 오도널[Joe O'donnell], UX 도서 번역이라는 새로운 도전에 용기를 심어 준 에리카 홀[Erika Hall], 그리고 무한한 응원과 믿음을 보내준 로렌스 테일러[Lawrence Taylor]에게 특별한 감사의 마음을 전한다.

주원 테일러

이 책에서는 메타버스를 만드는 기술인 **확장현실**extended reality(XR) 공간을 디자인할 때 마주하게 될 해결 과제와 기회를 탐구해본다. 확장현실은 매일같이 벌어지는 혁신 속에서 빠르게 변화하며 성장하고 있다. 따라서 확장현실 분야에 대한 기본적인 이해와 디자인 실사례 분석을 균형감 있게 담아내고 싶었다. 그렇다고 해서 이론과 실무, 혹은 개념 분류 체계와 발견적 평가법을 이분법적인 방식으로 분류하는 것이 중요하다는 뜻은 아니다. 우리의 목표는 여러 관점을 통해 확장현실의 진화를 이끌고 있는 모든 요소를 고루 포착하는 것이다. 따라서 역사, 참신한 아이디어, 플랫폼뿐 아니라 경제적 맥락, 툴셋과 프레임워크로 다져진 중요한 개념까지 소개한다. 제품 디자이너라는 직책을 달고 확장현실의 세계를 탐색 중인 디자이너라면 이 책이 매우 유익할 거라고 장담한다.

상호작용 디자인과 게임 디자인 경력을 기반으로 확장현실 디자이너로 전향해 XR 프로젝트에 **사용자 경험**user experience(UX) 방법론을 적용시킨 필자의 실무 경험도 이 책에 담았다. 기존의 XR 프로젝트 개발 방식은 **게임 디자인 문서**game design document(GDD)가 중심이 되어 게임 디자인 기법과 표준, 방법론을 따르기 마련이다. 게임 디자인은 지난 수십여 년간 작은 틈새 산업에서 거대 오락 산업으로 성장해왔고, XR 제품 디자인은 게임 디자인 개발 분야의 여러 도구와 기법을 차용할 수 있었다. XR 제품 디자인이 사용자 경험까지 잘 갖춘다면 게임 디자인 업계 못지않은 성장을 기대해볼 만하다.

필자는 지금은 고인이 된 티머시 리리Timoth Leary를 통해 처음 가상현실을 접했다. 티머시는 이른바 사이키델릭 세대라고 부르던 시대에 환각성 약물 사용의 선동가로 알려져 있다. 그런 이유로 그를 추종했던 것은 아니다. 그가 중년의 나이에 접어들었던 1990년 초반부터 중반 사이에서, 그는 가상현실이 자신의 거대한 아이디어를 표현할 수 있는 수단이라 믿었고 여생을 가상현실을 옹호하는 데 바쳤다.

필자가 로스앤젤레스에서 디자이너로서 첫 직장을 다니던 시절, 친한 친구를 통해 그를 처음 만났다. 가상현실을 통해 인류의 자유를 달성할 수 있다는 그의 테크노 유토피아적인 비전과 열정은 당시 평범한 직장인이었던 나에게는 무모하고 지나쳐 보이기만 했다. 당시에 그는 이런 기록을 남겼다.

> 전자 활동으로 구현되는 현실은 물리적인 세계보다 더욱 현실적이다! 마치 물고기가 바다에서 해안가로 도약하는 것처럼 심오하고도 혁신적이다. 아마 이 순간 물고기는 물속보다 땅과 공기가 더 진실되고 생생하다고 느낄 것이다!
>
> ─『카오스&사이버컬쳐Chaos&Cyberculture』(Ronin Publishing, 1994) 48쪽

이 기록을 남기기 2년 전인 1992년, 72세의 티머시는 미국 미니애폴리스에서 열린 여행 · 관광연구협회Travel and Tourism Research Association 기자회견에서 이런 발언을 하기도 했다.

> 가상현실은 언젠가 모든 출장을 무용지물로 만들 것이다. 사람들이 전기통신을 통해 한데 모여서 원격현장감telepresence이란 것을 만들어낼 테니 말이다.
>
> ─일간지「볼티모어 선The Baltimore Sun」1992년 6월 16일 자 기사에서 발췌

당시의 사람들은 그의 생각에 회의적이었다. '멋진 발상이지. 그렇지만 우리가 살아 있는 동안 현실화되지는 못할 거야.' 그러나 반문화의 상징인 티머시와 어울리면서 필자가 얻은 한 가지 교훈이 있다면 절대로 원대한 발상의 힘을 과소평가하지 않는 것이다. 그의 수많은 예견은 20년이 지난 후 현실로 이루어졌다. 2014년 **오큘러스 리프트**Oculus Rift 전용 **개발자 키트 1**Development Kit 1(DK1)을 처음으로 접했을 때 느꼈던 흥분을 아직도 생생히 기억한다. 개발자 키트 1을 이용해 조금 전에 구

성하고 설계한 도안이 직접 걸어 들어갈 수 있는 3차원 공간으로 구현되는 것을 경험한 순간, 나는 완전히 확신하고 말았다. 개인이 직접 만든 가상 창조물 속에서 살아갈 수 있는 시대가 도래했음을 말이다. 20년 전 상상만 했던 것이 실현된 일생일대의 경험은 컴퓨터 괴짜가 느끼는 쾌감 그 이상의 전율로 다가왔고 나의 커리어에 새로운 목적의식과 비전을 부여하는 삶의 전환점이 되었다.

반면 UX 디자인을 습득하고 내 것으로 만드는 데에는 좀 더 오랜 시간이 걸렸다. 마치 한꺼번에 밀려드는 달콤함과 씁쓸함으로 미각을 혼란스럽게 하지만, 시간이 지날수록 자꾸 생각나고, 익숙해지면서 맛의 깊이를 음미할 수 있게 되는 그런 이색적인 과일처럼 말이다. UX 디자인은 여러 방면에서 지금까지 내가 일해왔던 방식과 관점의 전환을 요구했다. 그래서 UX 디자인을 배우고 실천하는 과정은 결코 녹록지 않았다. 그러나 시스템의 깊이와 우아함을 이해하게 되고 다양한 관점을 한군데 모을 수 있는 공통의 언어를 습득하고 나니 결실은 달콤했다. UX 디자인 절차는 **디자인 싱킹**design thinking이라는 사고방식을 제품 디자인 시스템과 철학에 녹여낸다. 이는 업무상의 만족도를 높이고 결과를 확실하게 도출하며, 디지털 경제의 놀라운 성공에 중요한 역할을 했다. 게임 디자인도 UX 디자인과 유사한 구성 요소를 여럿 공유한다. 사용자 리서치, 의사결정자 인터뷰, 프로토타입 제작, 포커스 그룹 테스트가 대표적인 예다. 그러나 게임 디자인의 차이점은 사용자 리서치와 UX 방법론의 비중이 비교적 낮다는 것이다. 게임 개발자들은 종종 '내 의견은 편향되지 않았어. 나는 그저 사용자들이 무얼 원하는지 잘 알고 있을 뿐이야'라고 생각하기 때문에 UX 기법을 활용할 필요성을 느끼지 못한다. 게임 산업 자체가 워낙 특수 분야이며 디자인 결정 방식이 장르의 영향을 많이 받기 때문이기도 하다.

이 책은 확장현실 산업 전반의 흐름과 윤곽을 묘사한다. 디지털 전환의 맥락에서 현재 확장현실의 진보 상태를 진단하고, XR 디자인에서 발생하는 문제의 접근 방식을 정리하며, 문제 해결에 도움이 될 만한 단서와 조언을 공유한다. 또한 이 책은 두 가지 유형의 디자이너를 염두에 두고 작성되었다. 하나는 확장현실 또는 게임 제품 개발에 UX 디자인 원칙을 적용하려는 XR 게임 디자이너고, 다른 하나는 웹과 모바일 디자인 업계에서 확장현실 분야로 자신의 영역을 확장하고 싶은 UX 디자이너다. 따라서 두 디자이너 집단이 각각 이미 잘 알고 있을 게임 디자인과 UX의 기본 원리가 이 책에 등장한다. 예컨대 게임 디자이너라면 프레임워크에서의 비주얼 스크립팅 역할을 이미 잘 이해하고 있을 것이고, UX 디자이너라면 더블 다이아몬드 모델에 익숙할 것이다. 이 책의 목적이 게임 디자인과 UX 디자인의 융합인 만큼 두 관점을 나란히 설명하는 것이 필수적이었다.

UX 디자인은 이미 디지털 제품 개발 분야에서 유효성을 증명한 만큼, UX 디자인의 성공 공식을 확장현실 분야에 활용하는 것은 의미 있는 작업이 될 것이다. 또한 그러한 의미에서 UX 디자인 리드 티노 쿤이 이 책의 기술 감수자가 되어주었다는 것은 너무나 특별하고 감사한 일이다. 필자는 오랫동안 티노 쿤을 동경했고, 그로부터 많은 영감을 받았다. 그는 오랜 시간과 노력을 들여 원고의 주제와 아이디어를 검토했고, 워크숍을 진행하며 마지막 장의 사례 연구를 비롯해 이 책에 소개된 다양한 실무 예시를 도출하는 데에 큰 도움이 되었다. 이 책의 핵심 목표는 디자이너들이 XR 디자인에서 커리어를 펼칠 수 있도록 주요 아이디어, 플랫폼, 도구, 개념, 유용한 디자인 시스템, 상호작용 패턴을 전반적으로 소개하는 것이다. 티노 쿤의 방대한 지식과 기업용 프로젝트의 워크숍 운영 경험은 이 목표를 달성하는 데에 중대한 역할을 했다.

지난 가상현실의 발달사에서 디자인 패턴의 진화를 돌이켜보면 2013년 오큘러스 리프트의 **킥스타터**Kickstarter 프로젝트 이래로 얼마나 많은 변화가 있었는지 실감

할 수 있다. 2016년 오큘러스 리프트가 출시되고 가상현실 기술이 걸음마를 떼고 있을 때 업계에서는 '**실재감**(혹은 현존감)presence'이라는 용어가 판을 쳤고, UX 규율에는 '몰입감을 깨뜨리지 말 것', '어지럼증을 유발하지 말 것', '최대한 부자연스러운 것은 피할 것'과 같은 금기어 투성이었다. 그러나 2022년, 지금은 누구도 '현존감'에 대해 이야기하지 않는다. 대신 우리는 '**몰입감**immersion'이라는 표현을 더 자주 사용한다. 가상현실 환경의 특성을 강조하기에도 더 유용하다. 몰입감을 방해하는 행동이나 부자연스러운 동작에 대한 편집증적인 우려도 이제는 잦아들었다. 원인을 더 잘 이해하게 되었기도 하거니와, 오히려 현실에서 불가능한 초능력을 사용자에게 부여하는 방식으로 부자연스러운 동작을 지혜롭게 활용하는 법도 터득했다.

이 책이 확장현실의 입문서이자 다양한 실무 환경에서 요긴하게 사용할 수 있는 참고서가 되기를 바란다. XR 게임 디자이너는 이 책을 통해 사용자 경험의 사고 방식이 제품을 개발할 때 어떠한 도움이 되는지를 이해하고, 웹과 모바일 디자인 계에 종사하는 UX 디자이너는 확장현실이 어디서부터 유래했고 어디로 흘러가며, 어떤 기법, 도구, 플랫폼을 사용하는지 살펴볼 수 있기를 바란다.

이 책에서는 프로토타입 제작 단계를 UX 디자이너의 주요 고충으로 진단한다. 특히 확장현실의 개발 절차는 게임 엔진 기반이기 때문에 완전한 기능을 갖추고 상호작용이 가능한 프로토타입을 제작하려면 매우 복잡하고, 기술을 습득하는 데에도 오랜 시간이 걸린다. 스티브 잡스의 표현을 빌리자면 '문제투성이bag of hurt'1 다. 그러나 희망이 없는 것은 아니다. 예컨대 XR 디자인 도구 **티보리**Tvori의 차기

---

1 옮긴이_ 2008년 신형 맥북 공개 당시 애플 컴퓨터가 블루레이(Blu-ray)를 지원하지 않는 이유를 두고 스티브 잡스가 블루레이를 문제투성이라고 답한 것에서 유래한 표현이다.

버전은 기본적인 상호작용 시뮬레이션을 지원함으로써 개발 부담을 낮춘다. 궁극적으로 디자이너가 꿈꿀 수 있는 최상의 조건은 공간형 디자인 애플리케이션을 통해 환경 속에 직접 들어가 설계하는 것이다.

마지막으로 확장현실을 위한 UX 디자인의 완성도를 높일 수 있는 비밀을 하나 공유하고 싶다. 이 비밀의 이름은 바로 **종료 부리토**exit burrito다. 종료 부리토라고 해서 인생을 하직하기 전에 마지막으로 먹어야 하는 음식이냐고 추측하지 마시길. 종료 부리토는 VR 게임 〈잡 시뮬레이터Job Simulator〉에서 게임을 종료하는 방식이다. 게임 사용자가 게임을 마치려면 여행 가방에서 부리토를 꺼내 입으로 두 번 베어 물어야 한다. 우리는 이 요상한 상호작용 방식으로부터 하나의 교훈을 얻을 수 있다. 부리토 먹기와 같은 평범한 상호작용도 충분한 검증을 거쳐 의미 있게 적용한다면 얼마든지 놀라울 만큼 즐거운 경험으로 선사할 수 있다는 것이다. 그러니 확장현실 설계에서 창의력을 발휘해보고 싶다면 일상의 평범한 동작에서부터 발상을 시작해보는 것을 추천한다. 평범한 동작을 의미 있는 행동으로 전환하는 과정에서 아이디어가 무한으로 솟아오를 것이다. 예를 들어 게임 시간을 연장하기 위해 가상현실 세계의 도로 위에 올려진 깡통을 발로 차버린다든지, 가상현실 회의 공간에서 업무 관계자와 만나기 위해 말뚝²을 손에 쥐고 들어 올린다든지 말이다. 비록 우스꽝스러운 생각이지만 재미있지 않은가? 재미 속에서 새로운 아이디어가 샘솟는 법이다. 그리고 이것이 확장현실의 정신이다. 마음 놓고 신나게 창의력을 발휘해보자.

확장현실 산업은 현재 성숙 단계에 접어들고 있지만, 혁신은 이제서야 달아오르

---

2 옮긴이_ 이해관계자(stakeholder)가 말뚝(stake)과 소유자(holder)라는 두 단어의 합성어라는 점에서 착안해 문자 그대로 이해 관계자가 말뚝의 소유자라는 것을 시각적으로 표현하는 아이디어다.

고 있다. VR 관련 게임 플랫폼 **렉 룸**^{Rec Room}은 현재 기업 가치가 12억 5천만 달러에 이르며 유니콘 기업의 반열에 올랐고, 마이크로소프트는 미국 육군과 약 219억 달러 규모의 **홀로렌즈**^{Hololens} 공급 계약을 체결했다. 스냅챗^{Snpachat}, 나이앤틱^{Niantic}, 애플 역시 자체 개발한 AR 글래스를 출시하려고 준비하고 있다. UX 디자이너들이 즐겨 쓰는 디자인 도구 **피그마**^{Figma}에서는 홀로렌즈 혼합현실 툴킷^{Mixed Reality Toolkit}(MRTK)의 UI 툴셋을 활용하는 것이 가능해졌다. 이 모든 소식들이야말로 우리가 확장현실의 더 넓은 기회의 무대로 나아가고 있다는 신호다.

메타버스는 우리의 삶을 바꿔버릴 기술을 가져오고 있다. 이 책의 마지막 장에서는 블록체인과 **NFT**^{non-fungible token}(대체 불가능 토큰)를 확장현실의 맥락에서 접근한다. 암호화폐의 열기와 투기 과잉, 버블 현상에 대한 우려로 논쟁의 여지가 많은 주제다. 그러나 비트코인으로 상징되는 암호화폐 기업과 이를 떠받드는 미래 기술을 살펴보기 전 한 가지 당부하고자 한다. 성급하게 결론을 내리지 말고 일단 침착하게 기다려보시라고... 아니, 가상화폐 커뮤니티의 표현을 빌리자면, '존버^{hodl}'[3]해보시라고. 블록체인 기술은 어떤 방식으로든 우리 미래 사회의 일부가 될 것이다. 금융시장의 과잉 반응과는 별개로 말이다. 미래의 블록체인에는 탐욕도, 채굴자도, 수수료도 더 이상 존재하지 않는 대신 훨씬 자유롭고 규제는 단단하며, 환경친화적이고, 심지어 기후변화와 관련된 의무 이행에 보탬이 될 수도 있다. 실제로도 유망한 계획들이 진행 중이다.[4]

만약 이 책으로부터 영감을 받아 언리얼 엔진으로 가상현실 개발을 시도해보고

---

[3] 옮긴이_ hodl은 신조어로, 일부러 hold를 틀리게 쓰는 오자이자 hold on for your dear life(필사적으로 버티다)의 축약어다. 암호화폐의 가치가 하락할 때 손실이 우려되어 팔기보다, 장기적인 관점을 유지하며 보유하고 있으라는 의미로, 암호화폐 커뮤니티에서 일종의 만트라(주문)가 되었다.

[4] 하나의 예로 기후 재단을 위한 블록체인(https://www.blockchainforclimate.org) 팀이 있다.

싶다면 필자의 첫 번째 책인 『Unreal for Mobile and Standalone VR(모바일과 독립형 VR을 위한 언리얼 엔진)』(Apress, 2019)[5]을 추천한다. 이 책은 전문적인 VR 애플리케이션 제작의 전반을 다루며, 블루프린트[Blueprint] 비주얼 스크립팅을 위한 효율적인 제작 절차 기법을 소개한다. VR 제품 발표와 VR 퍼즐 게임에 대한 완벽한 지침 또한 이 책에 포함되어 있다.

또 다른 유용한 참고 자료로 필자의 웹사이트 **studio.cgartist.com**을 소개한다. 이 책에서 언급된 내용과 관련된 정보를 업데이트하며, 4장과 6장에서 언급된 **리얼리티 UX**[Reality UX](rUX)프로젝트에 대한 최근 소식도 확인할 수 있다. 여러분이 책의 내용에 대해 토론하고 싶거나 피드백을 주고 싶다면 얼마든지 환영한다.

---

5 https://link.springer.com/book/10.1007/978-1-4842-4360-2

감사의 말

가장 먼저 나의 자문 위원이자 콘셉트 평가자, 테스터, 비평가가 되어준 아내 오드리Audrey에게 감사의 마음을 전한다. 그녀는 확장현실과 관련된 모든 프로젝트의 든든한 지원군이었다.

기술 감수를 해준 티노에게도 감사를 보낸다. 원고를 꼼꼼히 살펴봐 주었을뿐더러 책의 완성을 위해 아낌없이 노력해줬다.

게임 디자인 업계에서의 오랜 경력을 바탕으로 사용자 경험과 게임 디자인의 비교에 관한 심도 깊은 논의와 통찰을 제공해준 베테랑 디자이너 파스칼 루반Pascal Luban을 향한 감사의 인사도 빼놓을 수 없다. 의학 분야의 홀로렌즈 AR 애플리케이션에 대한 연구를 지원해준 나의 사촌이자 지멘스 헬시니어스Siemens Healthineers의 디지털 헬스 사업군 부사장 위도 멘하드Wido Menhard에게도 감사를 전한다.

로스앤젤레스 넥서스 스튜디오Nexus Studio의 마크 데이비스Mark Davies에게도 특별한 감사를 표한다. 첨단 XR 스튜디오를 운영하는 업계 전문가로서 귀중한 시간과 통찰, 의견을 공유해주었다. 소피아 프라터Sophia Prater에게도 감사를 전한다. 그녀가 창시한 혁신적인 디자인 시스템, **객체지향 UX**Object-Oriented UX(OOUX)야말로 XR 디자인과 UX 디자인의 최종 연결 고리가 아닐까 싶다. 확장현실 개발 내 프레임워크와 사용자 경험의 역할을 논의할 때 흔쾌히 참여해준 휴먼 코더블Human Codable의 언리얼 엔진 4 전용 고급 VR 프레임워크 제작 팀에도 감사를 보낸다. 홀로렌즈 2가 처음 출시되었을 때 제품을 시험해볼 수 있게 허락해준 싱가포르 AR 선도기업 헬로홀로HelloHolo에게도 특별한 감사를 표한다.

20

도움을 준 싱가포르의 학문 공동체와 언리얼 엔진 개발자 네트워크, 가상현실 협회에도 감사드린다. 마지막으로 나의 이전 저서를 구매해준 독자들에게 깊은 감사를 보낸다. 지속적인 응원과 공감 덕분에 이 책이 세상에 나올 수 있었다.

CONTENTS

CHAPTER **01**   **확장현실과 UX의 만남**

CHAPTER **02**   **확장현실 산업의 과거와 미래**

CONTENTS

CHAPTER **04**　**UX와 경험 디자인: 화면에서 공간으로**

CONTENTS

확장현실과 UX의 만남

바야흐로 **확장현실**extended reality(XR) 시대가 도래했다. 확장현실은 향후 10년간 우리 삶 속에서 점차 선명한 모습으로 구현될 것이다. 지난 수년간 실험과 혁신을 통해 발전을 거듭해온 차세대 컴퓨팅 플랫폼이 2020년대부터 널리 활용되고 있다.

이 책은 확장현실 기반 애플리케이션 개발에 잠재된 기회들을 **사용자 경험**user experience(UX) 디자인의 관점에서 개괄적으로 설명한다. 그리고 **가상현실**virtual reality(VR)과 **증강현실**augmented reality(AR) 애플리케이션을 개발할 때 UX 디자인의 방법론과 기법을 활용하는 법을 소개한다.

확장현실에 UX 디자인을 접목하려는 이유는 명백하다. UX 디자인은 하나의 성공작이기 때문이다. UX 디자인은 사용자 경험 표준과 기법, 도구를 다듬으며 제품 개발의 효율성과 영향력을 극대화했고, 모바일 산업의 거대한 성공을 이끌며 지난 10년간 성장세를 보였다(그림 1-1).

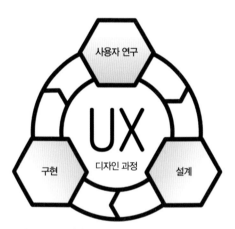

그림 1-1 UX 디자인 프로세스

오늘날 UX 디자인은 웹과 모바일 앱 개발 분야에 온전히 정착한 모양새다. 디지털 경제에 성공 스토리와 부를 가져다줌으로써 존재의 가치를 입증한 셈이다. 최근 10년 사이 각종 규율, 관련 산업 기관, 교육 훈련 프로그램, 출판물, UX 실무자 고용 등의 증대로 UX의 무대가 상당히 커졌다. 비록 그 역할과 방향성에 대한 논의가 끊임없이 이루어지고 있기는 하나, UX는 하나의 전문 분야로서 앞으로도 존재감을 지켜나갈 것이다. 디지털 제품 및 서비스 개발 과정에서 UX 접근 방식을 적용하면 최적화된 사용자 경험을 설계하고 보장함으로써 성공적인 상품을 창출하고 사용자 보유율user retention rate을 안정화할 수 있다.

현재 XR 분야에서 주목받는 AR과 VR 기반 애플리케이션은 일부 유명 사례를 제외하고는 불안정한 사용자 보유율을 기록했다. 소프트웨어 및 하드웨어 플랫폼과 포맷의 개발 환경이 끊임없이 변하고 관련 기술이 거듭 혁신되면서, 제품을 꾸준히 찾는 사용자층을 확보할 만한 성공 공식을 도출하기가 쉽지 않았다. 이는 신흥 기술이 초기에 흔히 겪는 문제이기도 하다.

이러한 상황은 XR 애플리케이션 개발에 UX 디자인과 전략을 활용할 최적의 기회다. 사용자의 행동을 관찰하고, 이를 바탕으로 도출한 데이터를 활용해 애플리케이션 핵심 구성 요소를 재정비하는 작업이야말로 신흥 기술의 상업적 성공에 중대한 영향을 주기 때문이다.

웹과 모바일 애플리케이션 개발에 성공적으로 활용된 UX 디자인의 개괄적인 원칙이나 디자인 원리는 XR 애플리케이션 개발에 얼마든지 적용해볼 수 있다. 반면 웹과 모바일 UX 디자인에서 축적된 경험적 지식을 XR 개발 실무에 활용하는 것은 훨씬 어렵다. XR 분야에 내재된 기술적이고 양식적인 난제 때문이다.

이 책에서는 지금까지 XR 애플리케이션 개발과 관련되어 진행된 UX 디자인 연구 내용과 앞으로 XR 개발 환경을 위해 재정비해야 할 기존 UX 표준 지침을 살펴본다. 그리고 사용자가 확장현실 세계를 경험하면서 자연스레 겪게 될 고충과 애로 사항을 해결하기 위한 방안을 논하고자 한다.

XR 개발 환경에서 UX 실무가 구체적으로 어떤 모습이 될지, XR 애플리케이션을 위한 **사용자 상호작용**user interaction을 설계하고 프로토타입을 제작하는 데 어떤 기법과 도구 들이 필요할지 검토하는 데 이 책이 도움이 되었으면 한다. XR을 위한 UX 디자인의 궁극적인 목표는 전반적인 XR 애플리케이션 개발 과정에서 디자인 실무가 단순 시각적인 것이 아닌, 경험과 공간지각에 초점을 맞추는 것이다. 다시 말하면 실무 의사결정에 사회의 관계 역학, 심리적 체계, 거시적인 산업 맥락 등

포괄적인 통찰이 반영되고, 개발 성과를 평가하는 핵심성과지표(KPI)를 사용자 중심으로 설정하도록 만드는 것이다.

1.1 공간 컴퓨팅 시대의 도래

지난 2020년 1월 21일, 애플의 CEO **팀 쿡**Tim Cook은 증강현실을 '차세대 거대 시장the next big thing'으로 지목했다. 그의 말처럼 증강현실은 앞으로 5년~10년 안에 우리 삶 전반에 스며들 것이다. 현재 **매직 리프**Magic Leap1나 마이크로소프트의 **홀로렌즈**HoloLens 같은 AR 기기를 둘러싼 개발 프레임워크와 커뮤니티가 형성되고 있고, 가상현실 시장은 이미 **메타**Meta2의 **오큘러스 퀘스트**Oculus Quest의 성공으로 탄력을 얻었다. XR 기술의 발달은 인간이 디지털 콘텐츠와 상호작용하는 방식을 재정의하면서, **인간-컴퓨터 상호작용**human-computer interaction(HCI) 분야에 혁신을 일으킬 만큼 거대한 변화를 UX 디자인과 전략에 가져올 것이다. 평면 스크린 세상에서는 UX 디자인이 제품 개발의 구심점이 되어 이미 삶과 밀접한 부분까지 설계하며 영향력을 행사하고 있다. 하지만 공간적인 상호작용이 가능해지는 새로운 세상을 앞두고 스토리텔링, 상호작용 설계, 전략, 리서치, 정보 구조와 같은 UX 디자인의 기존 요소를 둘러싼 기법과 디자인 공간이 전부 재편되고 있다.

전통적인 디지털 플랫폼을 XR의 무대로 확장하려면 우선 지금까지 정립된 실무 노하우, 개념, 관습과 업계 리더의 사례에서 도출할 만한 교훈은 무엇인지 살펴봐야 한다. **핸드헬드**handheld3 방식 AR 기기의 약진과 VR 사업의 성공 사례, XR 플랫폼 선두 주자의 실험적인 상호작용 콘셉트와 같은 실제 사용 사례를 살펴보면 UX 가이드라인의 뼈대를 세우고 앞으로 다가올 기회나 과제를 예측해볼 수 있다. 비록 지금은 XR 개발 환경이 변화를 거듭하고 있지만, 기술이 성숙 단계에 이르게

---

1   옮긴이_ 매직 리프는 2010년에 로니 애보비츠(Rony Abovitz)가 설립한 미국의 증강현실 장비 개발 스타트업이다. 디지털 명시야를 사용자의 눈으로 투사해 실세계 물체 위에 3차원 컴퓨터 생성 이미지를 올리는 헤드 마운티드 가상 망막 디스플레이를 개발했다.

2   옮긴이_ 지난 2021년 10월 28일 페이스북이 사명을 메타로 변경했다. 사명 변경은 메타버스 관련 사업에 더욱 치중하고자 하는 기업의 의지를 반영하고 있다.

3   옮긴이_ 크기가 작아 휴대가 가능하고 손으로 들고 작동할 수 있는 기기의 유형을 일컫는다.

되면 사용자들에게 장기적이고 영속적인 가치를 제공하게 될 것이다(그림 1-2).

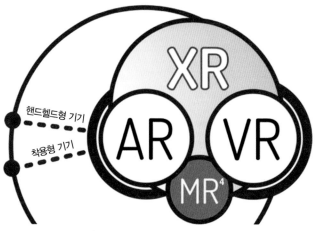

그림 1-2 확장현실(XR) 관련 용어

XR 공간에서 UX의 역할은 사용자에게 어떠한 경험적 혜택을 제공할 수 있을지 집중적으로 연구하고, 사용자를 향한 공감 능력을 발휘해 경험의 적합성을 분석하며, 디자인 측면에서 발생하는 문제에 대한 해결책을 명료하게 제시하는 것이다. UX 디자이너로서 이러한 분명한 목표 의식을 가지고 XR의 무대에 뛰어든다 할지라도, 낯선 XR 개발 환경과 생소하고 난해한 기술 앞에서 UX 디자인의 업무 범위를 설정하기 부담스러울 수 있다. 그렇다고 굳이 프로그래밍 언어를 배울 필요는 없다. XR 기술이 어떤 원리로 구현되는지, 자신의 디자인 결정이 기술적으로 초래할 결과를 설명할 수 있을 정도로 준비한다면 드넓은 XR의 무대에서 다양한 기회를 충분히 만날 수 있다. 신흥 기술 분야에서는 선구적인 디자인 결과물 하나가 시장의 흥분과 관심을 유발해 기술의 상승세를 이끄는 광경을 자주 목격할 수 있다. UX 디자이너들이 XR의 세계가 암시하는 새로운 기회를 포착하고 그에 영감을 받아 열정을 발휘한다면 충분히 혁신을 일으킬 수 있다고 믿는다. 그리고 그런 디자이너야말로 기술뿐 아니라 사람들의 삶에도 혁신을 불러일으키는 강

---

4 옮긴이_ MR은 혼합현실을 뜻하며, 원문은 mixed reality다. 가상 세계와 현실 세계를 합쳐 새로운 환경이나 시각화 등 새로운 정보를 만들어내는 것을 말한다.

력한 아이디어를 만들어낼 것이다.

1.2 UX 영역

몇 세기 전부터 명맥을 이어온 사용자 경험 디자인의 기본 개념이 오늘날 디지털 경제의 윤곽을 그릴만큼 번창하고 있는 디자인 산업에 닻을 내린 것은 당연한 결과처럼 보일 수 있다. 그러나 UX 디자인이 1990년대 전자 기기나 디지털 애플리케이션 개발에 참여하면서 바로 주목을 받은 것은 아니다. 2009년 이전 채용 시장에서도 UX 디자이너 채용 공고는 거의 전무했다. UX 디자이너는 인간-컴퓨터 상호작용 연구 분야나 소수 거대 조직이 이끄는 사용성 연구소에서나 찾아볼 수 있었다.

UX 디자인의 괄목할 만한 성장은 불과 최근 10년 사이에 이루어졌다. 우리가 오늘날 알고 있는 UX 디자인 시스템은 **애플**이 신제품 개발을 위한 핵심 프로세스에 UX 디자인 개념을 도입하면서 정립되었다. 그 결과 애플은 도전하는 모든 사업 분야를 장악하며 세계에서 가장 가치 있는 회사로 우뚝 섰다. 아이폰의 엄청난 성공을 비롯해 모바일 기기를 둘러싼 디지털 경제의 발달, 더불어 웹과 모바일 앱 간의 일관성 있는 디자인 성립에 대한 업계의 니즈^{needs} 덕택에 UX 디자인은 전례 없는 성공 신화를 써낼 수 있었다. 사용자 중심적 관점, 리서치 시스템의 도입, 주기적인 사용성 검사와 같은 UX 방법론이 디지털 경제를 항해하기에 적합한 접근 방식이었던 것이다. 뿐만 아니라 전자 상거래$^{e-commerce}$의 떠오르는 샛별과 기존 관습을 파괴하며 플랫폼 경제 시대를 사로잡은 유니콘 기업의 성공 뒤에도 UX 디자인이 있었다. 1990년대 초 애플에서 근무했던 디자인계의 전설 **돈 노먼**^{Don} ^{Norman}이 강조했듯이 UX는 이제 사용자가 기업, 제품, 서비스와 상호작용하는 모든 방식에 관여하고 있다.

그러나 UX 본래의 총체적 디자인 접근 방식은 실무 현장에서 제대로 활용되지 못하는 실정이다. 실무자들의 역량이 부족해서가 아니라 방법론이 활용될 만한 환경이 조성되어 있지 않기 때문이다. 대부분 경우 모바일 앱과 웹사이트를 설계하는 UX 디자이너는 자신의 디자인 결과물을 상품으로 구현해내는 하드웨어 기기를 직접 통제하거나 디자인의 범주에 포함할 수 없었다. 디자이너의 업무는 오로지 애플리케이션 내에서 사용자의 상호작용을 설계하는 데 초점이 맞춰져 있었고, 하드웨어 기기에 대한 사용자 경험 설계는 자연스레 기기 개발자가 도맡았다.

이러한 환경으로 인해 사용자 경험(UX) 디자인이 **사용자 인터페이스**user interface(UI) 디자인과 동일하다는 오해가 생겨났다. 많은 채용 공고에서 UX와 UI를 병기해 'UX/UI 디자이너' 따위로 직무명을 표기하는 것만 보아도 알 수 있다. 다시 한번 강조하건대, 실무자들의 식견이 부족해서라기보다는 업무 환경 때문이다. UX의 범주를 UI 디자인에 한정시키는 업무 환경에서는 실제 사용자가 경험하는 여정이 아닌, 사용자 인터페이스를 중심으로 모바일과 웹사이트 애플리케이션을 설계하는 결과를 낳는다. 특히 수많은 전자 상거래 플랫폼이나 서비스 예약 애플리케이션을 분석해보면 **이용 흐름 설계**user flow 자체가 사용자 인터페이스의 상호작용 구현 방식을 그대로 모방하고 있는 것을 확인할 수 있다. 또 하나의 굉장히 흔한 오해는 UX 디자인이 프런트엔드front-end 개발의 디자인만을 의미한다고 믿는 것이다. 어쩌면 이것은 오해라기보다 부조리한 현실을 비춰낸 인식에 불과할지도 모르겠다. 실로 대부분의 UX 디자인 업무가 프런트엔드 개발 과정에 할당되어 있기 때문이다.

확장현실의 시대로 접어들면서 UX를 향한 이러한 인식과 상황은 점진적으로 변화될 것이다. UX 디자인은 마침내 본래 정의대로 제품의 디자인과 제품 사용자 간의 상호작용에 관련된 모든 측면을 종합적으로 고려하는 방식으로 진화될 것이다. 확장현실의 세계가 요구하는 상호작용의 방식이 사용자 인터페이스 이상의 다양성을 수반하기 때문이다(그림 1-3).

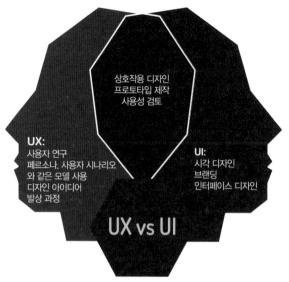

그림 1-3 사용자 경험(UX) 디자인과 사용자 인터페이스(UI) 디자인 비교

UX 디자인의 패러다임은 공간 상호작용, 몸짓, 음성 등 새로운 상호작용 요소가 추가되면서 새롭게 짜여질 것이다. 궁극적으로 UX 디자인은 'UX'에서 'X'가 상징하는 '경험'이라는 관점을 한층 부각시키면서, 확장현실 환경에서의 '경험'이 말하는 실질적 의미를 고찰하고 재정의할 것이다.

경험이라는 용어는 VR 산업 초창기의 뜨거운 관심과 새로운 경험을 제시하고 싶었던 VR 제조사들의 욕망에 의해 다소 남용되었다. '가상현실 애플리케이션을 디자인한다'는 말보다 '가상현실 경험을 디자인한다'는 말이 더 흥미롭게 들릴뿐더러, 경험이라는 단어 자체가 **몰입형 기술**immersive technology의 도입을 암시해 사용자들의 시선을 끌기에 훨씬 효과적이었기 때문이다.

가상현실을 향한 초기 열풍이 식은 지금, '경험'은 아직도 XR 애플리케이션을 설명하고 대표할 수 있는 좋은 용어다. XR 애플리케이션은 기존 애플리케이션보다 훨씬 다양한 감각이 동반된 '경험'을 제공한다. 따라서 '경험'이라는 개념에는 현실 세계를 완전히 구현한 세상 속에서 다양한 방식으로 상호작용할 수 있다는 확장현실의 잠재력도 담겨 있다.

한편 확장현실의 무한한 경험적 가능성은 UX 디자이너에게 크나큰 도전 과제를 의미하기도 한다(그림 1-4).

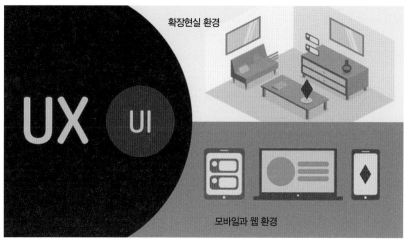

그림 1-4 공간 컴퓨팅과 모바일, 웹 환경에서 UX와 UI 디자인

프로토타입 제작 시 모바일과 웹 환경을 모두 반영할 수 있는 **반응형 디자인**을 구축하는 일은 아주 오랫동안 UX/UI 디자이너들에게 가장 큰 골칫거리였다. 포맷과 크기, 해상도가 각기 다른 스크린 환경에서 일관성 있는 사용자 상호작용 환경을 설정하기 위해 디자이너들은 가변 그리드$^{fluid\ grid}$, 고정점^{anchor}, 반응형 중지점$^{responsive\ breakpoint}$, 기기 사양값이 미리 적용되어 있는 캔버스 양식 등을 활용해왔다. 최근에는 **스케치**^{Sketch}, **어도비 XD**$^{Adobe\ XD}$, **피그마**^{Figma}로 대표되는 프로토타입 디자인 툴 덕분에 다양한 기기에 바로 구현될 수 있을 정도로 완성도가 높은 반응형 프로토타입을 제작할 수 있는 단계까지 이르렀다.

확장현실 공간에서는 반응형 디자인을 구현하기 위해 고려해야 할 사항이 훨씬 많다. 예컨대 태블릿과 같은 핸드헬드형 AR 기기와 AR 안경(글래스)과 같은 **착용형(웨어러블)**^{wearable} AR 기기에서 모두 실행 가능한 AR 애플리케이션을 제작한다고 가정해보자. 비록 이 애플리케이션에서 제공되는 증강현실 공간은 하나지만, 어떤 기기를 사용하느냐에 따라 사용자가 공간과 상호작용하는 방식이 크게 달라진다. 예를 들어 손가락 터치로 활성화된 AR 물체를 화면을 가득 채울 만큼 확대하는 효과를 구현한다고 하자. 태블릿 사용자에게는 상황에 적합한 피드백으로 받아들일 수 있지만 AR 안경을 끼고서 3D 환경에 서 있는 사용자라면 물체가 눈앞으로 날아들어 **시야각**field of view(FoV)을 가려버리기 때문에 사용자의 경험을 방해하는 결과를 낳는다.

기존 웹과 모바일 애플리케이션의 UX 디자인은 대부분 2차원 평면에서 직사각형의 크기와 방향만 고려해도 충분했다. 반면에 착용형 AR 기기에서는 수많은 모양의 스크린과 공간 구성 요소가 추가되므로 일관된 UX 양식을 설정하는 일이 훨씬 더 까다롭다.

이제껏 반응형 디자인이 발달해온 방식에서 볼 수 있듯이 웹과 모바일 애플리케이션은 직사각형 틀 내에서 존재했다. 즉 표준 모니터의 가로형 직사각형과 스마트폰의 세로형 직사각형, 가로형과 세로형이 혼재된 휴대용 기기 안에서 구현되었다. 이는 사실 디자이너들에게는 편리한 환경이었다. 공간적 존속성을 고려할 필요 없이 평면의 얼개 내에서 디자인에 집중할 수 있기 때문이다. 또한 직사각형의 화면 공간은 책의 형태와 닮았기에 지난 수천 년간 축적되어온 도서 편집 디자인의 디자인 양식과 노하우를 차용할 수 있었다. 사람들 역시 오랫동안 직사각형 평면 위에서 정보를 습득해왔기 때문에 디지털 제품의 새로운 요소인 상호작용 요소나 반응형 디자인을 수월하게 받아들였다.

반면 확장현실 공간은 이러한 전통과 디자인의 일관성으로부터 완전히 벗어나 있다. 편집 디자인의 직사각형보다는 시뮬레이션 테크놀로지의 영역에, 그리고 극장, 마술, 스토리텔링과 같은 몰입형 세상에 더 가까운 셈이다. 따라서 UX 디자인이 XR의 시대로 나아가는 데 정말 필요한 개념은 좁은 의미의 디자인보다는 사용자 니즈에 대한 연구, 프로토타입 설계, 사용자 경험적 측면에서 디자인의 성공 여부를 반복적으로 검증하는 테스트와 같이 실용적인 디자인 문제 해결 과정과 접근 방식이다.

1.3 XR 영역

UX 디자인은 흔히 마케팅이나 고객 경험customer experience(CX)과 같은 범주에 묶이며, 광고, 그래픽 디자인, 애플 컴퓨터가 연관어로 자주 언급된다. 실로 그래픽 디자인, 스크린 디자인, UI 디자인 출신의 UX 디자이너들을 쉽게 찾아볼 수 있으며, 피그마가 출현하기 전까지 프로토타입 디자인 툴의 절대 강자였던 스케치는 오랫동안 오직 애플 기기에서만 실행 가능했다.

XR 분야는 근본부터 다르다. XR 기술은 3D 기술과 게임 엔진으로부터 파생되었기에 이들 관련 프로그램이 주로 구동되는 윈도우가 고향이라 할 수 있다. 실제로 대부분의 XR 애플리케이션이 **유니티**Unity나 **언리얼 엔진**Unreal Engine과 같은 게임 엔진을 이용해 개발되므로 게임 개발 커뮤니티가 XR을 더 친숙하게 받아들이기도 한다. 현재까지 개발된 일부 XR 애플리케이션은 말 그대로 게임이었지만, **교육공학**EdTech5이나 기업을 위한 XR 프로젝트와 같은 경우에도 게임 개발 표준에 따라 자원과 인재, 파이프라인, 생산 기술을 활용한다(그림 1-5).

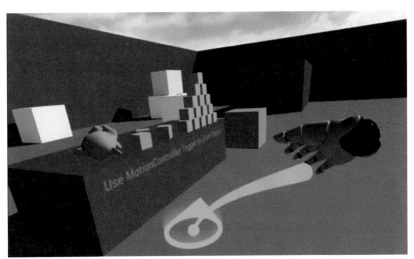

그림 1-5 언리얼 엔진의 템플릿을 이용해 VR 프로토타입을 구현하는 모습

---

5 옮긴이_ 원문에서는 교육(education)과 기술(technology)의 합성어인 '에듀테크'라는 표현을 사용한다. 교육과 정보통신기술을 결합한 산업을 지칭한다.

UX 관련 전문 지식을 디자인 절차에 적용한 게임 개발 프로젝트에서는 UX 개념 자체를 사용자 인터페이스 디자인에 한정 짓는 편이다. UX 디자인과 게임 디자인이 지난 10년간 함께 모바일 게임의 성장을 도모해왔다고 볼 수도 있겠으나, 오늘날까지도 게임 디자인 관련자들은 UX를 UI로만 단정 짓는 경향이 있다(예컨대 UX 게임 디자인 관련 직종에 대한 대부분의 채용 공고 역시 직무명에 UX와 UI를 함께 병기하면서 UI에 더 초점을 맞춘다).

여기서 이런 의문이 들 수 있다. 그렇다면 그동안 게임 제작사들은 UX의 이용 흐름 설계나 스토리텔링을 차용하지 않고서도 어떻게 게임을 디자인할 수 있었을까? 사실 게임 디자인은 UX 디자인의 도움 없이도 언제나 총체적인 접근 방식으로 디자인 업무를 수행해왔다. 예컨대 모든 게임 제작의 토대가 되는 **게임 디자인 문서**game design document(GDD)에는 이용 흐름 설계나 스토리텔링의 요소가 포함되어 있어 게임의 매 순간에 기대되는 사용자의 행동, 게임 역학의 구현 방식, 게임을 구성하는 상호작용 요소 등을 명시하고 있다. 게임 개발 절차의 일부로 프로토타입 제작, 사용성 검사, 포커스 그룹과 같은 제품 검증도 이뤄진다.

이미 게임 개발 절차에 사용자 중심적인 총체적 디자인 접근이 행해지고 있고, XR 기술이 게임 개발에 뿌리를 두고 있다면, 왜 굳이 UX를 XR 개발에 도입해야 하는 것일까? 우리는 이 이유를 게임 개발 환경의 특수성에서 찾을 수 있다. 게임 산업은 명확한 장르 개발과 반복적인 기술 사용으로 오랫동안 노하우와 시장의 반응에 대한 지식을 축적해오며 전반적인 사용자 이해도를 높여왔다. 다시 말해 출시되는 게임은 대부분 이미 정착하고 성공을 거둔 게임에 사용된 기술을 토대로 사용자층이 이미 파악된 유사 장르로 변형한 뒤, 그에 맞게 그래픽 스타일을 바꾸는 개발 과정을 거쳤을 가능성이 크다. 게다가 게이머들은 적극적인 자세로 커뮤니티에 자신의 의견을 피력하는 경우가 많다 보니 사용자 집단의 특성과 요구 사항을 파악하기도 용이하다. 따라서 게임 디자이너는 자신이 설계하는 게임의 장르 사용자를 더 잘 이해하고 있을 뿐 아니라, 어떤 게임 기술이 특정 사용자 집단에서 인기가 많은지, 어떤 실수를 피해야 하는지와 같은 노하우를 미리 숙지한 상태로 개발에 임할 수 있다. 그러나 XR 애플리케이션에는 게임만 있는 것이 아니다. 기업용 프로그램, B2B, **의료기술**MedTech, 교육공학 등의 분야에서 개발되는 애플리케이션은 다양하고 특수한 사용자층이 대상이기 때문에 기존의 게임 디자인 방법론만으로는 사용자층에 대한 지식을 확보하기가 충분하지 않다. 타깃 사용자층에 대한 사전 정보가 부족한 상태에서 개발을 시작하는 것은 UX 디자이너들에게는 흔한 일이다. 그 때문에 웹과 모바일 앱 개발을 위한 사용자 경험 설계 과정에서 **페르소나**persona 모델이나 **사용자 여정**user journey을 이용해 사용자층에 대한 지식을 습득하는 작업이 더 발달되어 있다. 또한 UX 디자인은 전자 상거래, 마케팅, 광고와 긴밀하게 연결되어 있다 보니 사용자 여정 설계 시 사업 이익과 연결되는 사용자 행동의 **전환**conversion을 훨씬 많이 고려하는 편이다(서비스 예약 애플리케이션을 생각해보면 이해가 쉽다).

UX 디자인은 사용자 연구 중심의 제품 설계 절차로 페르소나나 사용자 시나리오와 같은 모델을 통해 어떤 동기를 가진 사람들이 우리의 제품을 사용하는지 이해하고, 밝혀진 주 사용자의 특성을 반영한 스토리텔링과 이용 흐름 설계도를 짠 뒤, 그로부터 도출된 가설을 프로토타입을 통해 반복적으로 테스트하며 검증한다(그림 1-6).

그림 1-6 가상현실 프로토타입 제작 툴인 마이크로소프트 마켓maquette을 이용한 프로토타입 제작 화면

따라서 개발하려는 XR 애플리케이션이 장르 게임처럼 사용자층에 대한 이해가 확보된 분야가 아닌, 개발 방향과 전략이 백지상태인 경우라면 사용자 연구 방법이 더 강조된 UX 디자인이야말로 개발 과정에서 핵심적인 역할을 한다. 병원에서 근무하는 의료 종사자가 대상인 의료기술 XR 애플리케이션의 사용자 경험을 설계한다고 가정해보자. 주 사용자 집단이 높은 업무량과 위중한 책임을 짊어진 상황에서 애플리케이션과 상호작용할 것임을 예측할 수 있다. 이러한 프로젝트에 UX 디자인 절차를 도입한다면 사용자 집단의 특수한 여건과 사용자의 니즈를 구체적으로 파악하고, 미처 예측하지 못한 고려 사항까지 밝혀내어 성공 가능성이 높은 콘셉트를 도출할 수 있다.

UX 디자인과 UX 리서치는 사용자와 관련한 문제를 파악하고 해결하는 강력한 수단이다. 사용자의 입장에 서서 그들이 겪고 있는 문제를 파악하고, 반복적인 프로토타입 검증을 통해 적합한 해결책을 찾아내는 활동이 절차 속에 체계화되어 있다.

디자인 문제를 해결하는 것 말고도 UX 디자인은 또 하나의 강점을 가진다. UX 디자인은 하나의 전문 분야로서 디지털 경제의 거대한 성공과 많은 전자 상거래 유니콘 기업(예컨대 우버Uber나 에어비앤비Airbnb)의 성장에 기여하며 입지를 다져왔다. 따라서 UX 디자인 절차를 프로젝트에 도입하는 것은 의사결정 관계자들에게 신뢰를 쌓는 편리하고 쉬운 방법이 될 수도 있다. 사람들은 UX 디자인이 계속해서 보여준 성과 덕분에 사용자 경험이 디지털 상품의 성공에 얼마나 중요한 역할을 하는지 알고 있다. 이는 사용자들이 낯설어하는 신흥 기술에 UX 방법론을 이용할 때 또 다른 이점이 되기도 한다. 이를 감안한다면 UX 디자이너들은 확장 현실의 분야로 자신의 영역을 확장하기에 앞서 XR 세계의 모든 구성 요소와 한계점을 미리 숙지해놓을 필요가 있다. 그래야 프로그래밍 코드에 대한 세세한 걱정 없이도 큰 그림을 보여줄 수 있는 디자인 해법을 제시할 수 있다.

1.4 UX 세계와 XR 세계의 만남

UX 세계와 XR 세계 사이에서 발생할 수 있는 문화적 충돌을 미리 염두에 둘 필요가 있다. 이전 절에서 언급했듯이 XR 기술은 게임 개발의 세계에 뿌리를 두는 반면, UX 디자인은 채용 시장에서도 확인한 것처럼 **서비스형 소프트웨어**Software as a Service(SaaS)와 마케팅에 관련되어 있다. 두 세계는 대화방식이나 용어, 어휘도 다르다.

예컨대 UX 디자이너가 **사용자 여정 지도**customer journey map를 만들자고 제안할 때, 게임 디자이너는 **게임 진도 도표**game progression chart를 만들어보자고 맞받아칠 수 있다. 사실 두 사람의 제안은 용어만 다를 뿐 의미는 같다. 양 진영의 전문가들이 하나의 팀이 되어 협력하려면 우선 열린 마음으로 서로의 기술적 어휘와 용어를 이해하려는 노력이 필요하다.

모바일 게임 개발 산업의 부흥 과정에서 두 세계는 UX 디자인의 사용자 중심 방법론과 게임 디자인의 잘 정립된 개발 도구 및 시스템을 병합해 성공적인 협력을 보여준 바 있다. UX는 게임 디자인 과정에 게임 이용자들의 행동 방식과 인지적 관점을 반영할 수 있게 함으로써 디지털 상품 개발에 필수적인 역할을 한다는 것을 다시 한번 입증했다. 이미 UX가 XR 개발 과정에도 성공적으로 도입된 사례가 몇 차례 보고되고 있는 걸 미루어볼 때, UX는 앞으로 XR 개발 분야에 청사진을 제공할 수 있을 것으로 예측된다.

1.5 위기를 기회의 촉매제로

팀 쿡이 지난 2020년 초 XR의 시대를 선언했을 때만 해도 그 누구도 불과 몇 달 후 세계적 규모의 전염병 창궐과 그로 인한 인류적, 경제적 피해가 초래되리라는 것을 예상하지 못했다. 전염병의 사회적 파급력을 인지하기 무섭게 우리는 앞으로의 세상에 장기적이고도 점진적인 변화가 도래할 것임을 깨달았다. 신체적인 접촉이 위험하거나 어리석은 행위로 간주되기도 하는 **뉴 노멀**new normal 시대에서는 사람들이 상호작용하고, 협력하고, 업무를 수행하는 방식이 점차 바뀌기 시작했다. 위기에 당면한 각국의 정부도 경제 시스템의 원활한 운용을 위해 **디지털 전환**digital transformation을 적극 지원하고 있다. 확장현실 기술이야말로 디지털 전환의 선두에 서 있다.

그러한 의미에서 코로나바이러스의 세계적 대유행으로 인한 사회적 위기는 광범위한 XR 산업의 성장 촉매제가 되었다. 가상현실 모임을 비롯한 온라인 콘퍼런스 개최가 늘었고 기업들은 가상 만남을 위한 다양한 서비스를 선보이며 오프라인 회의와 만남이 어려워진 새로운 시대에서도 계속해서 사업 활동이 이뤄지도록 돕고 있다.

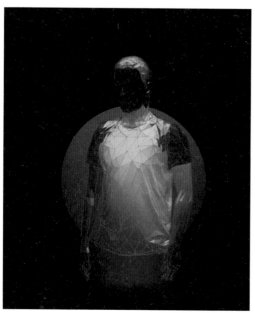

그림 1-7 가상현실 공간에서 온라인 협업을 위해 Spatial.io로 아바타를 제작하는 모습

현재 등장하고 있는 개발 상품들이 비록 급작스러운 상황에 의해서 만들어진 것이라 할지라도, 앞으로도 지속적인 영향력을 미칠 수 있다. 소비자뿐만 아니라 사업체와 각종 기관도 온라인 공간에서의 인간관계 형성과 협업 활동의 이점과 편

리함을 점차 깨닫고 있기 때문이다.

코로나바이러스 대유행으로 인한 사회적 위기는 확장현실의 전환점으로 역사에 기록될 것이다. 각종 경제적 해결 과제가 세계 전반에 도사리고 있는 것은 거부할 수 없는 사실이지만, XR 기술을 통해 현실 세계의 한계를 극복하고 가상의 환경에서 서로 교류하고, 쇼핑하고, 협력할 수 있는 새로운 미래를 여는 것이 얼마든지 가능하기 때문이다.

현재 우리가 직면한 해결 과제가 얼마나 중대하든 간에, 디지털의 더 나은 미래를 위한 인류의 포부는 그 어느 때보다 강렬하며, XR 개발자들과 UX 디자이너들이 이를 실현하는 데 크게 기여할 것이다. VR은 오랫동안 현실 세계를 가상현실의 반대 개념으로 **실제 생활공간(메타스페이스)**^{meatspace}이라고 일컬었다. 하지만 이제는 가상현실 세계의 번창은 가상의 공간뿐 아니라 실제 생활공간에도 이익과 번영을 가져다줄 것이다.

1.6 마치며

이번 장에서는 XR 신흥 기술의 큰 그림과 XR의 확산이 UX 디자인에 끼칠 영향을 살펴보았다. UX 디자인과 게임 디자인 두 전문 분야의 공통점과 차이점 그리고 모바일 시대를 가능하게 만들었던 UX 디자인의 방법론을 VR과 AR 개발에 적용할 때 해결해야 할 과제가 무엇인지도 살펴보았다. 마지막으로 2019년에 발발한 코로나바이러스 대유행으로 가속화된 디지털 전환과 미래지향적이고 안전한 사무 공간을 구현하는 데 필요한 XR의 역할, 이 모든 변화가 불러일으킬 경제 각 분야의 혜택 그리고 UX 디자이너들에게 가져다줄 새로운 기회도 짚어보았다.

확장현실 산업의 과거와 미래

2.1 여는 글

이번 장에서는 XR 산업을 거시적으로 살펴보고 UX 디자인과 연계되는 XR 개발 요인을 소개한다. 구체적으로는 VR과 AR 발달사의 흐름 속에서 확장현실 경험의 성장을 이끌어온 주요 구성 요소, XR 기기 구성 시스템, 기술과 이용 사례, **사용성**usability 문제를 고루 짚어본다. 공간 컴퓨팅의 거시적 동향과 전망, **게임화**gamification 현상의 뒷이야기 속에서 디지털 경제체제에서 큰 성공을 거둔 UX 디자인과 XR의 연결 고리도 찾아보자.

2.2 확장현실: SF 속 판타지부터 4차 산업혁명까지

2019년 5월 21일, 아이폰이 세상에 처음 소개되었던 2007년의 그 어느 날에 견줄 수 있을 만큼 확장현실 업계를 뒤흔드는 역사적 사건이 발생한다. 컴퓨터와 연결이 필요 없는 **독립형**standalone VR 헤드셋인 **오큘러스 퀘스트**Oculus Quest가 정식 출시된 것이다. 아이폰은 첫 번째로 시장에 출시된 스마트폰은 아니었지만 진정한 사용자 친화적인 디자인을 갖춘 최초의 스마트폰 제품으로 평가받으며 스마트폰의 대중화를 이뤄냈다. 오큘러스 퀘스트의 디자인에 대한 평판과 기대도 이와 유사했다. **6자유도**degrees of freedom(DOF)[1]를 풍부하게 이용해 훨씬 부드러운 동작 추적이 가능했고, 컴퓨터에 연결하지 않고도 사용할 수 있는 데다 설치도 간편했다(그림 2-1).

---

[1] 옮긴이_ 가상현실 분야에서 자유도는 기기가 얼마나 다양한 축으로 사용자의 움직임을 추적할 수 있는지를 표현한다. 더욱 자세한 내용은 뒤편의 용어 사전을 참조하자.

그림 2-1 메타의 오큘러스 퀘스트 1 모델

오큘러스의 새 주인 메타는 오큘러스 퀘스트 신제품 라인의 가격대를 400달러 이하로 유지하면서도 품질을 최대로 올려 기존 콘솔 게임기 대비 경쟁력을 갖추고자 했다. 인간-컴퓨터 상호작용과 UX 리서치 분야에 대한 지속적인 투자로 사용자 경험의 수준을 높여 세계적인 성공을 거둔 행적에 걸맞게 메타는 VR 시장에서도 소프트웨어뿐 아니라 하드웨어, 브랜딩, **온보딩**onboarding에 이르기까지 제품 전반에 걸쳐 사용자 경험의 완성도에 중점을 두었다. 오큘러스 퀘스트는 UX의 관점으로만 보더라도 갖출 만한 모든 요소를 다 갖춘 역사적인 작품이었다. 매끈한 하드웨어 디자인과 짜임새 있게 사용자에게 제품을 설명하고 작동 방법을 교육하는 온보딩 전용 애플리케이션인 〈첫걸음〉[2]은 **안전 보호 경계**guardian[3]를 쉽게 설정하도록 도와주는 동영상이다. 특히나 상품의 범주를 '독립형 6자유도 **헤드 마운티드 디스플레이**head-mounted display(HMD)'로 설정함으로써, 종전의 VR 헤드셋 상품들이 고전하던 영역에서도 성공을 거둘 수 있었다. 차세대 모델인 오큘러스 퀘스트 2는 이전 모델의 월간 활성 사용자monthly active user(MAU) 수를 출시한 지 단 7주 만에 능가하며 더 큰 성공을 거두었다.

---

2   https://www.oculus.com/experiences/quest/1863547050392688/?locale=ko_KR

3   https://support.oculus.com/guardian/?locale=ko_KR

오큘러스 이전 세대의 VR 사용자 경험

메타의 오큘러스 인수[4]가 처음부터 VR 커뮤니티의 환영을 받았던 것은 아니다. 2012년 크라우드펀딩 플랫폼인 **킥스타터**Kickstarter로 출발한 오큘러스는 VR 커뮤니티 내에서 일종의 인디 문화 정신의 상징과도 같았는데, 거대 기업인 메타와 손을 잡는 것이 마치 그 정신에 대한 배반처럼 보였기 때문이다. 한편으로는 풍부한 자원을 갖춘 소셜 미디어계의 거인과 VR 신흥 강자로 떠오른 스타트업의 만남이 강력한 시너지를 만들어 XR 업계에 긍정적인 영향을 미치고 확장현실을 주류 문화에 편입시키는 데 기여할 것으로 기대하는 이들도 있었다.

오큘러스 VR이 설립된 2012년 이전까지만 해도 VR 분야는 UX 디자인과 리서치를 제대로 활용해볼 만한 여건이 갖추어지지 않은 상태였다. 개발자들이 활용할 수 있는 기술이 한정적이었기 때문이다. 사용자 친화적인 경험을 구현하기에 하드웨어는 거추장스러웠고, 프로세싱 파워, 해상도, 프레임 속도 모두 부족했다. 1990년대 VR 대중화의 첫 시도가 실패로 돌아갔던 주요 원인도 불편하고 흥미가 떨어지는 사용자 경험 때문이었다. 가상 세계를 배경으로 한 SF 액션 영화 〈트론〉이나 〈론머 맨〉이 대중문화의 역사에 한 획을 그으며 가상현실에 대한 대중의 관심과 기대가 충분히 형성된 상황이었는데도 불구하고 말이다. 헤드셋 게임 〈버추얼리티Virtuality〉나 닌텐도의 **버추얼 보이**Virtual Boy를 비롯한 당시 출시된 VR 게임기는 장기적인 관점의 오락적 가치를 지니고 있었다기보다 VR이라는 최신 기술에 대한 대중의 호기심에 어필하는 정도에 지나지 않았다.

1990년대 대중 소비 시장에서 실패한 VR 기술은 기업용, 교육용 제품 개발사의 소속 연구소 등지에서 명맥을 유지해나갔다. 대표적으로 **이언 리얼리티**EON Reality라는 기업이 인간-컴퓨터 상호작용 분야의 사용성 연구 활동에 도입될 VR 제품을 개발하는 등 특수 분야의 틈새시장을 공략했다. 바로 이 시기에 획기적인 아이디어가 많이 탄생했다. 오늘날 흔하게 사용되는 손짓을 통한 상호작용 입력 방식도 실은 **토마스 지메르만**Thomas Zimmerman이나 **자론 러니어**Jaron Lanier와 같은 1세대 VR 선

---

4   옮긴이_ 메타는 2014년 당시 스타트업이었던 오큘러스 VR을 현금과 주식으로 23억 달러에 인수했다.

구자들에 의해 일찍이 1982년부터 제안되고 연구된 아이디어다. 아무리 참신하고 사용자 친화적인 아이디어라 할지라도 프로세싱 파워 같은 기술적 여건이 갖춰지고 사용자 연구를 통한 업계의 지식이 축적되기까지 충분히 기다려야 빛을 볼 수 있음을 시사한다.

AR 발달사: 전투 증강현실 시스템과 〈포켓몬 GO〉

AR 산업의 기술 진보와 소비 시장의 수용도, 사용자 경험의 개선 과정은 VR 산업보다 비교적 안정적이고 점진적인 모양새를 띤다. 간단한 AR 애플리케이션은 근본적으로 낮은 컴퓨팅 연산 능력으로도 구동이 가능하기 때문에 시장 진입 장벽이 비교적 낮기 때문이다. 간단한 **헤드업 디스플레이**head-up display(HUD)나 소형 AR 보조 기기, 자투리 시간에 간편하게 즐길 만한 온라인 게임, **스냅챗**Snapchat과 같은 소셜 미디어 애플리케이션의 카메라에 이용되는 필터 등 AR 기술을 도입할 수 있는 플랫폼이나 활용 사례가 훨씬 다양해졌기에 AR은 VR보다 먼저 일상의 일부분으로 자리 잡을 수 있었다.

AR 역사상 가장 큰 성공을 거둔 상품은 단연 모바일 게임 **〈포켓몬 GO**Pokémon GO〉다. 〈포켓몬 GO〉는 2017년 6월에 활성 사용자 6천만 명을 달성했고 2019년에는 다운로드 수 10억 회를 기록했다. 핸드헬드 방식의 증강현실 게임으로서뿐만 아니라 증강현실 기술을 중심으로 개발된 애플리케이션으로서 비교할 만한 사례가 없을 정도의 놀라운 성적이다. 여기에는 물론 AR 기술뿐만 아니라 위치 추적 시스템의 혁신적인 활용과 강력하고 정교하게 구성된 닌텐도의 콘텐츠 역시 큰 몫을 했다.

〈포켓몬 GO〉에 대항할 만한 수준의 핸드헬드형 AR 애플리케이션은 아직 나타나지 않았지만 닌텐도의 성공은 일반 대중들이 AR의 잠재력을 확인할 수 있는 기회였다. 또한 2010년 초부터 마이크로소프트나 스타트업인 매직 리프와 같은 AR 기술의 선두 주자들이 닦아온 차세대 공간 컴퓨터 영역인 **몰입형**immersive, **입체형**stereoscopic, **상호작용형**interactive AR 기술에 AR 개발자들이 더욱 몰입할 수 있는 환경이 조성되었다.

증강현실이라는 개념은 컴퓨터 그래픽 기술의 선구자인 컴퓨터 과학자 **이반 서덜**
랜드Ivan Sutherland가 1968년 머리에 착용하는 헤드 마운티드 디스플레이 모델을 발
명하고 이를 '가상 세계로 향하는 창a window into a virtual world'으로 표현하면서 최초로
제안되었다. 그리고 1990년 보잉Boeing의 연구원 **토마스 P. 코델**Thomas P. Caudell이 이
개념에 증강현실이라는 이름을 붙였다. 실제로 신체에 착용해 작동할 수 있는 AR
시스템 최초의 프로토타입은 미국 해군 연구소가 개발한 **전투 증강현실 시스템**
Battlefield Augmented Reality System(BARS)이었다. 이를 시작으로 1999년에는 특수 산업 분
야에서 AR 기술 연구가 이뤄지기 시작했다. 이후 2010년대 UX의 도입과 휴대폰
카메라 성능의 진보는 제품이나 서비스에 증강현실 팝업을 띄워 관련 정보를 전
달함으로써 더 넓은 소비자 시장에 핸드헬드형 AR 기술을 흥미롭고 새롭게 활용
할 수 있는 가능성을 열어주었다. AR 기술은 현대 모바일 컴퓨팅 시대의 우리에
게 친숙한 AR 애플리케이션의 수준에 다다르기 위해 1990년대 특수 산업 기기와
군용 장비 개발을 위한 실험적인 도구에서부터 찬찬히 진화의 단계를 밟아온 것
이다.

본격적인 XR의 시대를 연 근대 시기

2010년부터 2020년 사이는 XR 발달의 근대사로 볼 수 있다. 이 10년 동안 스마
트폰 기반의 DIY형 VR 기기인 구글 **카드보드**Cardboard부터 고급 기업용 제품에 이
르기까지 VR 헤드셋은 다양하게 변화했다. **HTC 바이브**HTC VIVE와 오큘러스를 선
두로 하여, 핸드헬드형 AR 기술 개발 시스템의 진화를 이룬 **AR키트**ARKit를 만든
애플과 **AR코어**ARCore의 구글 그리고 헤드 마운티드 디스플레이의 선두주자인 매
직 리프와 홀로렌즈를 만든 마이크로소프트가 이 시기의 기술을 진보시킨 일등공
신이다.

주로 틈새 제품이나 실험용 프로젝트에 머물러 있던 XR 기술은 근대 시기를 마
무리할 즈음엔 강력해진 스마트폰의 연산 능력과 소프트웨어 혁신에 힘입어 훨씬
정제된 사용자 경험을 제공하는 수준에 이르렀고, 다가오는 시대에 더욱 넓은 소
비 시장으로의 진출을 꿈꿀 수 있게 되었다.

XR의 도약: 4차 산업혁명을 무대로

XR 산업의 진보는 흔히 **4차 산업혁명**Industry 4.0이라고 칭하는 경제 시스템의 거대 전환 시기에 이루어졌다. 4차 산업혁명은 확장현실과 **인공지능**artificial intelligence(AI), **사물 인터넷**Internet of Things(IoT) 기술을 통해 데이터 기반의 똑똑하고 분권화된 시스템을 구축하며, 이를 통해 제조 과정의 디지털화를 가능하게 하고, 궁극적으로 생산의 효율을 극대화시켜 산업을 다음 세대로 끌어올리는 모든 움직임을 일컫는다.

4차 산업혁명은 공간 컴퓨팅으로 인한 소비자 환경의 근본적인 변화를 묘사하는 용어인 **4차 디지털 전환**fourth digital transformation의 사회적 배경으로 자주 언급되기도 한다. 4차 디지털 전환은 기업이나 소비자 같은 경제 주체뿐만 아니라 토목공학, **전자정부 혁신기술**GovTech 등 사회 근간에까지 영향을 미친다. 스마트 홈과 스마트 도시의 관리 데이터를 수집하고 처리하는 방식을 최적화해 사회 서비스의 품질도 높이고 있다. 4차 디지털 전환의 궁극적인 목표는 사회의 각종 의사결정이 효율적인 자원 관리와 실시간 데이터 접속, 정보의 투명성을 바탕으로 이뤄질 수 있도록 기술적 기반을 구축해 서비스의 품질뿐 아니라 삶의 질도 향상시키는 것이다. 이 목표가 실현될 미래의 가정과 도시는 확장현실의 소통 방식과 인간중심적인 컴퓨팅을 구현하는 기술의 플랫폼 그 자체가 될 것이다.

2010년대에는 확장현실에 대한 실험으로 가득했고, 차세대 기술로 주목받는 혁신적인 아이디어가 다방면으로 탄생했다. 인공지능 인터페이스로 정보를 맥락 있게 구성하는 XR 기술과 이를 기반으로 한 공간 컴퓨팅과 착용형 기기들이 가까운 미래에 활개를 펼칠 것이라는 게 현재의 주된 예측이다. 반면 기술 시장의 성장과 혁신의 동력이 되었던 휴대폰 관련 산업은 점차 활력을 잃어갈 것으로 전망된다.

XR 애플리케이션 시장 확대를 위한 UX의 역할

2010년대가 UX 디자인의 성장에도 중요한 시기였음을 앞서 살펴보았다. 수많은 디지털 상품의 성공을 주도해온 UX 디자인은 이제 성숙기에 접어들었고, 디지털 경제 전반의 성장과 소비자의 신기술 수용에 절대적인 영향력을 행사하고 있다. 오늘날 UX 디자인의 강력한 힘을 미뤄볼 때 UX는 공간 컴퓨팅의 시대와 차세대 XR 기기의 도래에도 핵심적인 역할을 할 것으로 보인다.

UX가 이 역할을 충실히 수행하기 위해서는 중요한 해결 과제가 있다. XR 분야에는 다양한 기술과 양식, 상호작용 방식이 존재한다. 이들이 복잡하게 모여 하나의 디자인 제품을 구현하기 때문에 XR 분야에 대한 이해도를 높이고 XR을 구성하는 주요 요소를 UX의 개발 시스템과 방법론에 적용할 수 있어야 한다. 그래야 비로소 XR의 디자인을 의사결정자들에게 원활하게 표현할 수 있다. 현재까지는 XR 관련 프로젝트 대부분이 휴대형 태블릿이나 독립형 VR 헤드셋과 같이 단일 제품군에만 초점을 맞추었기 때문에 디자인의 범주가 좁았고 개발 과정에 UX를 적용시키는 작업이 수월했다. 다만 점차 프로젝트의 범주가 확장되면서 기술과 성능이 다른 여러 종류의 XR 기기를 고려해야 하거나 혼합 기술이 적용된 기기의 디자인 콘셉트를 개발하려면 훨씬 까다로워질 것이다. 그렇다고 해서 섣불리 걱정하거나 압도당할 필요는 없다. 하드웨어 기기나 애플리케이션의 종류에 구애받지 않는 보편적인 디자인 원칙과 UX 이론이 상당히 많으니 여기서부터 출발해보자.

XR 디자인을 위한 UX 디자인 핵심 원리

다음 소개할 일곱 가지 개념은 핸드헬드형 AR 기기부터 독립형 VR 기기까지 XR의 세계를 구성하는 모든 종류의 기기에 적용이 가능한 핵심적인 UX 디자인 원리다.

1. 착용감과 안전

2. 상호작용(행동 유도성, 기표, 피드백)

3. 환경과 공간의 구성 요소

4. 감각 입력(시각, 청각, 촉각)

5. 관여(스토리텔링, 게임화)

6. 제약

7. 다양성, 포용성, 접근성

착용감과 안전

사용자 경험의 **착용감**comfort과 **안전**safety은 굳이 강조할 필요도 없을 만큼 중요하지만, XR 발달사 전반에 걸쳐 소프트웨어나 하드웨어 양쪽에서 가장 골머리를 앓은 디자인 과제다. VR 헤드셋의 초기 디자인은 사용자의 착용감이 고려되지 못한 채 기술에만 중점을 맞춘 제품이었고, 제품의 완성도가 프로토타입이나 시연을 위한 모델에 가까웠다. 최근 출시된 헤드 마운티드 디스플레이 제품에서도 불편한 착용감 때문에 소비 시장에서 배척되는 경우가 종종 발생했다. 시간이 지나 기술이 개선되면서 착용감도 자연스럽게 해결될 것이다. 그러나 UX 디자이너는 그런 시기가 다가오기를 손 놓고 기다리기보다는 사용자의 불편 사항을 인지하고 자세한 안내와 제품 작동에 대한 이해를 돕는 **온보딩** 경험 디자인을 통해 적극적으로 사용자를 지원해야 한다.

안전 문제 또한 과소평가되어서는 안 된다. VR 헤드셋을 착용한 사용자는 급하게 움직이거나 물체와의 거리를 제대로 가늠하지 못하는 경향이 있다. 미국 온라인 커뮤니티 레딧reddit에 방문해보면 VR 게임을 하다가 부상을 입거나 기기를 망가뜨린 사용자들이 공유한 사진을 쉽게 확인할 수 있다. XR 애플리케이션의 온보딩 경험은 사용자가 제품을 처음으로 경험하는 진입 과정에서 XR 기술을 안전하게 이용할 수 있는 방법을 설명하고, 사용자가 안전을 보장할 수 있는 최소한의 실행 영역을 확보할 수 있도록 지원하고, 주변 물체들로부터 적당한 거리를 유지한 상태에서 확장현실 경험을 시작할 수 있도록 주의하는 내용을 반드시 포함해야 한다.

상호작용(행동 유도성, 기표, 피드백)

사용자는 확장현실 경험 중 다음과 같은 의문을 가질 수 있다. '여기 보이는 이 아이템은 쓸 만한 걸까?', '이걸 어떻게 사용하는 거지?', '내가 잘하고 있는 걸까?', 'A지점에서 B지점으로 어떻게 이동할 수 있지?', '여기서 어떤 방식으로 이동이 가능하지?' 이러한 일련의 질문에 답하기 위해서는 경험에서 우러나온 특정 디자인 객체의 상호작용 방식을 사용자에게 알려주어야 한다. 이와 관련한 디자인 원리를 UX와 UI 분야에서는 **행동 유도성**affordance이라고 부른다. 행동 유도성이란 사용자의 특정 행동을 유도하는 대상의 속성을 의미한다. 돈 노먼의 저서 『디자인과 인간 심리』(학지사, 2016)에서 강조한 것처럼 디자인할 때는 물체의 행동 유도성이 분명히 드러나도록 적절하게 **기표**^{signifier}를 활용할 줄 알아야 한다. 기표의 흔한 예로 **드로어**^{drawer} 탐색 메뉴 아이콘 옆에 '여기를 열어주세요'라는 팝업 문구가 있다. 이 팝업 문구를 통해 사용자는 아이콘을 쉽게 발견하고, 탐색 메뉴가 축소된 상태가 이 아이콘임을 이해하며, 아이콘을 눌러서 메뉴를 확장할 수 있음을 알게 된다. 마찬가지로 확장현실에서도 대상의 행동 유도성을 표현하는 다양한 방식의 기표를 고려해보고, 사용자에게 가장 효과적으로 설명할 수 있는 기표를 선택해야 한다.

환경과 공간의 구성 요소

증강현실의 의미에는 사용자의 실제 환경에 디지털 그래픽을 덧입힌다는 원리를 담고 있다. 사용자의 환경과 공간을 구성하는 요소는 증강현실에서 중요한 역할일 수밖에 없다. 가상현실에서 환경과 공간의 구성 요소가 수행하는 역할은 조금 다르지만 여전히 사용자 경험 설계 시 중요하게 고려된다. 실행 영역의 설정, 방향 보조, 앉은 상태와 서 있는 상태의 차이 인식 등 VR 애플리케이션의 핵심적인 기능을 개발할 때 사용자의 환경에 대한 이해가 우선적으로 필요하다.

한편 사용자의 실제 환경뿐 아니라 가상의 환경 또한 사용자 경험 설계를 이끄는 핵심 동력이다. 대개 가상 환경의 공간적 특성을 바탕으로 디자인 방향이 도출되며, 나아가 사용자 경험의 서사까지 영향을 준다. 공간에 부여되는 서사는 사용자가 입체 공간을 체험할 때 방향감각을 잃지 않도록 자연스럽게 안내하는 역할을 한다.

감각 입력(시각, 청각, 촉각)

시각적 단서, 음성 안내, 동작 인식을 통한 촉각 피드백과 같이 다양한 감각을 활용하면 사용자의 경험을 풍부하게 구성하고 안내할 수 있다. **공간 음향효과**는 사용자의 주의를 목표 지점으로 이끌어 사용자의 시야각과 방향 전환을 돕는다. **사운드 디자인**은 조금 더 생동감 있는 환경을 조성해 사용자가 주변을 인식하고 탐색하는 활동을 돕는다. 사용자의 **응시**gaze를 감지해 시야각의 중심부나 컨트롤러가 가리키는 빛의 범위 안에 들어온 물체를 강조하거나, 자동으로 물체를 선택하고, 특정 임무를 완료하는 행동을 보조할 수 있다. 여러 대상이나 사건이 중첩되어 사용자의 주목과 처리를 요구할 경우에는 컨트롤러의 진동을 이용한 **촉각**haptic 피드백이 자주 활용된다.

그러나 다양한 감각을 도입하는 것만으로 UX 디자인 역할이 끝나는 것은 아니다. 감각 입력과 관련된 전략 설정 시 사용자의 상호작용뿐 아니라 시청각 커뮤니케이션의 기본 원칙, 디자인 시스템, 스타일 결정 방식이 고려되어야 하며, 이를 표현하는 디자인 구조의 시각화가 필요하다.

관여(스토리텔링, 게임화)

확장현실을 처음 경험하는 사용자들은 '여기서 뭘 해야 하는 거지?', '내가 옳은 방향을 바라보고 있는 걸까?', '다음에는 뭘 해야 하지?', '이 임무는 벌써 끝났나?'와 같은 의문을 가질 수 있다. XR 기술이 구현되는 방식에 익숙하지 않은 사용자는 확장현실 속에서 방향감각을 잃고, 혼란스러워하고, 상황의 목적을 이해하지 못하는 상태에 놓이곤 하기 때문에 사용자의 **관여**engagement를 높여주는 UX 디자인 요소를 도입하는 것이 절대적으로 중요하다. 제품에 대한 사용자의 지속적인 관여는 사용자가 충분히 만족할 만큼 UX 디자인이 성공적이었음을 알리는 신호다.

사용자의 관여를 성공적으로 유도하는 UX 디자인 결과물에 잘 활용되는 대표적인 기법이 스토리텔링과 게임화다. 두 기법 모두 공간적 서사와 맥락 속에 적절히 삽입된 피드백을 활용해 사용자의 목표 설정을 돕고, 방향감을 부여해 몰입감 넘치는 환경을 조성한다. 리서치 단계에서 프로토타입 제작에 사용자를 참여시키거나 사용자를 대상으로 한 사용성 연구를 통해 관여도를 측정해야 한다. 사용자 리서치로 얻은 통찰을 바탕으로 동기부여 방식을 개선하거나 스토리텔링이나 게임화 요소에 조금씩 변화를 줌으로써 점진적으로 관여도를 높여갈 수 있다.

제약

사용자의 어떤 행동을 제한할지 미리 계획하고, 이를 디자인의 제약 요소로 적용해 관리하는 것은 특히 XR 공간 디자인에서 매우 중요하다. 이 원리의 핵심은 확장현실 공간 내에서 불필요하거나 해를 끼치는 사용자 행동을 예방하기 위해서 대상의 **발견 가능성**discoverability을 조절하거나, 적절한 피드백을 제공하거나, 선택의 범위를 좁히는 것이다. VR 애플리케이션에서 가장 흔하게 볼 수 있는 예는 실행 영역을 한정 짓기 위해 경계선의 설정을 요청하는 경우다. **경계선**은 사용자의 움직임을 제한하는 시각적 단서로써 부상이나 피해를 방지하는 데 효과를 보이며 업계의 표준으로 자리 잡았다. 특정 이동 능력의 제한, 일부 지역 출입 금지, 상호작용 범위의 제한 등의 제약 요소도 디자이너가 사용자를 이상적인 경험으로 유도하는 데 사용할 수 있다. 구체적으로는 출입 금지 지역에 울타리를 설정하거나, 축의 이동 범위를 제한해 대상의 이용 방식을 한정 짓거나, 시야각에 한계를 주어 어지럼을 방지하고 사용자의 주의를 환기시키기는 방법이 있다. 증강현실에서는 사용자가 어느 환경에서 애플리케이션을 실행하느냐에 따라 통제해야 할 환경이 바뀌므로 제약 요소를 설정하는 일이 훨씬 더 까다롭다. 따라서 가능한 모든 사용 환경을 아우를 수 있는 유연한 공간 디자인 콘셉트를 개발해야 한다.

다양성, 포용성, 접근성

다양성diversity, **포용성**inclusion, **접근성**accessibility의 원리는 사용자가 특별히 중요하게 생각하는 개인적 사안에 관여한다. 실무자는 언제나 사용자의 상황, 신체적·정신적 능력, 문화·인종적 배경, 디자인의 사회적 영향을 고려할 수 있어야 한다. 예컨대 사회적 고정관념을 깰 수 있는 매력적인 프로그램을 구성해 다양성의 메시지를 강조하거나 손이나 팔에 장애나 부상을 겪고 있는 사용자를 고려해 컨트롤러에 **한 손 조작 기능**을 선택 사항으로 추가함으로써 애플리케이션의 포용성을 높일 수 있다.

지금까지 AR과 VR에 모두 적용 가능한 UX 디자인의 기본 원리 일곱 가지를 알아보았다. 각 디자인 원리에 구체적으로 소개된 해결 방안이나 예시는 반드시 따라야 하는 절대적인 법칙이라기보다는 디자인 연구와 실험, XR 커뮤니티의 지속적인 성공 사례와 데이터 공유를 통해 얼마든지 수정 가능하다.

'사용자의 공간 탐색 과정을 설계하기 위한 가장 적합한 방법은 무엇일까?', '어떻게 하면 XR 기술이 가진 고유의 몰입감을 최적화할 수 있을까?', '입체적 공간 환경에서 사용자가 물체를 발견하고 상호작용하는 행위를 어떤 방식으로 설계하면 좋을까?', '사용자에게 만족스러운 확장현실 경험을 꾸준히 선사하는 가장 효과적인 모범 사례는 뭐가 있을까?', '확장현실 애플리케이션 개발 시 어떤 실수들이 사용자의 이용 흐름과 집중을 해칠 위험이 클까?'와 같은 구체적인 질문을 계속해서 던지고 커뮤니티와 함께 고민하다 보면 디자인 법칙을 재정비하고 개선해나갈 수 있다.

확장현실의 문화적 맥락: 하위문화

제품의 문화적 맥락의 중요성을 논할 때, 특정 제품의 디자인이 함축하는 문화적 관점을 사용자가 어떤 태도로 바라보는지, 사용자의 태도를 형성하는 문화적 배경은 무엇인지, 제품의 문화적 영향력이 사용자의 의사결정에 어떤 식으로 작용하는지 관찰하고 분석한다. 이를 통해 제품이 어떠한 방식으로 사용자의 행동과 감정에 영향을 끼칠지 예측해볼 수 있다. 특히 UX 기법인 **페르소나** 모델이나 **시나리오**는 사용자가 제품 사용 시 겪게 될 **인지 편향**cognitive bias과 환기될 욕망을 도출할 때 유용하다.

XR 기술 자체의 문화사적 맥락과 대중문화에서의 역할 또한 사용자가 특정 XR 애플리케이션을 바라보는 시선에 영향을 준다. XR 디자인을 향한 사용자의 기대치와 인식을 포함해서 말이다. 따라서 XR 디자이너는 제품의 타깃 사용자가 어떠한 문화적 배경을 바탕으로 확장현실을 바라보고 있는지 살펴보고 이를 디자인 요소로 활용할 수도 있다.

가상현실은 게임과 SF 작품을 통해 **하위문화**subculture로 오랫동안 존재해왔다. 게임 문화는 점차 대중문화 전반에 영향력을 넓히고 있다. 예컨대 게임의 미적 요소를 이용해 사용자의 시선을 사로잡는 광고 기법인 '**게이머 미끼**gamer bait'는 마케팅 업계에 큰 반향을 일으켰다. 가상현실 문화는 게임 하위문화의 일부로 나름의 **복고적 미래주의 양식**retrofuturism style을 보인다. 가상현실의 역사적, 문화적 맥락을 살펴보면 오늘날 사용되는 용어, 시각적 요소, XR의 기본 개념이 어디서부터 유래되었는지 이해할 수 있다.

예컨대 **메타버스**metaverse는 **닐 스티븐슨**Neal Stephenson의 소설 『**스노 크래시 1, 2**』(문학세계사, 2021)에서 유래된 용어이고, 다수 이용자가 사용할 수 있는 VR 클라우드를 지칭하는 **오아시스**OASIS는 **어니스트 클라인**Earnest Cline의 소설 『**레디 플레이어 원**』(에이콘출판사, 2015)에서 가져왔다. 고전 SF 영화인 〈**트론**〉에서 연출한 와이어프레임 테두리를 둘러싸는 네온빛은 1980년대 SF의 전형적 디자인 양식이 되어 오늘날에도 차용되고 있고, 시야 중심에 구현되는 헤드업 디스플레이 기술은 2018년 **스티븐 스필버그**Steven Spielberg가 영화화한 작품 〈레디 플레이어 원〉에서 이미 구현된 바 있다. 또한 1980년대와 1990년대의 1세대 VR 디자인 양식을 풍자적으로 유쾌하게 재해석해 과거에 대한 오마주와 하위문화를 사랑하는 힙스터족의 정신을 표현하는 경우도 흔하다. 이와 같은 사례들이 모여 '**괴짜 문화**nerd culture'라는 또 하나의 하위문화 양식을 만들어내고 있다. 괴짜 문화의 정신은 이제는 다소 촌스럽게 보일 수 있는 1980년대의 미래주의적 묘사를 기본 영감으로 삼아 오늘날의 입맛에 맞게 재창조하는 것이다. 베이퍼웨이브vaporwave나 신스웨이브synthwave 같은 특수 음악 장르나 인터넷 밈meme이 대표적인 예다.

1980년대 말부터 1990년대 초에 해당하는 초기 VR 시대는 하위문화 도상학iconography의 태동지였다. 해커의 이미지를 묘사할 때나 사이버펑크 하위문화의 맥락에서 가상현실이 등장하곤 했는데, 1989년에 발간된 사이버펑크 문화 전문지 『**몬도 2000**Mondo 2000』이나, 1988년에 발간된 『**리얼리티 해커**Reality Hackers』에서 그 흔적을 찾을 수 있다. 당시의 시대정신은 VR 기술이 새로운 현실 세계를 묘사함으로써 개인의 자유, 의식의 확장, 문화의 전환을 이루는 것을 궁극적인 목표로 삼아야 한다고 보았다. 환각성 약물의 의학적 사용을 옹호한 것으로 잘 알려진 미국의 심리학자 **티머시 리리**Timoth Leary도 가상현실이 환각성 약물에 뒤이어 **사이키델릭 운동**psychedelic movement5을 이끌어나갈 주인공이라고 주장하기도 했다. 가상현실의 아버지라고 불리는 저명한 작가이자 과학자 **자론 러니어**의 저서들은 VR의 잠재력을 향한 당대 하위문화의 뜨거운 관심과 VR의 점진적인 문화적 영향력을 자세히 기록하고 있다.

확장현실이 뿌리를 두고 있는 하위문화, SF 매체 속 묘사, 디자인에 대한 태도, 미래주의적 사고는 **초인본주의(트랜스휴머니즘)**transhumanism라 불리는 철학적 신념과 맞닿는다. 초인본주의는 과학기술의 발전에 따른 인류와 기술의 관계 변화를 예측하는데, 이때 다양한 관점과 분야를 논의의 범주에 포함시키며 종종 사회적 논란을 초래하곤 한다. 초인본주의적 사고는 XR과 같은 기술이 인간의 조건과 잠재력을 점차 확장시켜 인간의 감각과 신체적 능력에 일종의 '초능력'을 부여할 것으로 예측한다.

지금까지 기술 발달사, 하위문화, 디자인 문화 등 다양한 관점에서 XR 분야를 살펴보았다. XR 디자이너는 계속해서 관심을 가지고 이러한 분야와 관련된 지식을 기억하고 활용할 필요가 있다. 넓은 문화적 맥락 속에서 발견된 소재와 영감이야말로 소비자와 사회 문화에 친근감과 공감을 불러일으킬 만한 콘셉트로 이어지기 때문이다.

4차 생활환경을 대비하는 UX 디자인

미래 컴퓨팅을 논할 때 용어 앞뒤에 4차 혹은 4.0이 덧붙어 있다면, 여기서 숫자 4는 앞서 언급된 4차 산업혁명을 상징한다. **4차 산업혁명**이라는 표현은 2011년 독일 정부가 제시한 기술 정책에서 처음 쓰였다. 수공업에서 기계 제조업으로의 전환을 이룬 1차 산업혁명, 전기를 기반으로 한 기술의 진보와 대량생산의 확산이 일어난 2차 산업혁명 그리고 자동화, 전자제품, 컴퓨터로 이어진 3차 산업혁명

---

5 옮긴이_ 사이키델릭 운동은 1960년대의 일종의 하위문화로 사이키델리아(Psychedelia)로 부르기도 한다. LSD와 같은 환각성 약물의 섭취로 야기되는 환각 상태를 통해 자아 발견이나 정신세계의 확장에 다다를 수 있다고 믿으며, 감각적 경험을 미술이나 음악 등 예술 작품으로 표현하기도 한다.

은 인류사를 뒤흔든 기술혁신의 사건으로 꼽힌다. 이제 우리는 네트워크 기반으로 연결된 스마트 기술, 클라우드 컴퓨팅, 빅 데이터, 사물인터넷, 인공지능과 확장현실을 한데 묶어 4차 산업혁명, 즉 경제체제 전체를 뒤흔들고 혁신을 가져올 **거대한 트렌드**로 명명하는 것이다. 이 개념은 분권화되었지만 서로 연결된 스마트 기술 체제와 제조 과정을 디지털화해 산업의 자동화를 가속화하고 생산 과정을 전반적으로 개선하려는 목표를 담고 있다.

4차 디지털 전환 개념도 마찬가지로 기술의 혁신에 따른 소비자 행동의 거대한 변화를 일컫지만, 4차 산업혁명과는 달리 기술혁신이 아닌 디지털 제품의 출현에 따라 연대가 구성된다(그림 2-2).

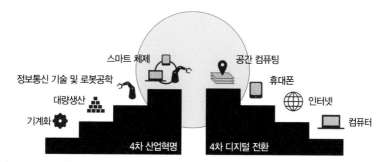

그림 2-2 4차 산업혁명과 4차 디지털 전환의 연대 비교

이와 같은 거대한 사회 변화에 따라 소비자의 일상과 업무가 데이터와 디지털 기술 중심으로 전환되는 사회 양상을 **4차 생활환경**Life4.0이라 일컫는다. 이 현상이 점차 지속되면 궁극적으로는 가상의 만남이나 스마트 홈 가전제품들이 XR 기기와 매끄럽게 연결되어 서로 소통하는 수준에 이를 정도로 인간의 삶 전반에 영향을 끼치게 될 것이다. 지금까지 이와 같은 수준의 혁명을 일으켰던 기술혁신은 다음과 같다.

1. 개인용 컴퓨터 보급

2. 인터넷

3. 모바일 컴퓨팅 덕분에 얻게 된 일련의 변화

4. 스마트 기술과 클라우드가 겸비된 착용형 공간 컴퓨팅

확장현실은 UX가 주도하는 마케팅 천국이다?

마케팅 전문가들은 XR의 잠재적 기술이 하나씩 현실화되는 시대를 두 팔 벌려 환영한다. 그들의 입장에서는 당연한 반응이다. XR 기술이 대중적으로 확산되면 사용자의 행동, 생활 반경, 기호를 관찰하고 추적하는 것이 훨씬 편리해지며, 사용자의 상황에 최적화된 마케팅 정보를 확장현실 속에 중첩시키거나, 하다못해 가상 공간에 팝업 광고를 띄우는 일들이 가능해지기 때문이다. **경험 경제**experience economy시대의 도래를 기대하는 전자 상거래 산업 종사자에게는 꿈의 조건이나 마찬가지다. 클라우드 기반의 XR 레이어를 활용해 기업과 소비자를 실시간으로 연결하고, 사용자의 기호, 관심, 위치에 맞춰 광고 문구를 최적화할 수 있는 어마어마한 기회다. 소비자층을 단단하게 확보할 XR 플랫폼이 나타나기만 한다면 AR 옥외 광고판이나 가상현실 부동산과 같은 새로운 형태의 생태계가 형성되는 것은 시간 문제다.

그러나 XR 기술이 제시하는 전자 상거래의 핑크빛 전망에 대해 흥분하기 전, XR 기술의 확산에 우려를 표하는 목소리도 차분히 들어볼 필요가 있다. 정치적 용어인 **감시 자본주의**surveillance capitalism는 FAANG(페이스북Facebook(현 메타), 아마존Amazon, 애플Apple, 넷플릭스Netflix, 구글Google)으로 불리는 대규모 글로벌 테크 기업 군단이 소비자의 개인 정보를 처리하는 방식을 정치적으로 비판하면서 등장했다. 감시 자본주의는 전 세계 단위로 움직이는 **플랫폼 경제**platform economy에서 신흥 기술이 초래할 문제에 대한 회의, 걱정, 비판적인 시각을 담고 있다.

사회경제적 환경은 사용자가 제품을 인지하는 방식에 영향을 끼친다. 만약 데이터 안보와 개인 정보 보호가 점차 사회의 주요한 걱정거리로 자리 잡는다면, UX 디자이너는 그들이 가진 영향력과 임무를 활용해야 한다. 즉, 제품 경험을 통해 사용자의 우려에 대한 해결책이나 안심 메시지를 전달할 필요가 있다. 예컨대 사용자가 데이터 공유를 허가했다면, 어떤 상황에 데이터가 수집되며 어떤 목적으로 데이터가 이용될 것인지가 투명하게 드러날 수 있도록 사용자에게 관련된 제

품 정책을 전달해야 한다.

교육공학, 의료기술, 특수 분야의 XR 개발을 위한 UX

현재 확장현실을 가장 활발하게 활용하고 있는 분야로 전자 상거래, 제품 공개 행사와 시연회, 안내 가이드, 오락, 게임을 꼽을 수 있다. 이들 분야는 이미 빠르게 XR 기술을 도입하고 있다. 투자 분석가들은 선도적인 테크 기업들이 일반 소비자를 위해 합리적인 가격의 착용형 AR 기기를 출시하면 시장의 활기가 더욱 가시적으로 드러날 것이라고 입을 모아 말한다.

대중의 눈에 잘 띄지는 않지만 교육공학, 의료기술, 사내 교육 분야에서 XR 기술의 상당한 효율성과 문제 해결 능력을 입증했다. 다국적 금융 컨설팅 기업 PwC의 최근 조사에 따르면 가상현실 공간을 활용한 교육과 훈련은 직업 기술뿐 아니라 리더십, 회복력, 변화 관리와 같은 **소프트 스킬**soft skill을 키우는 데 높은 효과를 보이는 것으로 드러났다. 이 연구에서 가상현실을 이용한 교육 참가자들은 대조군과 비교했을 때 습득 속도가 4배 더 빨랐고, 3.5배 높은 감정적 연결, 2.5배 높은 자신감, 4배 높은 집중력을 보였다.

교육은 확장현실로부터 가장 큰 혜택을 얻을 수 있는 분야다. AR과 VR 기술 모두 교육 분야에 도움이 될 만한 특성을 갖는다. AR 기술은 학습 도중 관련 참고물을 시기적절하게 시야에 띄운다. VR 공간은 모니터의 사이즈와 양식에 구애를 받지 않으므로 360도의 입체적인 환경을 통해 훨씬 수월하게 교육 자료를 정리하고 보여주고 관리할 수 있고 복잡한 정보를 더욱 효과적으로 표현할 수 있다. 아울러 학생은 가상현실 공간에 집중하게 되므로, 규모의 효율성과 비용 절감 면에서도 탁월하다.

의료기술 역시 XR 애플리케이션이 혁신적인 방법을 시도하고 결과를 얻어내는 중요한 거점이었다. 원격 의료부터 시작해서 의료진 교육, 수술 훈련, 환자와의 새로운 의사소통 방식에 이르기까지 의학 애플리케이션의 효율성을 높이고 품질 높은 서비스를 제공하기 위해 XR 기술을 활발하게 사용하고 있다.

지멘스 헬시니어스Siemens Healthineers가 마이크로소프트 홀로렌즈 2를 활용해 개발한 의료 보조 애플리케이션 **시네마틱 리얼리티**Cinematic Reality는 XR 기술이 복잡한 데이터를 처리해 사용자가 더 빠르고 수준 높은 의사결정을 하도록 기여할 수 있음을 보여주는 아주 좋은 예다. 이 애플리케이션은 컴퓨터단층촬영computed tomography(CT)과 자기공명영상magnetic resonance imaging(MRI)으로 얻는 복셀(입체 화소)voxel 데이터를 렌더링하는 기능을 갖추고 있다. 60fps 속도(1초당 60프레임)로 실시간 하이 다이내믹 레인지 렌더링high dynamic range rendering(HDRR) 조명과 몬테카를로Monte Carlo라는 경로 추적기를 이용하며, 히스토그램 전환이 가능하다. 시네마틱 리얼리티를 통해 얻어지는 신체 촬영 결과는 입체적이며 실제와 유사한 색깔과 명도를 띄는 데다 상호작용 가능한 홀로그램으로 구현된다. 덕분에 어려운 수술을 앞둔 의료진이 홀로렌즈를 착용하고 촬영 결과를 검토하면서 다양한 수술 전략을 구상하는 일이 가능하다. 뿐만 아니라 방사선과와 의료진 간의 정보 전달이 훨씬 편리해져 환자와 소통의 질도 높일 수 있다.

의료기술과 교육공학에서 XR 기술의 도약은 〈포켓몬 GO〉의 10억 회 다운로드만큼 대중의 시선을 확 사로잡지는 않지만, 전자정부 혁신기술 분야처럼 공적 차원의 더 넓은 관점에서 살펴본 XR의 개발과 보급에 중요한 참고 자료가 되고 있다.

다가오는 확장현실 시대에는 스타트업 기업, 테크 투자가, 혁신가, 콘텐츠 창작가가 거대한 생태계를 구성하고 주도해나갈 것이다. 이들은 대중화될 만한 수준의 사양과 가격을 갖춘 XR 기기가 확산되면 XR 애플리케이션 시장이 XR 시장의 상업적 혁신을 몰고 올 것이라 예측한다. 그러나 상업적인 관심 바깥에서 XR 애플리케이션의 변혁을 이끌고 있는 응용과학 분야를 잊어서는 안 된다. 도시 문제, 건강 관련 의료기술, 재생 가능 에너지와 같은 필수 성장 분야에 XR 기술은 더 나은 방식의 분석과 소통, 문제 해결 수단을 제안할 것이다. 이 과정에서 UX 디자이너는 복잡한 아이디어를 이해하기 쉽고 직감적인 사용자 경험으로 만들어내야 한다.

2.3 가상현실: 격동하는 롤러코스터를 타고 미래로 향하다

오큘러스의 첫 개발자 키트 시연 소재로 롤러코스터가 사용되었고, VR 기술의 초창기 관심을 주도했다. 그러나 롤러코스터는 VR 산업에서 그 이상의 상징적 의미를 지닌다. VR 산업이 시장에 일으킨 거대한 2차 열풍과 그 속에 숨겨진 굴곡진 여정, 온갖 거추장스러웠던 장치로 가득했던 지난날 VR 시연회의 모습을 한 번에 담을 수 있는 이미지가 있다면 그것이 바로 롤러코스터가 아닐까. VR 산업은 최근 몇 년간 XR 시장에서 가장 가시적인 성과를 보여주었지만 그 과정이 그리 순탄하지만은 않았다. VR 시뮬레이션이 유발하는 멀미감, 높이 솟았다가 곤두박질치기를 반복했던 VR을 향한 기대감, 그리고 XR 세계관에서 핵심적인 미래 기술로 부상했음에도 불구하고 그 역할을 다하지 못함에 따른 실망감까지 소비 시장은 VR이라는 롤러코스터 위에서 감정의 격동을 겪어왔다. 이번 절에서는 최근 VR 기술의 복잡한 행보와 그 속에서 UX는 어떤 역할을 했는지 살펴보자.

오큘러스 서사시: UX 사고법이 VR 기술에 적용되었을 때

앞서 우리는 VR의 기술적 제약, 시장의 과장된 기대감, 사용성보다 참신함을 우선시했던 디자인 등의 이유로 1990년대 VR의 첫 소비 시장 진출이 처참하게 막을 내렸음을 살펴봤다. 그 이후 VR 기술은 미국 항공 우주국[NASA]이 비밀리에 진행한 우주탐사 애플리케이션 연구나, 엔지니어링 애플리케이션인 **버툴**[Virtools]의 산업 시뮬레이션에 사용되는 등 활동 범위가 특수 분야로 제한되었다.

VR 업계가 다시 한번 대중성 있는 시도를 감행한 것은 그로부터 20년 후였다. 시발점은 2012년 컴퓨터 성능 변경광[modding enthusiast]이자 헤드셋 수집가인 **파머 러키**[Palmer Luckey]와 전설의 개발자 **존 카맥**[John Carmack]의 협업[6]으로 탄생한 VR 헤드 마운

---

6 옮긴이_ 엄밀히 말하자면 파머 러키와 존 카맥이 처음부터 함께 헤드 마운티드 디스플레이(HMD)를 제작한 것은 아니었다. 게임 개발사 이드 소프트웨어(id Software) 소속으로 HMD에 관한 독자적인 연구를 진행 중이던 존 카맥은 우연히 파머 러키가 제작한 HMD 프로토타입을 체험하고 바로 제품 구매를 제안할 만큼 마음에 들어 했다. 따라서 존은 2012년 일렉트로닉 엔터테인먼트 엑스포에서 파머의 프로토타입을 기반으로 만든 기기를 통해 이드 소프트웨어를 시연하게 되는데, 이것이 게임 업계에 오큘러스 리프트의 혁신적 성능을 공개하는 계기가 된다. 이를 계기로 존은 훗날 오큘러스 VR에 CTO의 직책으로 입사한다.

티드 디스플레이^{head-mounted display}(HMD) 프로토타입이었다. 이 모델은 당시 그 어떤 VR보다도 훨씬 넓은 시야각을 구현했다. 이 제품이 바로 **오큘러스 리프트**^{Oculus Rift}의 원형이었다. 이후 출시된 첫 개발자 키트는 킥스타터 프로젝트 역사상 가장 성공적인 프로젝트가 되었고, 스타트업이었던 오큘러스 VR은 2014년 메타의 20억 달러 인수로 이어진다. 이 일련의 사건은 가상현실에 대한 새로운 희망을 촉발하며 VR 스타트업 투자 규모의 성장을 북돋았다. VR 시장의 성장 속도에 실망한 일부 초기 투자자들로 인해 잠시 열기가 수그러들기도 했지만, 헌신적인 태도로 가상현실에 열정을 보이는 세계적 규모의 VR 커뮤니티에 감명을 받은 장기 투자자들이 최근 VR 시장으로 다시 돌아오고 있다.

파머 러키는 게임 이용자와 소비자가 저렴한 가격에 부담 없이 즐길 수 있는 새로운 VR의 시대를 지지한 대표적 인물이다. 추후에 공개한 정치적 견해[7]로 인해 현재 그의 평판은 엇갈리고 있지만, 대중을 위한 VR 기술의 발전에 기여한 그의 공만큼은 그 누구도 부정할 수 없을 것이다. 파머 러키가 이끈 소비자 친화적인 진보에 사용자 경험을 위한 투자까지 더해지면서 VR 기술이 실험실과 기업 환경을 넘어 소비자의 안방에까지 안착할 수 있게 되었다.

파머 러키와 존 카맥이 고안한 초기 오큘러스 컨셉에는 넓은 시야각, 동작 추적 컨트롤러, 음성 기능, 주요 게임 엔진 호환성과 같이 VR 기술의 장기적 비전도 담고 있었다. 이 비전은 1990년대 VR 대중화의 실패와 특수 분야에 국한되었던 기술 연구로 인해 VR 기술이 소비자 오락이나 게임과는 무관하다는 시장의 기존 인식을 흔들어놓았다. VR 개발자 커뮤니티는 이 새로운 목소리에 힘입어 사용자 경험을 고려한 다양한 아이디어를 실험하기 시작했고, 그동안 방치되었던 여러 분야에 활력을 불어넣기 시작했다.

오큘러스 VR의 초창기인 2010년부터 2013년까지는 공교롭게도 UX 디자인이 디지털 경제를 다잡는 강력한 툴로 부상하는 시기와 일치한다. 당시 UX의 성장은 웹과 모바일 애플리케이션 개발을 무대로 인터페이스 디자인과 사용자 행동

---

7 옮긴이_ 2016년에서 2020년 사이 파머 러키는 공개적으로 공화당과 도널드 트럼프 전 대통령을 지지하는 정치적 행동을 보였다.

전환율의 최적화를 중점으로 두고 있었던 만큼, 인터페이스 차원의 경계를 무너뜨리는 VR 시대의 도래는 UX 분야에 새로운 도전 과제를 제공했다. 예컨대 디자인과 사용성 엔지니어링의 고전적인 원칙으로 거론되는 PET(설득persuasion, 감정emotion, 신뢰trust를 위한 디자인)의 의미마저도 VR 환경에서는 새롭게 검토되어야 했다(그림 2-3).

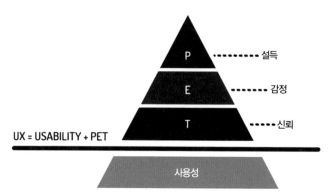

그림 2-3 UX에서 설득, 감정, 신뢰를 설계하는 것은 사용성만큼이나 중요하다.

가상현실은 사용자가 인공적인 환경 속 몰입형 자극에 모든 감각을 노출하게 됨을 의미하고, 그 결과 디자이너는 기존의 어떤 사용자 경험보다 훨씬 더 직접적이고 강력한 수준의 경험을 설계하는 임무를 맡는다. 커다란 힘에는 무거운 책임감이 따르는 법. 다시 말해 가상현실은 웹이나 모바일 앱 사용자보다 깊은 몰입 상태에 빠진 사용자를 위한 경험을 설계해야 하므로, 설계상 발생하는 감각적·인지적 부조화는 사용자에게 훨씬 더 큰 영향을 끼치게 된다. 가상현실 환경의 본질적 특성을 고려하기 위해선 UX의 새로운 접근 방식과 더욱 넓은 안목이 필요하다. PET 모델의 재검토가 필요한 이유이기도 하다. 부실한 사용자 경험은 여전히 VR 기술 대중화의 주요 방해 요소로 꼽힌다. 따라서 가상현실을 위한 UX 디자인은 단지 사용성을 보장하고 상호작용을 구축하는 것을 넘어서 설득, 감정, 신뢰와 같은 경험의 섬세한 면까지 완성도를 높여야 한다.

VR 산업이 UX를 활용하는 방식은 오큘러스의 리더십 아래 많은 진보를 이루어 왔다. 메타는 오큘러스 인수 직후부터 우수 실무 사례에 기반한 UX 가이드라인을 개발하는 데 큰 노력을 기울였다. 가이드라인에는 대기 자세, 방향, 기간, 로딩 시간, 속도, 착용감, 특정 지역에 대한 시각적 신호, 이동 방식, 손을 이용한 상호 작용, 음성 디자인, 테스트 등 세부 사항에 대한 지침 사항이 담겨 있으며 오큘러스 개발자 웹사이트[8]에 접속하면 확인할 수 있다. 웹사이트에는 UX 가이드라인 뿐만 아니라 멀미를 방지할 수 있는 새로운 이동 기법처럼 VR 핵심 주제에 대한 메타의 연구 과정과 결과가 종종 발행되므로 자주 참고해볼 만하다.

롤러코스터의 정점에서 살아남기

이쯤 되면 오큘러스 리프트, 오큘러스 고[Oculus Go], 삼성과 합작한 기어 VR[Gear VR]과 같은 오큘러스 1세대 제품들이 왜 기대에 못 미치는 성적을 냈는지 의문을 가질 만하다. 매체의 긍정적인 평가, 열성적인 지지층, 메타의 단단한 재정적 지원까지 따랐는데도 말이다.

당시에는 부실한 하드웨어 사용자 경험, 의문스러운 타깃 사용자층, 높은 초기 자금이 필요했던 PC용 VR 셋업이 부진의 주요 원인으로 거론되었다. 아무리 최신 기술을 갖춘 VR 제품이라 해도 소비 시장에 안착하기에는 미흡한 수준이었다.

오큘러스 리프트가 출시된 지 약 3년 후인 2019년 5월, 오큘러스는 최초로 **6자유도**를 탑재한 독립형 헤드셋인 **오큘러스 퀘스트**를 공개한다. 추후에는 최고 사양 PC용 VR에 연결할 수 있는 부가 사항까지 더하면서 당시 현존하는 가장 활용도가 높고 다루기 쉬운 제품으로 퀘스트가 부상했고 VR 열성 지지자 집단과 일반 사용자를 동시에 공략할 수 있었다. 따라서 많은 이들은 6자유도 제품이 상용화된 2019년 말이야말로 소비자형 VR 시대의 진정한 시작으로 간주하기도 한다. 오큘러스는 여러모로 VR 업계를 선도했으며, 메타의 소셜 네트워크 확장 전략의 한 축이 되어 VR 기술의 진보에 꾸준히 헌신하고 있다. 현대 VR의 서사가 오큘러스를 중심으로 쓰여지고 있는 이유다.

---

8 https://developer.oculus.com/resources/design-accessible-vr-ui-ux

그러나 다른 VR 선도자들도 기억할 필요가 있다. 헤드 마운티드 디스플레이 전용 기업용 애플리케이션을 제작하는 **HTC 바이브**, 오큘러스의 경쟁자 자리를 차지한 **인덱스**^{Index}를 개발한 게임 개발사 **밸브 코퍼레이션**^{Valve Corporation}, 최초 4K VR 헤드셋을 제작한 **파이맥스**^{Pimax}, 혼합현실 플랫폼 기반의 **HP 리버브**^{HP Reverb}를 발표한 **마이크로소프트** 같은 기업들이 VR 헤드셋의 해상도와 시야각의 성능 한계치를 갱신하고 있다. 아울러 2020년 1월 기준 판매량 500만 대를 기록하며 가정용 오락 분야에서 성공적으로 데뷔한 소니의 **플레이스테이션 VR**^{PlayStation VR} 역시 최근 VR 시장의 행적에서 기억해둘 만한 제품이다.

2020년부터는 VR 분야의 혁신의 방향이 **인사이드아웃 트래킹**^{inside-out tracking}[9] 헤드셋의 무선형과 독립형 디자인으로 집중되었다. VR 기술이 점진적으로 시장에 안착되면서 고화질 콘텐츠의 스트리밍과 차세대 소셜 가상현실 환경을 지원하는 5G 기술의 보급 또한 더욱 중요해질 것이다.

애플의 확장현실 시장 진출

애플은 지난 몇 년간 **넥스트VR**^{NextVR}과 **스페이시스**^{Spaces}를 비롯해 여러 XR 관련 기업을 인수하면서 확장현실 시장에 진출할 준비를 해왔다. 넥스트VR은 고화질 생중계와 온디맨드(주문형)^{on-demand} 가상현실 콘텐츠로 입지를 다져온 VR 기술 업체다. 40개가 넘는 특허를 보유하고 있고, VR 헤드셋으로 관람할 수 있는 음악 공연이나 운동 경기를 성공적으로 중계한 경험도 있다. 스페이시스는 가상현실 화상회의 서비스 분야의 혁신적인 존재다. 이 글을 쓰고 있는 지금까지 애플은 그 어떤 착용형 XR 제품도 공식적으로 공개한 적이 없으며, 실제 출시일을 가까이 앞둔 채 공식적으로 공개할 것이라는 업계의 소문만 들려온다. 애플의 XR 분야 진출은 XR 대중 시장에 큰 전환을 일으킬 가능성이 크므로 애플의 전략가들이 신중하게 시기를 정하고 있을 것으로 보인다.

---

[9] 옮긴이_ 인사이드아웃 트래킹은 가상현실에서 위치를 추적하는 방식 중 한 가지다. 헤드 마운티드 디스플레이 기기에 위치 추적 센서를 탑재해 외부 사물의 위치를 추적하는 방식이다.

지금까지 애플이 선보인 모든 제품이 사용자 경험에 강점을 보였던 만큼 애플이 출시할 착용형 XR 제품군 역시 착용감, 사용의 편리함, 접근성에 대한 새로운 기준을 제시할 것으로 기대하고 있다. 애플의 XR 시장 진출을 필두로 세계적인 규모의 소비 시장에서 공간 컴퓨팅의 시대가 열릴 것이다. 컴퓨팅 플랫폼의 패러다임 전환은 디자인 영역에 혁신과 창조성을 불어넣기를 열망하는 UX 디자이너에게 흔치 않은 엄청난 기회가 될 것이다.

사용성이 우선순위인 사용자 경험 설계

가상현실을 위한 UX 디자인의 정립은 현재진행형이다. VR 개발의 실무 사례와 표준에 대한 모범 답안은 따로 존재하지 않는다. 오히려 전 세계의 VR 커뮤니티에서 공유되고 있는 연구 결과나 성공 및 실패 사례의 교훈을 통해 끊임없이 업데이트되는 중이다. 만약 누군가가 획기적인 개발 방법을 터득했다면, 그 방법은 자연스럽게 커뮤니티에 퍼져 다른 제품 개발에도 영향을 미칠 것이다.

최근 VR 혁신의 열풍이 다시 시작된 이래로 UX의 우선순위 목록에 **사용성**이 자리 잡고 있다. 사용성 표준의 결여와 일관성 없는 기술 적용 사례를 비롯해 멀미에 대한 사용자 우려, 하드웨어의 한계, 기기 관련 제약과 같은 다양한 사용성 문제들이 꾸준히 거론되어왔기 때문이다. VR은 시장 점유 규모상으로는 콘솔이나 게임용 PC와 비교하면 아직은 틈새시장 정도지만, 일시적인 유행에 불과할 것이라는 과거 분석가들의 비관적인 예측을 넘어섰다. 교육 콘텐츠, 기업 교육 훈련, 기업용 프로그램과 같은 분야에서 빼어난 성공을 거두고 게임 분야에서도 충성도 높은 사용자층을 확보하면서 VR은 이제 장기적인 성장 궤도에 올라섰다. 게임 스트리밍 서비스 **스팀**Steam의 디지털 배급 현황 데이터나 기업용 프로그램 성공 사례에서도 나타나듯이 VR은 지속적으로 성장하고 있다.

이러한 성장은 VR 업계의 사용성 관련 지식의 축적과 디자인 도구의 개선으로도 이어졌다. 대표가 될 만한 하나의 사용성 표준이 아직 정립되지는 않은 상태지만, 방대한 연구, 풍부한 사례, 시연회 등 활발한 UX 관련 활동 덕분에 개발 실무 환경에서도 사용성이 중점적인 사안으로 다뤄지고 있다. 최상급의 사용성을 UX 디자인의 핵심으로 내세우며 성공을 거둔 VR 애플리케이션들은 이제 업계에서 벤치마크 대상의 위치에 올라 VR 업계를 진두지휘하고 있다. 성공 사례야말로 성공적인 사용성 기준의 뼈대를 세우고, 아이디어를 얻을 수 있는 훌륭한 출처이기 때문이다.

VR 사용성의 기준을 세운 게임 〈하프라이프: 알릭스〉

지난 2020년 3월, 게임 개발사 밸브 코퍼레이션에서 출시한 VR 게임 애플리케이션 〈하프라이프: 알릭스Half-Life: Alyx〉(이하 알릭스)[10]는 뛰어난 가상현실 사용성과 사용자 경험 디자인의 표준을 보여준다. 1989년에 출시되어 혁신적인 스토리텔링을 보여준 초판 〈하프라이프Half-Life〉와 2004년에 출시된 후속편 〈하프라이프 2Half-Life 2〉의 세계관 기반으로 제작된 〈알릭스〉는 〈하프라이프 2〉 이전의 사건을 바탕으로 하는 프리퀄이자 VR 전용 게임으로 제작되었다. 〈알릭스〉는 게임 디자인, 상호작용 콘셉트, 세부 묘사, 스토리텔링 전반에서 좋은 평판을 얻었을 뿐만 아니라 스팀 플랫폼에서 가장 높은 평가 점수를 기록하기도 했다. 따라서 업계에서는 〈알릭스〉를 지금까지 등장한 VR 애플리케이션 중 가장 야심 차고, 완성도가 높으며, 실감 나는 거대 몰입형 오락 제작물로 칭하고 있다. 특히 UX 관점에서 주목할 점은 UX 디자인의 핵심 구성 요소로 제작된 일부 사용자 경험에 맞춤customize 기능을 추가해 몰입형 세상의 생생함을 증대시킨 점이다. 따라서 〈알릭스〉는 UX 표준을 위한 벤치마크 대상이나 사용성의 참고 예시로써 연구해볼 만하다.

〈하프라이프: 알릭스〉로 살펴보는 VR 사용성 디자인 원리

〈하프라이프: 알릭스〉는 수준 높은 사용성을 구축했다. 수많은 VR 게임이 사용성과 관련된 핵심 요소를 간과해 여러 문제를 겪은 것을 감안하면 이는 중요한 성과다. 그렇다고 해서 〈알릭스〉가 획기적일 만큼 새로운 UX 디자인을 도입한 것도 아니었다. 오히려 〈알릭스〉 개발 팀은 기능의 접근성이라든지 상호작용 선택

---

[10] https://half-life.com/ko/alyx

사항과 같은 기본 기능의 완성도와 작은 변화를 통한 개선에 집중했다. 가상현실의 사용성을 높이는 기본 디자인 원리는 다음과 같다.

- 이동 방식locomotion
- 방향
- 물체 상호작용
- 초기 설정, 온보딩, 접근성

VR 이동 방식: 선택 사항 제공은 선택이 아닌 필수

가상현실의 필수 구성 원리 중 하나인 **이동 방식**은 VR의 아픈 손가락이다. 2013년 이래로 현대 VR 시대가 막을 열었음에도 여전히 가상현실 속 움직임 때문에 멀미를 호소하는 사용자가 존재하기 때문이다. 지난 수십 년의 시뮬레이션 관련 연구 결과에 따르면 **시뮬레이션 어지럼증**simulation sickness이라고도 불리는 이 멀미 증상은 VR 제품을 처음 사용하는 25~40%의 사람에게서 일시적으로 발생한다. 그러나 그중 3~5%의 사용자는 VR을 사용할 때마다 고질적으로 증상을 겪는다. 언론 매체마저 가상현실이 유발하는 멀미 현상에 관심을 보이면서 초기 VR 개발자들이 구현에 부담을 느끼기 시작했고, 문제를 해결하기 위해 순간이동 효과를 적용해 화면의 움직임을 최소화하고자 했다.

그러나 VR 게임 이용자의 반응은 그리 달갑지 않았다. 순간이동 효과가 평소 즐기는 게임 작동 방식과 어울리지 않다고 느끼는 사용자가 많았던 것이다. 그들은 순간이동 효과 대신 기존의 1인칭 슈팅이나 기타 액션 게임에서 주로 사용되는 엄지손가락 조작 방식의 **섬스틱 조작**thumbstick control 기능을 요구했다. 이 기능은 이동 방식의 시각적 효과 때문에 종종 **매끈한 이동**smooth locomotion으로도 불린다. 순간이동과 매끈한 이동 사이의 고민은 생각보다 쉽게 해결되었다. 사용자 경험에 두 기능을 모두 제공해 사용자의 선호에 맞춰 선택하게 하는 것이다. 멀미를 겪는 사용자는 순간이동 방식을, 멀미 걱정을 하지 않는 사용자는 1인칭 슈팅 게임 스타일의 매끈한 이동 방식을 선택할 수 있게 말이다. 이동 방식의 선택 사항을 제공하는 것은 이제 VR 애플리케이션의 사용성 표준이자 모범 사례로 자리 잡았다.

물론 특정한 이동 방식이 VR 애플리케이션의 근본적인 스타일과 연계되어 있다면 예외가 되겠지만 말이다. 아울러 사용자가 기호에 맞게 선택할 수 있도록 여러 이동 방식을 제공하면 각기 다른 스타일을 가진 여러 게임 이용자 집단을 만족시킬 수 있어 제품의 진입 장벽도 낮출 수 있다. 아래는 다양한 이동 방식의 대표적 예다.

• 순간이동과 화면 조도 전환

어지럼에 예민한 사용자에게 가장 편안한 이동 방식은 순간이동을 시작할 때 화면의 조도를 점차 낮추고 목적지에 가까워짐에 따라 조도를 다시 높이는 효과를 함께 적용하는 것이다. 마치 눈을 깜빡이는 것과 같은 시각적 효과로 〈알릭스〉에서는 **블링크**blink라고 부르며 게임 환경 기본값으로 설정되어 있다. 블링크를 사용하면 순간이동을 하기 전에 미리 목적지의 방향을 설정할 수 있다. 설정 옵션 창에서 아날로그 스틱을 이용해 미세한 움직임을 조정하는 것도 가능하다.

• 빠른 일직선 이동

현재 위치에서 선택된 목적지까지 일직선으로 빠르게 이동하는 효과도 멀미를 방지한다. 공간 전환 시에 속도가 빠르면 시뮬레이션 어지럼증을 유발하는 **감각 부조화 현상**(시각적 자극이 귓속 전정신경의 피드백과 조화를 이루지 못하는 상태)을 제거할 수 있다.

• 매끈한 이동

앞서 언급했듯이 매끈한 이동은 **섬스틱 조작**을 이용한다. 기존 1인칭 게임의 방식과 가장 유사하며, VR 게임 경험이 많은 사용자들이 가장 선호하는 방식이다. 이 효과가 적용되었을 때 관측 위치에 따른 물체의 위치나 방향의 차이가 확연하게 드러나서 공간 인지가 쉬워지므로 가장 몰입감 있는 경험을 할 수 있다. 〈알릭스〉에서는 이 이동 방식을 **연속 이동**continuous movement이라 부르며 머리나 손의 방향에 따라서 이동하도록 구현했다.

여러 이동 방식을 제공하는 것은 VR 게임 초보자나 멀미를 쉽게 경험하는 사람부터 VR에 완벽히 길들여진 베테랑 이용자까지 다양한 종류의 사용자 집단을 아우르겠다는 제작 의도를, 즉 게임의 넓은 포용성을 사용자 경험으로 표현한 방법이다.

방향: 스냅 회전의 중요성

가상현실 경험의 우수 모델을 구축하기 위한 디자인계의 다양한 시도에서 **방향 설정**과 **제어**에 관한 고민은 종종 열외로 밀려나곤 했다. 과거 VR 개발자들은 게임 속 신체 회전은 아날로그 스틱을 통해서가 아니라 실제 사용자의 몸의 움직임을 그대로 반영하는 방식으로 제어되어야 경험의 몰입감을 유지할 수 있다고 믿었다. 하지만 이 가정은 틀린 것으로 드러났다. 개발자들이 애초에 사용자가 늘 일어선 채로 가상현실을 경험할 것이라는 그릇된 전제를 하고 있었기 때문이다. 사실 VR 사용자의 다수는 앉은 상태에서 가상현실을 즐긴다. 특히나 경험이 장기간 지속되거나 VR 콘텐츠를 시청할 때에는 더욱 그렇다. 비행기 안과 같이 공간의 제약이나 부상 및 장애 등으로 인해 신체의 움직임이 제한된 채로 앉아 있는 상태에서 가상현실을 실행할 때도 있다. 게다가 VR 사용자들은 단번에 방향 전환을 하는 **스냅 회전**snap rotation 방식이 게임 진행 중 본인 위치를 확인할 때 유용한 필수 도구라고 생각했다. 스냅 회전은 개발자들이 생각하는 자연스러운 몸의 움직임과는 달랐지만, VR 사용자들에게는 이미 다른 게임에서 경험했던 익숙한 방식이었으며 몰입에 방해가 되지는 않았다. 아울러 스냅 회전의 빠른 속도와 고정된 회전 각도가 멀미 예방에도 효과적이었다.

스냅 회전은 기본으로 활성화된 설정까지는 아니더라도 사용자가 원할 때 선택할 수 있는 부가 기능으로 반드시 제공되어야 한다. 사용자들이 스냅 회전을 필수 기능으로 인식하고 있다면, 스냅 회전 기능의 결여는 전체 경험을 부정적으로 만들어버리는 치명적 요인이 될 수도 있다. 많은 VR 게임이 부드럽거나 딱딱한 회전 효과, 회전 각도의 크기 등 다양한 세부 사항을 사용자가 조정할 수 있도록 스냅 회전 기능을 지원한다. 최소한 회전각이 15도인 스냅 회전 기능만 제공하더라도 사용자는 필요한 상황에 이를 이용해 본인 위치를 다시 확인하며 집중을 잃지 않고 게임을 운영해나갈 수 있다. 이 기능은 적용하기도 어렵지 않은 데다 모든 VR

게임이 갖추고 있어야 할 정도로 중요하다. 〈알릭스〉는 한 단계 더 나아가 스냅 회전 각도의 범위를 최대 90도까지 넓혀 사용자가 15도 단위로 기본 회전의 크기를 선택할 수 있고, 매끈한 회전 적용 시에는 회전 속도도 설정할 수 있다.

물체 상호작용: 흥미롭고 직감적으로

〈알릭스〉는 직감적인 VR 물체 상호작용이란 어떤 것인지를 잘 보여준다. VR 게임 사용자는 가상현실 내에서 수많은 물체를 발견하고 탐색한다. 특히 사용자가 손에 닿지 않을 거리에 있는 물체를 탐색하고자 할 때 **당기는 힘**force pull 기능을 통해 멀리서도 빠르게 물체를 회수하고, 이동 속도를 일정하게 유지하면서도 가상 현실 공간을 샅샅이 탐색할 수 있다. 일명 **잡아당기는 중력**gravity pull이라고도 부르는 이 방법은 여러 VR 게임에서 차용되어 사용자가 물체를 발견할 때마다 물체를 향해 이동하고 물체를 집어드는 일련의 성가신 행동을 생략함으로써 시간을 절약할 수 있다. 〈알릭스〉에서는 이 기능을 **중력 장갑**gravity glove이라고 부르며 게임의 흐름을 더욱 직감적이고, 흥미롭고, 부드럽게 만드는 데 일조한다. 〈알릭스〉에서 중력 장갑을 이용해 원거리에 있는 물체를 잡으려면 사용자는 손목을 꺾어서 정확한 순간에 받아내는 간단한 기술을 구사할 수 있어야 한다. 반복되는 행동에 작은 도전 의식을 일으키는 게임적 요소를 부여해 더욱 만족스럽고 즐기기 좋은 **게임 역학**game mechanic11으로 승화한 것이다.

〈알릭스〉에서 게임 아이템 보관함과 상호작용하는 방식 또한 편리함과 높은 접근성을 제공한다. 획득한 탄약을 저장하려면 사용자는 가방을 등에 메고 있다고 상상하고 탄약을 뒤로 던지는 손짓을 해야 한다. 즉, 등에 멘 상상의 가방이 아이템 보관함이 되는 것이다. 따라서 아이템 보관함을 열 때도 마치 가방에서 꺼내는 것처럼 손을 자신의 등 뒤로 뻗었다가 주먹을 쥔 상태로 앞으로 빼내는 동작을 취해야 한다.

물체 상호작용은 가상현실 경험의 기본 중 기본이다. 물체를 잡고, 상호작용하고,

---

11 옮긴이_ 게임 역학이란 플레이어에게 특정 활동을 지시하고 이에 따른 게임의 반응을 지배하는 규칙의 모임이다.

저장하고, 회수하고, 물체의 특성을 바꾸는 일련의 행동에서 완벽한 사용성이 표현되어야 한다. 〈알릭스〉는 SF 게임 환경에서 물체 상호작용 역학의 완성도를 높이는 방법을 훌륭하게 그려냈다. 그들이 보여준 해결 방식은 게임 장르나 SF 콘텐츠뿐만이 아니라 교육이나 상업용 VR 애플리케이션과 같은 여타 VR 개발 프로젝트에도 유용한 참조가 될 수 있다.

초기 설정과 접근성

사용자의 초기 설정 입력은 사용자의 다양한 정보와 선호도를 담아내는 데 도움이 된다. 예컨대 게임 실행 방식에서 사용자가 앉아 있는 것과 서 있는 것 중 하나를 택하게 되면, 사용자가 앉았을 때 게임 기기가 키의 차이를 인식하고, 사용자의 키를 정확히 계산해 사용자가 쭈그리는 행동을 올바로 인식할 수 있도록 한다. **한 손 운영 모드**에서 왼손과 오른손을 선택할 수 있는 기능, 난이도 조절 기능, 장애를 가진 사용자를 위한 세부 환경 설정 등의 부가 기능을 제공하게 되면 게임 자체를 더욱 접근성 높고 포용성 있는 경험으로 만들어 더 폭넓은 사용자층을 확보할 수 있다.

VR 사용성 표준의 진화를 위하여

지금까지 VR의 업계 개발 표준은 끊임없이 갱신되어왔다. 개발 실무 사례가 VR 신제품의 시장 성공 여부나 사용자의 피드백에 민감하게 반응하며 계속 변해왔기 때문이다. 〈알릭스〉는 비평가들로부터 높은 평가를 받은 최고급 VR 애플리케이션이자, 세계에서 가장 사랑받는 지식 재산권intellectual property(IP)이자, VR 기술의 최신 열풍을 다음 단계로 승화시키는 데 크게 기여한 작품이다. 사용성의 법칙, 선택 사항 제공, 사용자 맞춤 기능 제공 등 가상현실 경험의 설계의 뼈대를 세우는 데 〈알릭스〉만 한 참고 모델이 또 없을지도 모른다. 〈알릭스〉가 보여주었듯 환경, 이동 방식, 방향과 같은 핵심 기능을 설정할 때 사용자 선택 사항을 제공하는 것은 매우 중요하다. 자신이 개발하는 VR 프로젝트가 특정 역학에 제한되어서 다른 선택 사항을 제공하는 것이 불가능하거나, 필요하지 않거나, 군더더기에 불과

하지 않는다면 말이다. 그럼에도 아직까지 기본 선택 사항을 〈알릭스〉만큼 많이 제공하는 VR 게임은 극소수다. 대다수의 VR 게임에는 아직도 스냅 회전 기능이 없고, 일부만 순간이동의 대안으로 매끈한 이동을 제공하고 있을 뿐이다.

가상현실 개발을 위한 사용성의 표준과 업계 원칙은 앞으로 반드시 진화해야 한다. 사용자 연구와 같은 UX 리서치를 활용해서 아직 개발 원칙이 정해져 있지 않거나 특성상 더 많은 실험이 필요한 분야에 인사이트를 축적하는 과정이 필요하다. 아울러 〈알릭스〉와 같은 성공 사례를 참조해 기본적인 사용성 표준을 정의해본다면 이것은 마치 기초공사가 되어 미래의 어떤 변화에도 잘 대처할 수 있는 기반이 될 것이다.

가상현실의 미래를 탄탄하게 설계할 주요 트렌드

지금까지 살펴보았듯이 VR 개발에서 사용성은 그 어떤 분야에서보다 강조되어야 할 핵심적인 UX 디자인 요소다. 가상현실의 사용성이 뼈대를 단단하게 구축하지 못하면 가치, 의미, 만족감과 같은 UX 디자인 가치나 요소를 그 위에 쌓기 어렵다.

그러나 너무 걱정할 필요는 없다. 기술이 진보하면서 사용성 설계뿐만 아니라 그 이상의 디자인 작업까지 더욱 효율적으로 보조해줄 기법, 표준, 도구가 제시될 것으로 전망된다. 다음은 가상현실을 위한 UX 디자인에 영향을 끼칠 중요한 트렌드 네 가지다.

표준화의 도래

2019년 공식 출시된 확장현실 개방형 표준 **오픈XR**OpenXR 1.0은 플랫폼 간의 최적화 작업을 비롯해 개발자와 디자이너의 개발 업무를 한층 편리하게 만든 업계의 중요한 첫걸음이었다. 오픈XR은 여러 XR 플랫폼, 엔진, 기술 간에 발생하는 **파편화 문제**fragmentation problem를 해결한다. 오픈XR의 애플리케이션과 기기 인터페이스 레이어는 모든 종류의 엔진과 플랫폼에서 개발된 VR 헤드셋 전용 애플리케이션에 접속이 가능하다. 이러한 방식의 표준화는 **컨트롤러 매핑**controller mapping이나 상호작용 디자인과 같은 실무 작업에 필요한 해결책을 간소화하기도 한다. 조작 버튼 매핑처럼 기능과 관련된 표준이 단일화되면 UX의 단일 프레임워크를 설정할 때도 유용하며, 프로토타입 제작, 다중 플랫폼 운용, 사용성 연구 등의 업무를 훨씬 더 쉽고 빠르게 그리고 효율적으로 진행할 수 있다.

수준 높은 사용자 경험을 위한 기술 개선

더욱 편하고 가벼운 데다가, 더 높은 해상도에 확장된 시야각까지 탑재한 헤드셋이 몇 년 안에 출시될 전망이다. 개선된 품질과 착용감은 사용자가 오랜 시간 착용해도 불편함 없이 확장현실을 즐길 수 있도록 할 것이다. 또한 여태까지 문제였던 작은 글자의 가독성까지 개선되어 확장현실의 장기 비전인 확장현실 기반의 가상 오피스 구축에 한층 힘을 실어줄 것이다. 시선 추적과 다초점 렌즈로 눈짓을 통한 소통이 표현될 만큼 시각적 품질이 향상되면 가상현실 모임과 같은 서비스 경험도 한층 풍부하게 설계할 수 있을 것이다.

소통이 자유로운 미래형 확장현실을 위한 무선 VR

앞으로 다가올 시대에서 무선으로 경험하는 가상현실은 각광받을 것이다. 5G 통신망의 도래는 클라우드 기반의 가상현실 모임을 가능하게 만들고, 더욱 원활한 가상 업무와 오락 공간을 제공한다. 가상 협업이나 아바타를 내세우는 회의도 업무 공간의 혁명을 초래할 전망이다. 특별한 장벽이나 제약 없이 확장현실을 실행할 수 있는 **웹AR**과 **웹VR** 또는 **웹XR**도 점차 널리 사용될 것이다. 앞으로의 가상현실에서는 더욱 생동감 넘치는 복제품이나 재구성한 회의실, 지속적으로 공유할 수 있는 가상 물체의 등장을 목격하게 될 것이다. 마치 VR 공간이 **디지털 쌍둥이**digital twin를 잉태하는 꼴이다.

확장현실 수렴과 뇌-컴퓨터 인터페이스 (BCI)

앞으로는 VR과 AR이 하나의 착용형 XR 기기에 통합되어 더욱 유연하게 활용될 전망이다. VR과 AR 양 업계의 선두 주자들이 벌써 이에 대한 실험을 마친 상태다. VR 헤드셋에서는 가상현실 화면을 관통하는 시야를 제공해 AR 기능을 활성화하는 반면, AR 기기에서는 렌즈의 투명도를 조정함으로써 가상현실을 작동시킨다. AR과 VR을 모두 실행할 수 있는 XR 기기는 타당하며 자연스러운 확장현실의 진화 방향이다. 각기 다른 종류와 기능을 가진 AR과 VR 기기, 머리 착용형 통합 XR 디스플레이가 확장현실 내 단일 공간에 접속하고, XR 관련 기기가 없는 사용자라면 스마트폰을 이용해 확장현실 내 미리 설정된 지점으로 접속해 관중처럼 이 광경을 구경하는 시나리오가 가능해지는 것이다.

가까운 미래에는 범위가 확장된 촉감이나 더욱 다양한 감각을 사용해 경험의 생동감이 한층 높아질 것이다. 수술 없이 구동 가능한 **뇌-컴퓨터 인터페이스**brain-computer interface(BCI)에 관해 현재 진행되고 있는 연구는 약간의 머신러닝 지원만으로도 상호작용과 탐색 기능이 향상되는 고무적인 결과를 보여주고 있다. 뇌-컴퓨터 인터페이스 기술은 신경 보조, 핸즈프리 소통 방식을 이용해 손과 컨트롤러를 통한 상호작용을 보조함으로써 상호작용 방식을 더욱 직관적이고 빠르게 만들어 줄 뿐 아니라 신체 장애를 겪고 있는 이들도 한층 수월하게 확장현실에 접근할 수 있게 만들 것으로 기대된다.

변화하는 디지털 환경 속 사용자 중심 디자인

확장현실이 4차 산업혁명의 파괴적인 에너지와 소비자 시장의 거대 변화의 일부라는 것은 의심할 여지가 없다. 제조 과정의 혁명으로 업무 환경과 가정의 디지털 전환 과정이 일어나면서 VR 기술은 의사소통, 교육, 전자 상거래와 같은 일상적 분야에 침투하며 영향력을 높이고 있다.

이러한 전환기에서 UX 디자인의 역할은 사용자의 니즈를 발굴하는 데 집중하고, 접근성과 사용성 표준이 반영된 디자인의 중요성을 알리는 데 목소리를 높여야 한다. 또한 사용자가 끊임없이 변화하는 디지털 환경을 경험하고 있는 만큼, 그들의 관점을 변혁의 중심에 세워 디자인 결과물이 진정으로 사용자에게 가치를 제공할 수 있어야 한다. 무엇보다도 제품을 설계하는 과정에서 사용자에 대한 통찰과 공감을 실질적으로 적용할 수 있으려면, 개발의 무대가 되는 확장현실 분야에서 어떤 도구를 활용할 수 있는지, 현재 기술의 성능과 한계는 무엇인지 두루 알고 있어야 한다.

확장현실에 발을 들이고 싶은 디자이너에게 한 가지 희소식은 업계의 역동적인
분위기에 힘입어 업무를 수월하게 만들어주는 도구들이 많이 생겨나고 있다는 것
이다. 대표적으로 아이디어 발상과 프로토타입 제작 툴인 마이크로소프트의 **마켓**
maquette이 있다. 마켓을 이용하면 AR, VR 기반 아이디어 스케치가 가능하고, 추후
의사결정자나 의뢰인에게 선보일 수 있을 만한 수준의 시각적인 모형 제작도 가
능하다. XR 디자인 생태계의 성장 속도를 감안할 때, 앞으로 마켓과 같은 프로토
타입 제작 툴이 더 많이 출시될 것으로 보인다.

가상현실 사용성 발견적 평가

지금까지 XR 산업군 내 VR의 진화 과정과 VR 상호작용 디자인에서 사용성의 구
체적인 의미와 중요성을 살펴봤다. 이번에는 실무에서 VR 디자인 결과물의 사용
성을 평가하는 방법과 기준을 알아본다. 먼저 **발견적 평가**heuristic evaluation에 대해 알
아보자.

발견적 평가는 경험을 통해 도출한 법칙이나 논리적 추측으로 성립된 일련의 기
준을 이용하는 평가 방식이다. 비교적 시간과 비용이 절약된다는 장점이 있다. 사
용자 인터페이스 디자인을 위한 가장 우수한 발견적 평가의 기준으로 유명한 **제
이콥 닐슨**Jakob Nielsen의 **10가지 사용성 평가**는 가상현실 인터페이스의 디자인 품질
과 사용성을 평가하기에 가장 좋은 출발점이다. 평가 기준을 간단히 소개하자면
다음과 같다.

1. **시스템 상태의 가시성(Visibility of system status)**
   사용자에게 무슨 일이 일어나고 있는지 지속적으로 고지할 것

2. **현실 세계를 반영한 시스템(Match between the system and the real
   world)**
   시스템 지향 언어가 아닌 사용자의 언어로 표현할 것

3. **사용자의 제어와 자유(User control and freedom)**

사용자가 원치 않은 상황이나 실수로부터 복구할 수 있게 도울 것

4. **일관성과 표준(Consistency and standards)**

규칙을 따를 것

5. **오류 방지(Error prevention)**

사용자의 선택을 '확인'하는 옵션을 제공할 것

6. **기억보다 인지(Recognition rather than recall)**

사용자의 기억력에 의존하지 말 것

7. **유연함과 효율성(Flexibility and efficiency of use)**

초보 사용자와 숙련된 사용자를 모두 고려할 것

8. **심미성과 최소한의 디자인(Aesthetic and minimalist design)**

불필요한 정보는 제거할 것

9. **사용자의 오류 인식, 진단, 제거(Help users recognize, diagnose, and recover from errors)**

문제와 해결 방안을 분명하게 밝힐 것

10. **지원과 도움 문서(make it easy to search for answers)**

사용자가 정답을 쉽게 검색할 수 있도록 만들 것

이 방식을 이용하면 오랫동안 업계가 지켜온 사용성과 인터페이스 디자인의 모범 사례를 따를 수 있을 뿐 아니라, VR 디자인이 고전적인 UX의 기준에 어떻게 적용되는지 비교 평가해볼 수 있다는 장점이 있다. 제이컵 닐슨의 사용성 평가 기준과 더불어 개발 중인 애플리케이션이 사용될 기기의 사용성에 특화된 발견적 평가 기준이나, 사용 사례에 걸맞는 최신 연구 결과 혹은 발표된 평가 기준도 검토해봐야 한다. 다만 인터넷 검색을 통해 흔히 찾을 수 있는 VR 사용성 발견적 평가 기준의 상당수는 지나치게 주관적이거나, 특정 플랫폼에만 해당하거나, 변화하는

XR의 환경 속에서 금방 설득력을 잃어버린 과거의 가정에 의존하고 있기 때문에 유의해야 한다.

VR의 공간적 환경에 최적화된 UX 설계 기법

XR 애플리케이션을 위한 UX 디자인 과정은 아직 상당히 실험적일 수밖에 없다. 접근 방법이나 원칙은 그대로지만, 이를 XR 실무에 적용하기 위해서는 많은 수정이 필요하기 때문이다. 예컨대 '이번 **디자인 스프린트**design sprint에서 중급의 **충실도**fidelity를 갖춘 프로토타입을 제작해야 한다는데 그게 도대체 얼마만큼을 말하는 거지?'와 같은 의문이 생길 수 있다. 물론 웹과 모바일 앱 디자인 개발 과정에서부터 정립된 UX 디자인 실무 방식 중 일부는 XR 디자인에 쉽게 적용 가능할 수도 있다. 하지만 프로토타입 제작의 경우, 이는 **공간 디자인 영역**에 들어서기 때문에 기존의 노하우를 바로 적용하기가 쉽지 않다. 와이어프레임 제작, 콘텐츠 모듈을 위한 공간 할당, 콘텐츠의 우선순위와 평면 화면의 반응 설정처럼 기존의 웹과 모바일 앱 개발에서 사용된 전통 방식보다, 3차원 기반의 스토리보드를 이용한 가상현실 경험의 **공간적 스토리텔링**에 집중하는 것이 바람직하다. UX 아이디어 발상을 위한 디자인 툴 선정에 있어서도 3D 디자인 전용 툴인 **블렌더**Blender나 **그래비티 스케치**Gravity Sketch, 마이크로소프트 마켓처럼 VR에서도 사용이 가능한 UX 디자인 애플리케이션이 도움이 될 것이다. **사용자 여정 지도** 또한 가상현실 개발에 적용할 수는 있지만 작업의 우선순위를 재고해볼 필요가 있다.

미래를 대비하는 디자인 방법론

VR 업계에서 현재 제안되고 있는 발견적 평가 기준이나 모범 실무 사례는 당장 유용할 수는 있어도 변화하는 환경 속에서 어떻게 바뀔지는 아무도 모를 일이다. 시장에 새롭게 출시된 제품의 디자인 추세나 기업들이 유독 선호하는 기능과 같은 시장의 흐름도 마찬가지다. 확장현실에 대한 장기적인 관점을 유지하는 것은 XR 디자이너가 공간 컴퓨팅을 위한 디자인 작업에서 어떤 선택이 진정한 혜택을 가져다주는지에 관해 집중할 수 있다. 여기서 말하는 장기적인 관점이란 방법론을 기반으로 한 체계적 사고와 이를 자신의 장점으로 내세울 수 있는 태도를 의미한다. 나아가 환경의 변화에 유연하게 대처할 수 있는 목표 의식과 업무의 효율성을 유지할 수 있다면 제품 및 애플리케이션의 종류에 구애받지 않는 핵심적인 디자인 원칙을 분명하게 가려낼 수 있을 것이다.

UX 디자인 이론은 식탁과 같은 가구에서부터 최신 기술이 탑재된 VR 비행 시뮬레이터와 같은 소프트웨어에 이르기까지 디자인 가능한 모든 대상에 적용될 수 있을 만큼 보편적이다. 근본적으로 보면 UX 디자인의 방법, 원칙, 과정 또한 마찬가지다. 반면 실무 환경, 산업, 분야, 기기의 사용성 평가 기준, 권장되는 실무 규칙은 끊임없이 변하고 있다. 예컨대 VR을 위한 발견적 평가 기준은 때때로 너무 좁거나 혹은 너무 광범위하게 설정되고, 디지털 매체의 디자인 분야 전반에서 거의 문제를 일으킨 적 없었던 핵심 디자인 요소가 VR에서는 고도의 관심을 요하기도 한다. 이를테면 **서체**와 **가독성**이 대표적인 예다. VR의 기술적 한계 때문에 서체와 가독성은 VR 기술의 초창기부터 큰 문제였다. 이런 문제에 대비하기 위해서 우리는 한 걸음 물러나 학습 용이성, 효율성, 기억 용이성, 오류 방지, 만족감 등의 개념을 강조했던 닐슨의 사용성 목표를 다시 한번 살펴볼 필요가 있다. 성공적인 확장현실 경험을 설계하기 위한 긴 여정에서 사용성 평가 기준을 위한 나만의 원칙에 위와 같은 목표를 적용해보길 바란다.

2.4 증강현실: 성공 사례, 유용한 프로토타입 제작 도구와 AR 클라우드

스마트폰이나 태블릿을 이용한 핸드헬드형 AR 기술은 스냅챗이나 〈포켓몬 GO〉와 같은 간단한 게임 속에서 오버레이 필터로 이미 활발하게 사용되고 있다. 자동차에서도 후방 카메라의 화면에 나타나는 주차선이나 장해물을 피하는 안전 경로가 AR 오버레이로 구현된다. 모바일 산업과 자동차 디자인에서 AR 기술을 활용하는 사례는 꽤 기초적인 기술만으로도 사용자에게 유용한 애플리케이션을 개발할 수 있음을 보여준다. 반면 마이크로소프트의 **홀로렌즈**처럼 입체적인 홀로그램과 상호작용하는 AR 글래스를 개발할 때 필요한 기술 요구 사항은 훨씬 복잡하다 (그림 2-4).

그림 2-4 마이크로소프트 홀로렌즈 2

애플리케이션이 사용자의 환경을 충분히 인식하고 계산할 수 있는 고급 AR 기술을 갖추려면 여러 복잡한 작업이 수반된다. 특히나 환경을 구성하는 물체에 심미적 요소를 첨가하거나 상호작용하는 AR 요소를 중첩해야 한다면, AR 기술은 개인 사용자의 독특한 환경을 완전히 이해하고 해석할 수 있어야 한다. 이때 **컴퓨터 비전**computer vision12을 이용해 사용자의 환경에 놓인 여러 대상의 모양과 크기를 계산하고, 감지된 대상을 픽셀 단위로 분류semantic segmentation해 수정이 가능한 상태로 변환하는 작업이 필요하다. 공간을 감지, 기록, 추적, 해석하는 일련의 과정에서부터 거리, 깊이, 물체와 객체 간의 **오클루전**(가림)occlusion 현상, 물체의 특성, 표면, 재료적 특성, 조도 등 물체의 상태에 대한 해석까지 복잡한 컴퓨터 연산이 사용된다. 아울러 공장 창고에서부터 어질러진 부엌 공간에 이르기까지 AR 애플리케이션이 구동될 모든 종류의 공간을 고려한다면 AR 감지 기술도 중요한 역할을 한다.

---

12 옮긴이_ 컴퓨터 비전은 인간의 시각이 할 수 있는 기능을 컴퓨터가 자율적으로 수행하고, 나아가 더욱 세밀한 계산과 해석을 통해 사진이나 동영상에서 정보를 추출하는 방식을 연구하는 컴퓨터 과학의 최신 연구 분야다.

VR 개발에서 배경이 되는 공간은 디자이너의 창의력의 결과물인 반면, AR 개발에서는 사용자의 실제 주변 환경이 곧 배경이 된다. 즉 환경적 상황의 다양성을 이해하고 반영하는 것이 UX 디자인의 핵심 과제다.

먼 미래에는 AR 기술에 **머신러닝**machine learning이 도입되어 훨씬 수월하게 환경과 물체를 감지할 수 있게 될 것이다. 물론 머신러닝을 이용한다 하더라도 환경 인식은 여전히 쉽지 않은 과제로 남을 것이다. 물체와 표면의 무한한 다양성, 자연환경의 전반적인 복잡성, 그리고 끊임없이 움직이고 변화하고 형태를 바꾸는 유기적인 물체까지 고려한다면 말이다.

현재 AR 기술은 몇 가지로 제한된 환경에서만 가장 잘 구현된다. 표면 공간이 평평하고 모서리가 각이 져서 깊이와 오클루전 현상의 인지가 쉽고, 환경 속에 마커marker나 물체로 시스템이 인식하는 특정 패턴을 심어 놓은 상황이 여기에 해당한다.

AR 제품군과 애플리케이션 종류

스마트폰이나 태블릿 같은 핸드헬드형 기기와 마이크로소프트 홀로렌즈나 매직리프 1과 같은 AR 글래스는 외관이나 사용 방식이 극명하게 다르다. 핸드헬드형 AR을 위한 상호작용 디자인은 주로 웹이나 모바일 애플리케이션 개발에 정립된 UX와 UI 디자인 원칙을 따르는 편이다. 반면에 착용형 AR 글래스의 경우에는 입체적 인지, 몸짓, 컨트롤러 상호작용과 같은 기능들이 추가로 고려되면서 공간 상호작용을 위한 규칙을 따르게 되는데, 이는 가상현실을 위한 UX 규율과 오히려 더 유사하다. 애플리케이션이 상호작용 가능한 콘텐츠 기반이라면, 사용자가 기기와 상호작용하는 방식에 따라 UX 디자인 또한 다른 접근 방식을 취해야 한다. 핸드헬드형 기기는 화면상의 터치 컨트롤이 디자인의 중심이 되는 반면, 몸짓이나 핸드헬드형 컨트롤러에 의해 작동되는 AR 헤드셋은 떠 있는 3D 공간의 상호작용 방식에 중점을 둔다. 이렇듯 두 AR 기기의 차이는 크지만, 결국에는 다음과 같은 동일한 AR 애플리케이션을 사용한다.

1. 마커 기반 AR

마커는 AR 앱이 쉽게 인식하는 고유 패턴으로, 특정 행동을 유발하는 지점으로 활용된다. **QR 코드**가 마커 기반 AR에 해당하고, 앱에 미리 고유한 디자인 패턴을 설정해 마커 기반 AR로 사용할 수도 있다. 마커 기반 AR은 출판 디자인에 활용되기도 한다. 이를테면 책의 특정 페이지에 3D 콘텐츠를 실행시키는 마커를 삽입해 독자가 책의 내용을 훨씬 시각적이고 풍부하게 경험하도록 돕는다.

2. 마커리스^markerless AR

마커리스 AR은 동시적 위치 추정 및 지도 작성 기술인 **SLAM**^simultaneous localization and mapping을 이용해 증강현실 콘텐츠를 환경에 직접 띄우는 방식을 활용한다. 이케아^IKEA의 〈이케아 플레이스^IKEA Place〉 앱은 마커리스 AR 기술 기반이며 사용자가 자신의 집에 이케아 제품을 미리 배치해보는 기능을 제공한다.

3. 위치 기반 AR

GPS, 나침반, 가속도계와 같이 기기의 위치 추적이 필요한 디지털 AR 콘텐츠를 위치 기반 AR 애플리케이션이라고 부른다. 〈포켓몬 GO〉에서처럼 위치 기반 AR 애플리케이션 속 가상의 물체는 특정 지역 좌표에 묶여 있다. AR 위치 기반 게임뿐 아니라 안내 지도, 문화유산 가이드와 같은 콘텐츠에서도 활용할 수 있다.

프로젝션 기반 AR 기술

지금까지 AR 제품군과 애플리케이션 종류, 사용 사례를 알아보았다. 여기서 우리의 논점에서 벗어난 AR 주제 하나를 잠깐 짚고 넘어가고자 한다. 바로 **프로젝션 기반**^projection-based **AR** 기술이다. 프로젝션 기반 AR은 대중을 위해 제작된 표준 하드웨어에서는 사용되지 않으므로 이 책에서는 깊게 다루지 않고 개념만 간단히 살펴본다.

프로젝션 기반 AR에서는 몸짓을 비롯한 다양한 입력 방식을 통해 사용자와 영사된 이미지가 상호작용한다. 자동차의 전면 유리에 AR 기술을 결합해 지능적인 운전 보조 역할을 하거나 **프로젝션 맵핑**projection mapping으로 규모가 큰 예술 작품을 만드는 데 사용되기도 한다. 프로젝션 기반 AR은 AR 산업의 긴 세월 동안 가장 흔하고 가시적인 형태로 사용되어왔다. AR 글래스가 훨씬 더 대중화되면 프로젝션 기반 AR을 어느 정도 대체할 것으로 예측된다. 따라서 이론적으로는 AR 머리 착용 디스플레이에서 어떠한 프로젝션도 구현할 수 있게 된다.

그 밖의 프로젝션 기반 AR 애플리케이션은 상당히 특화된 틈새 분야에서 사용한다. 예를 들면 실험적인 라이브 공연이나 한정된 공간에서 특별히 제작된 설치물과 방문객이 상호작용하는 이벤트와 같다.

프로젝션 기반 AR이 전문인 UX 디자이너는 실시간 상호작용이 가능한 몰입형 콘텐츠 개발을 위해 주로 **터치디자이너**TouchDesigner라는 소프트웨어와 동작 포착 전문 기기인 마이크로소프트의 **키넥트**Kinect를 이용한다. 터치디자이너는 노드 기반의 **비주얼 프로그래밍 언어**visual programming language(VPL)를 사용하며 미디어 시스템 구동에 있어 다양한 음성–시각 입력 방법을 유연하게 지원한다.

프로젝션 기반 AR은 고도로 특화된 영역이므로 기술적 요구 사항과 문제, 사용 사례를 별도로 취급해야 한다. 특수 분야에서 전문성을 쌓고 싶은 UX 디자이너를 위한 기회의 무대일 수 있다.

AR 세계에 도전하는 UX 디자이너의 해결 과제

현존하는 AR 기기의 성능과 사양은 천차만별이며 이 사실은 UX 디자이너에게 하나의 커다란 숙제이기도 하다. 예컨대 AR 기기에 탑재되는 감지기의 성능도 다양하다. 애플의 아이패드와 아이폰 최신 제품에 탑재되는 스캐너인 **라이다** LiDAR는 다수의 광선이 표면으로부터 반사되고 돌아오는 시간을 측정하는 방식으로 3차원 공간의 특성을 정확하게 감지해낸다. 그 결과 환경에 깊히 박혀 있는 대상과 가상의 객체 간의 **오클루전** 효과가 훨씬 정교하게 구현되는데 이는 사실적이고 현실감 넘치는 증강현실을 조성하는 데 있어 매우 중요하다. 이러한 이유로 일부 애플리케이션이나 게임에서 오클루전 효과는 제품의 성패를 좌우하기도 한다.

표준화된 무선 단말기에 감지기와 같은 특화된 하드웨어를 탑재해 기능을 향상시키는 것은 구글의 2014년 **프로젝트 탱고**^{Project Tango}에서 처음 시도되었다. 특화된 3D 탐지기를 탑재한 구글의 스마트폰은 훌륭한 성능을 보여주었다. 그럼에도 불구하고 구글은 2017년 프로젝트 탱고를 중단했다. 이후 구글은 소프트웨어 전용 플랫폼인 **AR코어**로 전력을 이동하며 애플의 AR키트의 경쟁 상대로 맞서고자 했다. 이는 별도의 하드웨어에 의존하지 않는다면 개선된 AR 기술을 훨씬 빠르고 수월하게 무선 단말기에 보급할 수 있다는 계산에서였다.

현재 시장에 보급된 스마트폰과 태블릿은 AR 기술을 구현하는 기본적인 기능을 갖추고 있지만 업계에서는 아직 수준 높은 증강현실 경험을 보증하는 최소 기술 사양에 대한 기준을 정하지 않은 상태다.

UX 디자이너가 염두에 두어야 할 또 하나의 사실은 현재 AR 세계의 중심이 **핸드헬드형 AR** 기술에서 헤드셋을 이용한 **착용형 AR** 기술로 이동하는 과도기의 문턱에 놓여 있다는 점이다. 현재 대부분의 AR 앱이 핸드헬드형 기기 사용만 고려한 채로 설계되어 있다. 스크린 중심의 핸드헬드형 기기 경험에서 공간 상호작용 중심의 착용형 AR 헤드셋 경험으로 전환될 때 기존 콘텐츠의 일관성과 경험을 보존해내는 것이 중요한 해결 과제다.

앞으로 기기와 기술의 다양성을 간소화하려는 움직임이 일어날 것이다. UX 디자이너는 이 변화가 최대한 많은 사용자의 접근성과 포용성을 보장하는 방향이 되도록 최선을 다하며 사용자의 관점과 문제를 계속해서 대변해야 한다.

AR 애플리케이션 성공 사례

보다 현대적인 AR 기술 활용 사례가 시장에 소개된 2013년 이래로 여러 핸드헬드형 AR 애플리케이션이 성공적인 행보를 보여왔다. 마커 기반 AR인 **QR 코드**는 등장 초기에 인쇄물에 삽입되어 2차원의 평면 이미지에 3차원의 시각물 혹은 멀티미디어 콘텐츠를 첨가하려는 시도에 주로 사용되었다. 이 방식은 특히 교육 환경에서 활용도가 높았다. 만화책도 마커 기반 AR을 성공적으로 활용해 인쇄된 정적인 이미지에 동적인 움직임을 더했다. AR 기반의 콘텐츠를 첨가한 동화책도 인기를 끌고 있는데, AR의 감각적인 효과가 독서의 몰입도를 높여 아이들의 학습 효과를 증대시켰기 때문이다. 마커 기반 AR 애플리케이션은 소비자 상품 안내뿐만 아니라 기술적으로 복잡한 하드웨어 사용법을 훈련할 때도 사용된다. 메르세데스-벤츠Mercedes-Benz는 2018년에 AR 기반 매뉴얼 앱인 '메르세데스에게 물어보세요Ask Mercedes'를 도입했다. 이 앱은 스마트폰이나 태블릿에서 실행 가능하고, 상황에 적합한 차량 관련 정보를 상호작용이 가능한 AR 레이어 형태로 띄워 제공한다. 교육용 AR 콘텐츠에서는 정적인 문서의 문맥에 맞춰 교육 보조 자료를 띄우는 방식이 효과적이었다. 예컨대 공업용 기계 작동법을 훈련할 때 마커 기반 AR을 도입하면 사용자가 기계를 조작하는 중에 시의적절하게 안내 사항을 제공받을 수 있다.

마커리스 AR을 소셜 미디어에 도입한 선구자는 **스냅챗**이다. 카메라에 포착된 환경이나 대상을 추적하는 세로형 비디오 위에 3차원의 가상 물체를 중첩하는 스냅챗의 마커리스 AR 활용 방식은 요즘 소셜 미디어가 증강현실을 활용하는 가장 대표적인 방식이다. 스냅챗의 성공에 영감을 받은 페이스북과 인스타그램도 이 기능을 도입했다.

위치 기반 AR은 **구글 지도**Google Maps를 통해 가장 널리 대중화되었다. 구글 지도는 특정 위치에 입력된 마커를 추적해 목적지까지 사용자의 경로를 안내한다.

전자 상거래 관련 앱이 AR을 활용하는 가장 전형적인 방식은 스마트폰 카메라를 이용해 사용자가 화장품, 타투, 모자, 액세서리와 같은 판매 상품을 가상으로 착용해보는 것이다. 기업용 개발 분야에서 활약하며 설치가 간편한 AR 애플리케이션인 **뷰포리아 초크**Vuforia Chalk는 기술 원격 지원 서비스의 원조다. 마지막으로 앞에서도 언급한 이케아의 가상 가구 배치 앱 〈이케아 플레이스〉는 AR 활용 사례에서 가장 잘 알려진 애플리케이션이기 때문에 AR의 성공 사례를 논할 때 빼놓을 수 없다.

이처럼 핸드헬드형 AR 기술은 다양한 분야의 문제를 실용적으로 해결하고 있다. 사용자 친화적인 차세대 AR 헤드 마운티드 디스플레이가 대중화되면, AR 기술의 사회적 활용이 가속화될 것이다. 그뿐만 아니라 더욱 몰입감 있는 입체적 시각을 구현해 현재 AR 기술이 선보인 가치를 한층 더 분명하게 드러낼 것이다.

UX 디자인을 위한 유용한 도구와 주의 사항

핸드헬드형 AR은 웹이나 모바일 애플리케이션과 마찬가지로 사용자가 화면을 통해 상호작용한다. 하지만 AR에서는 사용자의 실제 환경이 화면을 구성하며, 디자인의 중요한 요소가 된다는 점이 큰 차이점이다. 또한 AR 개발에서 디자인하는 모든 물체가 3차원 세상에 존재한다는 점도 하나의 차이점이다. 즉, 증강현실 속 가상 객체는 3차원의 기하학 관점에서 디자인되어야 한다. 설사 3차원 환경에 띄우게 될 객체가 2차원으로 그려진 그림 작품일지라도, 여전히 3차원의 모든 각도에서 이 2차원 대상이 어떻게 보여질지 고려해야 한다. 3차원 콘텐츠나 특정한 계기로 활성화되는 애니메이션 효과는 처음부터 증강현실 환경과 흐름을 염두에 두고 설계해야 한다. 증강현실에서는 공간상에서 사용자 경험의 흐름을 깨뜨릴 가능성이 있는 방해 요소를 최소화하기 위해 환경 안내나 화면 바깥에 위치한 물체에 대한 알림 메시지를 보내는 방법을 사용한다.

프로토타입 제작 시 유니티나 언리얼 엔진 같은 게임 엔진 위에서 AR코어와 AR키트 같은 소프트웨어 플랫폼에만 의존한다면 기술적으로 신경 써야 할 세부 사항이 많아진다. 다행히도 이러한 애로 사항을 해결하기 위한 다양한 AR 디자인 애플리케이션이 점차 증가하고 있다. 예컨대 **어도비 에어로**^{Adobe Aero}는 다른 소프트웨어에서 제작된 3D 물체를 불러와 사용자 상호작용 프로토타입을 첨가하고 테스트하는 기능을 지원한다. 또한 **반응 유발**^{trigger}의 종류나 행동처럼 빈번하게 활용되는 객체의 속성에 대한 세밀한 설계와 시연도 가능하다. 아마존 웹 서비스^{Amazon Web Services}(AWS)가 제작한 **수메리안**^{Sumerian}은 한층 고도화된 개발과 프로토타입 제작을 돕는 웹 기반 도구로, **비주얼 스크립팅**^{visual scripting}13을 이용해 상호작용

---

13 옮긴이_ 코드를 작성하지 않고도 인터페이스 기능을 이용해 프로그램을 제작하는 방식이다. 프로그래밍 언어에 대한 지식이나 경험이 부족한 실무자라도 프로토타입이나 간단한 프로그램을 쉽게 제작할 수 있다.

디자인을 할 수 있어 더욱 완성도 높은 프로토타입 제작을 지원한다. 또한 마이크로소프트 마켓은 확장현실 공간을 구성하기 위한 아이디어 구상 과정에 특화된 도구다.

AR 프로토타입 제작 툴에는 개발을 위한 테스트 환경인 **샌드박스**^{sandbox14}가 기본으로 제공된다. 샌드박스를 통해 핵심 구성 요소, 공간 레이아웃, 사용자 인터페이스, 그리고 추후에 테스트할 아이디어나 콘셉트를 위한 객체의 구성 요소를 계획할 수 있다. 또한 온보딩, 사용자 이용 흐름, 상호작용 디자인을 위한 아이디어 구상 환경을 제공하므로 개발 과정의 효율성도 높인다. 증강현실 개발 과정에서 프로토타입 제작과 아이디어 발상은 특히 중요한 단계다. 디자인의 미세한 변화가 3차원 환경에서 거대한 영향을 줄 수 있기 때문이다. 특히 배치하는 AR 물체의 크기와 위치가 구성에서 핵심적인 역할이라면 섬세한 수정과 테스트 작업을 반드시 거쳐야 한다.

애니메이션과 같은 시각적 자극은 객체의 속성이 변화하거나, 활성화되거나, 사용자의 행동을 기다리는 상태를 표현할 때 유용한 디자인 요소다. 음성과 소리는 경험 전반에서 사용자의 탐색을 돕거나 지원 기능의 활성화를 알리는 데 사용된다. 설계된 증강현실이 의도대로 구현되는지 검토하기 위한 가장 유용한 방법은 **사용자 테스트**^{user test}다. 웹과 모바일 환경과 달리 증강현실 환경 속의 사용자는 경험의 기본이 되는 간단한 행동을 취하는 데에도 어려움을 느낄 가능성이 더 크다. 물체를 회전하거나, 시야를 조정하거나, 활성화된 물체를 탐색하는 것과 같은 일련의 행동이 낯설게 느껴지거나 어색해서다. 시각언어^{visual language}는 이러한 사용자의 고충을 완화하고 애플리케이션의 사용성을 높이기 때문에 AR 디자인의 중요한 요소라고 할 수 있다. 모바일과 웹 애플리케이션 개발과 비교해볼 때, 디지털 AR 제품 개발에서 UX 디자인이 맡은 책무와 조심해야 할 부분은 이 밖에도 다양하다.

---

14 옮긴이_ 샌드박스는 보호가 필요한 어린아이들을 위해 모래통에서만 놀도록 하는 데서 유래한 소프트웨어 보안 개발 기법이다. 저장소로부터 테스트되지 않은 코드 변경 사항이나 전면적인 실험을 분리시킨 테스트 환경으로, 웹 개발, 버전 관리를 포함한 소프트웨어 개발 환경에서 사용한다.

신흥 기술에 대한 사용자의 선호도와 시장의 태도는 예측하기 어렵다. 기술의 용도와 성능의 유연성 덕분에 착용형 AR 산업은 단연 주목받고 있지만, 착용형 AR 제품 역시 실제 소비자의 수용 여부를 단정 짓기는 어렵다. 2013년 출시된 **구글 글래스**Google Glass 1세대 제품의 실패가 이를 증명한다. 구글 글래스는 당시 최신 착용형 AR 기술을 탑재한 데다 위치 인식 알림 기능을 비롯한 다수의 유용하고 세련된 기능을 갖췄음에도 불구하고 대중에게 철저히 외면당했다. 구글 글래스의 실패 사례는 시장에서 예측 불가능한 일은 얼마든지 생길 수 있고, 개발 당시 별로 중요하지 않다고 여겼던 부분이 결국 성패를 가르는 요인이 될 수 있음을 보여준다. UX 디자인 관점에서 비판하자면 구글이 개발 당시 사용자 경험의 사회 문화적 인식을 간과했다는 걸 짚고 가야 한다. 사용자가 어떤 제품을 편안하게 사용할 수 있으려면 먼저 그 제품의 사용이 사회적으로 용인되어야 한다. 따라서 이 제품이 사회적 맥락에서 어떻게 인식되고 사용될지를 테스트하는 것은 UX 디자이너가 맡은 중책 중 하나다. 그러나 구글 글래스는 이 방면에서 성공하지 못했다. 구글 글래스 착용자의 시선 방향으로 장착된 카메라는 사용자의 주변 사람들로부터 사생활 침해에 대한 우려를 유발했다. 이 우려는 구글 글래스 제품 전체를 향한 부정적인 시각과 여론의 반발을 낳았고, 급기야 프로젝트에 중대한 차질을 빚었다. 사생활 침해 우려뿐만 아니라 사용자 경험의 잠재적 결함과 명확하지 못한 사용자 혜택에 관한 뜨거운 논쟁까지로 이어졌다.

구글 글래스를 둘러쌌던 이슈들은 UX 문제가 누구도 예상하지 못한 곳에서 생겨날 수 있음을 보여주는 사례다. AR 산업의 중심이 핸드헬드형으로부터 착용형으로 전환하는 것 자체가 이미 UX 디자이너에게는 큰 변화인 데다 착용형 AR 기기 개발 시점에는 예상하지 못했던 부작용이 나타날 수도 있으므로 더욱 조심스럽게 접근해야 한다. 예컨대 공공장소에서 착용형 AR기기를 실행할 경우, 특정한 행동이나 몸짓이 사회적으로 용납되지 않거나 차별적으로 비춰질 수도 있고, 유동 인구가 많은 장소에서는 사고의 우려까지 있어 위험한 행동으로 간주될 수도 있다. 구글 글래스가 분명히 보여주듯이, UX 디자이너가 AR 제품을 개발할 때는 제품 디자인 이상의 넓은 시각과 총체적인 시야를 가지고 디자인에 접근하는 것이 매우 중요하다.

그렇다면 이제 기술 영역으로부터 사고를 확장해 경험의 의미에 관해 사색해보고, 삶의 어떤 요소가 경험을 풍부하게 만드는지 발견해보는 시간을 가져보자. 신흥 기술을 경험하는 사용자를 낯선 나라에 방문하는 것에 빗대어 생각해보는 것도 유용한 사고 훈련이다. 이 낯선 장소에서 편안한 마음으로 안전하게 돌아다닐 수 있으려면 어떤 정보와 지원이 필요할까? 이 사회에 받아들여지려면 무엇을 조심해야 하고, 어떤 행동을 유의해야 할까? 여행 중 필요한 정보에 쉽게 접근할 수 있는 방법은 뭘까? UX 리서처들은 사용자 연구 방법으로 **역할 놀이**^{role play} 활동을 고안했고, 이를 통해 사용자 경험에서 실제로 어떤 일들이 벌어지는지 생생하게 관찰하고 이해할 수 있다. 역할 놀이를 통해 사용자의 동기와 습관을 관찰해보는 것은 기술을 초월한 시선으로 디자인 대상에 접근할 수 있도록 도우며 새로운 통찰을 부여한다.

UX 리서처에게도 증강현실은 새로운 기회의 무대다. AR을 위한 UX 디자인을 설계하려면 총체적인 시야가 필요하기 때문이다. 인문학의 영역에 더 깊이 접속해 그로부터 인간의 행동 패턴을 밝혀내고, 그것이 우리가 창조하려는 경험과 어떤 방식으로 의미 있게 연결할지 고민하는 작업은 이 영역에서 더욱 중요해질 전망이다.

떠오르는 AR 기술과 개인 정보 보호 문제

UX 디자인은 **개인 정보 보호** 문제도 다룬다. 더 정확히 말하자면 개인 정보 보호 문제가 UX의 중요한 주제로 부상했다. 사용자의 개인 정보 보호는 오늘날 제품 개발 고려 사항의 우선순위지만 불과 10년 전만 해도 제품 개발 마무리 단계에 이르러서야 급하게 첨가되는 부가 사항일 뿐이었다. 점차 소셜 미디어의 영향력이 확장되는 환경에서 사용자는 언제 어디에서, 누구에 의해 자신의 개인 정보 데이터가 사용되는지, 어떤 선택권을 가지고 자신의 데이터에 대한 접속을 통제할 수 있는지 알고 싶어 한다. 더 나아가 사용자 경험이 개인 정보 보호 관련 문제를 풀어내는 방식은 사용자가 디지털 상품에 갖는 전반적인 감정에도 영향을 미친다.

앞서 살펴본 구글 글래스 1세대 모델은 카메라의 사생활 침해 가능성 때문에 증강현실의 개인 정보 보호 정책에 대해 많은 질문을 자아낸 첫 번째 제품이었다. 그 결과, 구글 글래스는 판매 타깃을 사용자에서 기업으로 옮겼고, 이제는 제조 현장의 근무자가 상황에 필요한 정보를 확인하는 데 주로 활용된다. 구글 글래스의 기업용 모델은 컴퓨터 비전과 머신러닝을 활용해 상황에 적합한 정보를 헤드업 디스플레이로 제공한다. 구글 글래스의 개인 정보 보호 정책을 둘러싼 사회적 우려는 AR 기술이 그만큼 데이터 보호를 둘러싼 여러 민감한 영역에 맞닿아 있다는 사실을 보여준다. 기기에서 개인 정보 보호 콘셉트를 얼마나 잘 표현해낼 것인지는 AR 헤드셋 개발 팀에게 중요한 과제가 되었다.

AR 기술은 끊임없이 환경을 스캔하고 분석하며 그 정보를 온라인으로 전송하는 일련의 메커니즘으로 구성된다. 개인 정보 보호의 관점에서 보자면 최악의 콘셉트나 다름없다. 어디서, 어떻게, 어떤 형태로, 얼마나 오랫동안 본인의 정보가 저장되는지에 대한 소비자의 우려가 생길 수밖에 없다. 사용자가 실내 거주 공간에서 AR 기기를 실행한다고 가정해보자. AR 기기의 특성상 사용자가 공유하고 싶지 않은 민감한 환경까지 모두 스캔한다면, 그리고 어쩔 수 없이 이 데이터가 기업 시스템을 통해 원격 서버에 저장된다면, 어떻게 이 데이터의 보안성을 보장할 수 있을까? 마이크로소프트는 수집된 데이터에 **난독화**^{obfuscation}15 알고리즘을 입혀 데이터가 저장된 3차원 **점구름** point cloud**16**과 지역 서버의 정보를 숨기는 방법으로 이 고민을 해결했다. 즉 성능과 기능의 정확성을 잃지 않으면서도 개인 정보가 제3자에 의해서 남용되는 일을 방지한다. **페이스북 리얼리티 랩스**^{Facebook Reality Labs}는 개인 정보 보호를 둘러싼 보편적인 우려 사항을 **프로젝트 아리아**^{Project Aria} 개발 지침에 명기하고 있다. 프로젝트 아리아는 페이스북의 차기 AR 클라우드인 **라이브 맵**^{Live Map}에 사용할 자료를 수집하는 연구 프로젝트다. 기술 기반에 보호 장치와 정책을 미리 마련해둠으로써 추후에 출시할 AR 글래스와 AR 클라우드가 연결될 때를 대비하고 있는 것이다. 프로젝트 아리아에서 수집되는 데이터는 자동으

---

15 옮긴이_ 코드 난독화는 프로그램 코드의 일부 또는 전체를 변경하는 방법 중 하나로, 코드의 가독성을 낮춰 역공학(리버스 엔지니어링)에 대한 대비책을 제공한다.

16 옮긴이_ 점구름은 어떤 좌표계에 속한 점들의 집합으로, 3차원 좌표계에서 점은 보통 X,Y,Z 좌표로 정의된다. 3D 스캐너로 측정된 사물 표면의 수많은 점들의 집합이 점구름인 셈이다. 3차원 점구름은 자동화를 위한 CAD 모델링, 기상학, 품질 검사, 시각화, 애니메이션, 렌더링, 대량 고객화 등 다양한 분야에서 이용된다.

로 얼굴과 자동차 번호판을 흐릿하게 처리하는 개인 정보 보호 필터를 통해 처리된다.

AR 클라우드는 데이터 공유와 개인 정보 보호를 위한 UX 디자인을 검토할 때 특히 눈여겨보아야 할 영역이다. AR 클라우드 뒤에 숨겨진 야심은 세상에 존재하는 모든 것에 대한 복제판이자 상호 연결될 수 있는 **디지털 쌍둥이**를 만들어내는 것이다. 전 세계 지도를 축소한 복제판이자 경로를 검색하는 기능도 제공하는 오늘날의 구글 지도에 더욱 큰 규모와 정교한 기술을 적용해 개인에게 최적화된 서비스와 특정 상황에 맞춘 맥락화 지원까지 제공하는 지도를 상상해보자. AR 클라우드는 종종 다른 이름으로도 불린다. 많은 이들은 **거울 세계**^{mirror world}라고 비유하기도 하고, 매직 리프는 **매직버스**^{Magicverse}로, 메타는 라이브 맵이라 칭한다. AR 클라우드는 미래 공간 컴퓨팅의 데이터 인프라로, 현실 세계 위에 증강현실을 더욱 현실감 있고 지속력 있게 중첩한다. 어떻게 보면 AR 클라우드가 인터넷을 스크린으로부터 현실 세계로 이주시키고 있는 셈이다. AR 클라우드가 일상의 자연스러운 일부로 자리 잡을 만한 수준을 갖추기 위해서는 앞으로 수년간 대규모의 인프라 증진 작업이 필요할 전망이다. 이러한 움직임을 반이상향적 미래주의로 여기고 비판하는 목소리도 존재한다. 그러나 한편으로는 자율주행 인공지능, 사물 인터넷, 블록체인 인프라와 같이 최근 각광받고 있는 차세대 기술과 마찬가지로 AR 클라우드도 교육, 학습, 중소기업의 시장 접근, 원격 근무 등 다양한 산업에 긍정적인 에너지와 기회를 제공할 가능성을 지닌다.

AR 클라우드의 가장 가시적인 혜택은 디지털 공간 환경에서 사용자 간 경험의 공유가 가능해진다는 것이다. 다시 말해 실제 세계에서 사람들이 메모를 돌려보거나 물건을 공유하는 것처럼 디지털 공간 내 대중 혹은 사용자 집단 사이에서 디지털 객체를 공유하고 교환하는 것이 가능해진다. 또한 AR 클라우드는 사용자의 접속 여부와 상관 없이 디지털 객체가 증강현실 내에서 지속적으로 존재할 수 있도록 한다. **지속적으로**^{persistent} **존재하는 디지털 객체**는 시각적 신호를 이용한 의사소통, 디지털 거래, 증강현실과의 상호작용 방식 등 증강현실 활동 전반에 거대한 변화를 일으킬 잠재성을 지닌다. 근무 환경에서 가상의 모니터를 근로자끼리 공유하거나 가정 내 여러 스크린을 이용해 확장 콘텐츠를 구현하는 등 지속적인 디지털 객체의 활용 사례는 다양하다. 지속적인 디지털 객체의 생산을 가능하게 만드는 툴에는 현재 구글 AR코어의 **클라우드 앵커**Cloud Anchors와 애플 AR키트의 **위치 앵커**Location Anchors가 있다. 더불어 정확한 지도의 위치 지정 없이, 대략적인 지리적 정보를 저장하고 있는 공간 위치 태그를 이용하면 조금 더 느슨한 개념의 지속적인 디지털 객체를 구현할 수 있다. AR 클라우드로 공유되는 지속적인 AR 객체는 확장현실 디지털 경제의 토대를 이룰 것이다. 오늘날 디지털 경제가 여러 경쟁 플랫폼을 통해 다원화되었듯이 확장현실 경제에서도 사용자의 관심을 끌기 위해 여러 AR 클라우드가 경쟁을 가속화할 전망이다.

현재 기술 과제인 AR 웨어러블 기기의 착용감, 시각 효과의 품질, 시야각 등이 해결되고 나면 사용자의 환경을 완전히 복제해내는 **AR 재배치**remapping **기술**이 미래 확장현실의 거대하고 화려한 잠재력을 실현할 강력한 기술로 떠오를 것이다. AR 재배치 기술은 장차 실내 장식이나 가구를 바꿀 수 있을 정도로 정교해져서 **AR 리스킨 경제**AR reskinning economy 즉, 증강현실을 통해 실내 공간을 개조하는 서비스를 창출할 수도 있다. 예컨대 주거 환경에 실제 그림을 액자에 끼워 걸어두는 대신 증강현실 레이어로 만든 가상의 그림을 벽에 투영하거나, 모던한 느낌의 서랍장을 버리고 새로 사는 대신에 적절하게 불투명도가 조정된 증강현실 레이어를 가구 전체에 덮어서 빈티지한 느낌이 나는 서랍장으로 새롭게 변모시키는 것이다. AR 재배치 기술은 증강현실 속 가상의 객체에 실존하는 물체의 촉감과 무게를 결합시키는 꼴이므로 증강현실 경험을 더욱 생생하게 만든다. 실제 세계의 물체와 대응하는 디지털 객체는 게임 속 촉각의 사실성을 극대화하기 때문에 VR 아케이드 게임에서도 종종 사용된다. 과거 VR 애호가들도 실험 삼아 자신의 방을 3D 가상현실 공간에 실제 크기로 재구성하는 시도를 하곤 했다.

AR 산업의 혁신을 일으킬 또 하나의 움직임은 증강현실의 디지털 인프라와 공간 데이터를 공유할 수 있는 VR 애플리케이션의 도래다. XR 산업이 진화하고 기술이 성숙해지면서 AR과 VR의 성능과 특성이 융합된 복합 XR 기기에 대한 관심과 니즈도 자연스럽게 증가할 것이다. 따라서 점차 AR과 VR 간의 유기적인 호환도 목격할 수 있을 것이다. 증강현실이 지속적으로 생활을 보조하면서 사용자가 원할 때마다 가상현실을 켜고 끄는 상황을 상상해보자.

UX 디자인은 신기술을 경험하는 사용자의 행동과 감정을 꾸준히 연구해 이 경험이 사용자에게 궁극적으로 제공하는 핵심 가치가 무엇인지를 이해하고, 기술의 진보에 따라 변화하는 사용자 니즈에 민감하게 반응할 수 있어야 한다. 데이터 보안에 대한 사용자의 우려가 최근에 증대한 것처럼, 환경과 기술의 진보 상태에 따라 사용자의 우선순위나 목표는 계속 변화하기에 촉각을 곤두세워야 한다.

2.5 게임화의 새 시대: UX와 사용자 관여

게임화gamification는 UX 디자인의 발전과 XR 생태계 성장의 숨은 공신이다. 게임화는 게임 역학과 게임 디자인 원칙을 응용한 전략으로 이미 세계적인 대세다. 주로 게임 밖의 공간에서 동기를 유발하는 정보를 제공해 사용자의 관여도를 높인다. XR 애플리케이션이 사용자를 확보하고 유지하는 데 있어 게임화가 크게 기여할 수 있었던 이유에는 여러 가지 요인이 있다.

먼저 게임화 전략은 이미 여러 분야에서 성공을 거두며 위력을 입증했다. 게임화는 2002년 게임 디자이너 **닉 펠링**Nick Pelling이 점수, 보상, 집단역학 같은 게임 역학 요소를 게임이 아닌 환경에 적용하는 개념으로 정리하고, 이를 '게임화'라는 용어로 일컬으면서 세상에 널리 알려졌다. 또한 2002년에는 **시리어스 게임**serious game이라 부르는 새로운 종류의 게임 장르가 게임 산업에 등장했다. 시리어스 게임은 오락용보다는 훈련용이나 학습용으로 설계되어 위기 상황 체험, 범죄 과학 수사, 탈출 훈련과 같은 분야에 활용되었다. 시리어스 게임 산업은 여전히 특수 분야로 남아 있지만 게임이라는 장르의 확장성을 보여주었고, 게임화는 즉각적으로 세계에 퍼져나가며 2010년경에는 피트니스와 교육을 비롯해 동기부여와 사용자 관여가 필요한 거의 모든 분야에 진출하게 되었다. 게임화는 세상이 돌아가는 방식에 큰 변화를 일으켰고 이제는 심지어 전자정부 혁신기술 영역에까지 도달해 시민의 관여를 높이기 위한 전략으로 사용된다. 중국의 **사회 신용 시스템**Social Credit System은 국

민이 사회적 신용 점수를 얻도록 노력하는 방식으로 게임화를 적용했다. 사회 신용 시스템을 비롯한 게임화의 확산 사례 중 일부는 논란을 낳기도 했다. 논란과 우려에도 불구하고 게임화 전략과 전술은 전자 교육이나 소셜 미디어에서 아바타를 통해 사용자의 관여를 높이는 방법으로 거대한 성공을 거뒀고, 주류 전략으로 자리 잡았다.

▶ 사용자 ▶ 목표 ▶ 여정 ▶ 행동

게임화

그림 2-5 게임화 원리의 도식화

오늘날 게임화 활용 사례를 보면 순위표나 성과 제도와 같은 전형적인 게임 역학 요소를 차용하는 데 그치지 않고, 뻔하지 않은 요소를 사용해 사용자의 목표 의식을 자극하는 세련된 전술을 사용한다. 이러한 게임화의 진화는 일부 산업에 반드시 필요하다. 특히 의료 시술 시뮬레이션처럼 게임화의 전형적인 재미 요소가 어울리지 않는 영역에서 적용할 만한 게임화 전술이 필요하다. 디자인 목표를 분명히 수립하고 UX 디자인의 기본 법칙을 충분히 활용하면 굳이 뻔한 전술을 따르거나 재미를 강조하지 않고도 게임화의 핵심 요소를 세련되고 완숙한 방법으로 표현할 수 있다. 게임화를 암시하는 전형적인 시각적 요소로 **통통 튀는 동전 효과**가 있다. 이는 주로 전자 상거래 애플리케이션에서 많이 사용되었는데, 잘 알려진 시각적 효과를 마치 법칙으로 여겨서 그대로 차용하기보다는 디지털 상품의 분위기와 특성에 맞는 시각언어로 재해석할 필요가 있다. 입력 영역이 채워질 때 확인 표시 아이콘을 연하게 띄우거나 사용자가 탐색을 마친 영역을 시각적 신호로 구별시켜주는 등의 시각적 피드백은 게임 역학을 분명하게 드러내지 않으면서도 사용자 경험을 북돋는 효과적인 방법이다.

또한 확장현실 기술을 낯설어하는 사용자가 공간을 체험할 때, 게임화는 사용자에게 방향감각을 부여하고, 자신감을 북돋고, 제품에 적응하도록 돕는 데 효과적이다. 확장현실을 처음으로 경험하는 사용자는 자신이 옳은 방향을 바라보고 있는 게 맞는지 혹은 올바로 임무를 수행하고 있는지 걱정하기 마련이다. 게다가 확장현실 환경에서 디지털 객체는 360도 전방에 흩어져 있기에 사용자가 자신의 탐색 방향성이나 행동의 목표에 확신을 갖지 못한다면 객체를 발견하지 못해 헤매거나 사용성의 오류에 빠지기 쉽다.

게임화는 XR 공간의 특수한 환경으로 인해 발생하는 문제를 해결할 수 있는 중요한 UX 디자인 도구다. 그러나 게임화의 도입은 경험을 더 복잡하게 만들 수도 있고, 개발 비용이 증가할 수도 있다는 점을 염두에 두어야 한다. 디자이너는 확장현실 사용자의 동기와 관여를 북돋아줄 만한 게임화 요소는 무엇이 있을지, 자신이 설계하는 제품의 특성과 맥락에 맞게 게임화 요소를 어떻게 표현할 수 있을지 고민해볼 필요가 있다. 게임 역학의 도입 또한 UX의 사고방식에 따라 구상하고, 설계하고, 테스트하는 과정을 거친다면 더욱 안전하고 성공적으로 게임화 전략을 적용할 수 있을 것이다.

게임화의 세 가지 핵심 요소

확장현실의 UX 디자인에 적합한 게임화를 적용해 흥미를 돋우기 위해서는 게임화를 구성하는 세 가지 핵심 요소인 **동기**motivation, **숙달**mastery, **반응 유발**trigger을 기억해야 한다.

- **동기**
  사용자가 특정한 행동을 하도록 만드는 특정한 힘이자 일종의 보상이다. 만족감, 행복, 긍정적인 감정뿐 아니라 휘장, 우승 트로피, 경쟁 순위와 같은 상징적인 요소도 동기에 포함된다. '우리가 이것을 왜 하고 있지?'라는 질문에 대한 답이 될 수 있는 요소다.

- **숙달**

어떠한 기술의 습득 과정과 그로 인해 얻는 성취감을 의미한다. 게임화의 요소가 가미된 여정을 지나는 사용자는 지속적으로 어떤 행동을 하면서 지식을 습득하게 되고, 그 결과 임무를 완수하면 도전 과제를 해냈다는 정복감과 뿌듯함을 느끼게 된다. '우리가 이것을 어떻게 할 수 있지?'라는 질문에 대한 답이 된다.

- **반응 유발**

사용자에게 **지금 당장 행동하라**는 신호를 보내는 요소다. 사용자가 목표 행동을 실행해야 할 특정한 순간을 알리기 위해 사용된다. 반응 유발은 사용자의 관여도가 떨어질 때와 같은 중요한 순간에 긍정적인 피드백을 제공함으로써 사용자를 고무시키는 역할을 한다. '언제 이것을 해야 하지?'라는 질문에 대한 답이 된다.

XR 게임화 시스템과 진행 표시줄

XR 애플리케이션에 게임화 전략을 적용해보려면 가장 먼저 이미 정립된 게임화 시스템을 활용해보는 것이 좋다. 사용자 중심의 게임화 디자인 프레임워크로 유명한 **옥탈리시스**Octalysis는 제품의 개념부터 제품의 목표와 맞닿는 인간의 동기부여 요소가 무엇인지 찾아준다. 사용자 행동을 야기하는 핵심적인 심리적 요소를 밝혀내면 실제 게임 역학을 개념화하고 프로토타입을 제작하기가 훨씬 편리해진다. 또한 여러 XR 개발 도구가 게임화 구성 요소를 이미 핵심 기술로 탑재한 게임 엔진 기반이므로 이들을 이용하면 수월하게 게임화 요소를 검토하고 시도할 수 있다.

언리얼 엔진과 유니티 모두 게임 요소를 적용하기 쉽게 구성되어 있으며, 게임 개발뿐 아니라 게임화를 적용하는 애플리케이션에서도 활용할 수 있다. 예컨대 게임의 핵심 구성 요소인 **진행 표시줄**progress bar도 게임화 요소의 일부로 애플리케이션의 진행 상태를 보여주는 데 사용된다. 진행 표시줄은 임무 목록, 파워 미터기, 수위 표시기 등 다양한 형태로 표현된다. 게임에서 진행 표시줄은 주로 건강 상태, 탄약 보유량, 파워 충전 상태 등을 보여준다면, 웹 기반 서비스에서는 회원 등록을 위한 양식을 작성할 때 개인 프로필 정보가 어느 정도 채워졌고, 어떤 요소가 아직 채워지지 않는지를 나타낼 때 주로 사용된다.

진행 표시줄은 최종 목표로부터 사용자가 얼마나 가까이 도달했는지를 시각적으로 보여줌으로써 수행 중인 임무를 완수하도록 동기를 부여하는 강력한 게임화 요소다. 이 효과는 임무를 완수할 때 느끼는 성취감을 심리학적으로 이용한 것이다. 반드시 해내야 하는 일을 마치고 목표에 도달해서 무언가를 이뤘다는 생각에 기분이 좋아진 경험이 있을 것이다. 뇌는 임무를 완수한 뒤 보상으로 엔도르핀을 방출하고, 엔도르핀은 행복과 만족감 같은 긍정적 감정을 유발한다. 인간의 마음은 뭔가를 치우고, 완료하고, 정리하는 것을 근본적으로 욕망하기 때문에 만약 이런 업무를 완수하지 못하면 미완성의 감정에 시달리게 되고, 아주 미약하게나마 긴장과 스트레스를 겪게 된다. 따라서 진행 표시줄은 부정적인 자극과 긍정적인 감정의 강화를 모두 내포하고 있다. 부정적으로는 미완성의 긴장감을, 긍정적으로는 성취감을 부여하기 때문이다. 사용자가 임무를 완수해 진행 표시줄을 채우면 휘장이나 트로피 같은 다른 게임화 요소를 적용해 보상 심리를 강화할 수도 있다.

게임화를 이용한 증강현실 온보딩

진행 표시줄은 증강현실의 온보딩 경험에서 가치가 높은 구성 요소이기도 하다. XR 애플리케이션은 여전히 대중에게는 낯선 경험이다. 스마트폰의 터치스크린처럼 표준 상호작용 방식이 대중화와 성숙도를 이룬 기존의 기술과 달리, 확장현실 사용자는 경험 부족과 낯선 기기 환경 때문에 최초로 제품을 경험하는 온보딩 과정에서 불편함과 불안함에 시달릴 가능성이 높다. 이때 게임화 요소는 사용자가 포기하지 않고 경험을 지속하도록 사용자에게 심리적 안정감과 동기를 부여하고 길잡이 역할을 한다. 비슷한 사례로 VR 애플리케이션에서 이동 방식이나 객체 상호작용 방식 같은 기초적인 작동법을 소개할 때 게임화를 도입하기도 한다. 진행 표시줄, 휘장, 트로피 같은 전형적인 게임화 요소를 적용한 사용 지침은 XR 환경에서도 효과적이다. 이를 입증하는 최적의 사례가 오큘러스의 온보딩 전용 앱인

〈첫걸음First Steps〉[17]이다. 〈첫걸음〉은 기기의 특징과 양식을 소개하면서도 가상현실을 흥미롭고 재미있고 매력적인 방식으로 선보인다.

가상현실과 게임화

가상현실과 게임화의 결합은 시뮬레이션을 기반으로 한 교육 프로그램에서 매우 효과적이다. 가상현실은 기본적으로 사용자의 학습 환경에 생동감을 부여해 사용자의 학습 목표인 새로운 기술의 습득이나 행동 양식의 체험을 새로운 방식으로 경험할 수 있다. 교육용 VR 애플리케이션에 게임 역학까지 적용하면 가상현실 특유의 생생하면서도 은밀한 환경적 특성을 더욱 풍부하게 활용할 수 있고, 힌트나 암시를 제공해 학습자의 과제 수행을 지원하는 교육학 원리인 **비계**scaffolding 교육 방법을 효과적으로 도입할 수 있다. VR 의료 훈련 상황에서 학습자가 정답을 추측할 때 게임화 요소를 이용한 비계적 지원이 성공적으로 활용되고 있다. 의학 교육 분야는 가상현실의 재치 있는 상호작용 방식이 효과적으로 사용되는 좋은 예다. 학습자가 관심 있어 하는 대상, 이를테면 신체의 특정 부위를 확대해 눈앞에 가까이 두면 몰입을 유도하면서도 신체 전체가 시야에서 그대로 유지되어 있으므로 학습자가 학습의 맥락을 잃지 않도록 안내한다. 몰입형 VR 교육에서도 점수, 휘장, 트로피, 경쟁 순위 등을 이용해 학습 과정의 관여도뿐 아니라 학습 결과를 증진시키는 데 좋은 성과를 거두고 있다. 게임화가 활용된 VR 교육은 앞으로도 모의 경험이 중요한 기업 환경이나 안전 훈련과 같은 다수의 분야에 확장될 것으로 기대된다.

확장현실의 게임화가 유용하게 쓰여질 또 하나의 분야는 VR 피트니스다. 가상현실은 새로운 공간을 창조하고 신체의 움직임을 추적하는 기술을 다루는 만큼 공간 확보와 운동 성과의 측정이 필수적인 피트니스에 매우 적합하다. 예컨대 헤드 마운티드 디스플레이는 착용자의 운동 동작을 섬세하게 추적한 뒤 신속하게 피드백을 제공하기 때문에 신체 훈련을 최적화하는 데 이상적이다. 피트니스를 위한

---

[17] https://www.oculus.com/experiences/quest/1863547050392688/?locale=ko_KR

VR은 강력한 잠재력을 가진 미래 시장이자 개발자의 도전 정신을 자극하는 기회의 무대다. 기술 발전에 따라 헤드셋이 좀 더 가벼워지고 청소가 편리해지면 헤드셋 착용감, 땀 제거, 위생과 같은 현재의 우려가 개선될 것이다. 그때까지는 땀을 흡수할 수 있는 1회용 VR 기기 커버가 VR 피트니스 사용자에게 유용한 해결책이 될 것이다. VR 피트니스 커뮤니티는 **vrfitnessinsider.com**과 같은 전문 뉴스 사이트를 통해 VR 기기의 혁신적인 사례나 최신 개발 관련 뉴스를 공유하며 이 분야에 대한 열정과 관심을 보여주고 있다.

VR 피트니스 제품 개발에 적용할 게임화 요소를 구상하는 작업은 비교적 간단하다. 대부분의 VR 피트니스 애플리케이션은 현실 세계의 운동 상황을 흉내 내므로, 실제 피트니스 환경에서 어떤 게임화 요소와 기능이 잘 활용되는지 관찰하고, 연구 지식을 가상현실의 특성에 맞게 적용하면 된다. **핏비트**^{Fitbit}와 같이 시장에서 성공을 거둔 대표적인 피트니스 기업을 연구해보는 것도 좋은 방법이다. UX 중심의 경영 방식으로 유명한 핏비트는 사용자 경험에 게임화를 성공적으로 녹여냈다. 핏비트는 게임화 전략을 통해 사용자의 경쟁심과 도전 정신을 자극하고, 관계적 요소를 도입해 지속적으로 흥미를 유발하면서도 전체 경험을 지나치게 복잡하게 만들지도 않았다. 핏비트 제품에 탑재되는 앱은 깔끔한 사용자 인터페이스로 사용자가 쉽게 운동 진도를 확인할 수 있도록 지원하고, 재미난 보상과 긍정적인 방식의 행동 유도를 도입해 사용자의 목표 성취를 돕는다.

가상현실 피트니스의 재미, 흥미, 만족감을 극대화할 사용자 경험을 설계하려면 UX 디자인 절차에 따라 구체적으로 다음과 같은 접근 방식을 시도해보자. 먼저 피트니스 사용자의 고충이 무엇인지를 밝혀낸다. 그리고 현재 업계의 리더인 핏비트가 피트니스 사용자의 고충을 어떻게 성공적으로 해결했는지를 도출해보자. 핏비트의 해결 방법을 가상현실 피트니스 환경과 제품의 특성에 맞는 게임화 요소로 재해석해보고, 마지막으로 실제 가상현실 환경에서 잘 구현되는지 사용자와 함께 테스트해보자.

가상현실 공간은 사용자의 운동 동기를 부여하고 관여도를 증진시킬 만한 재미난 요소를 유연하게 도입할 수 있어 운동 시 사용자가 겪을 수 있는 부정적 감정이나 반복적인 움직임에 대한 반감을 낮춰준다. 피트니스는 게임화 전략을 적용하기에 최적의 환경인 셈이다. 가상현실과 헬스용 자전거 기구를 결합한 **버줌**^{VirZOOM}과 자전거, 달리기, 카누의 가상 훈련을 지원하는 **홀로디아** ^{Holodia}는 업계의 리더답게 표준화된 게임화 요소의 대부분을 충분히 활용하고 있다. 가상현실은 사용자가 운동하면서 경험하는 많은 문제를 해결할 열쇠를 지니고 있기 때문에 피트니스 산업의 주요 원동력으로 자리 잡을 것으로 기대된다.

UX 디자인을 적용한 게임화 전략 기반의 XR 피트니스 상품은 미래 피트니스 산업의 선두에 서서 앞으로 더 부각될 개인 피트니스의 영역을 새롭게 정의할 것이다. 게임화에 초점을 맞춘 UX 디자인 과정은 실제 세계를 기반으로 한 피트니스 앱이 갖지 못한 다양한 기회를 열어줄 것이다. 개인의 페르소나에 최적화된 몰입형 환경 설계, 운동하는 순간에 가장 필요한 맞춤 경험과 이용 흐름 제공, 사용자의 움직임 분석을 통한 피드백과 결과를 제공하는 기술이 XR 피트니스에서 가장 기대되는 장기 비전이다.

운동과 리듬 게임을 결합한 VR 애플리케이션인 〈비트 세이버^{Beat Saber}〉와 〈BOXVR〉이 VR 애플리케이션 분야 베스트셀러 자리를 차지한 것도 놀랄 만한 일은 아니다. 사용자의 실제 방 크기에 맞춰진 가상현실 환경에서의 움직임은 말 그대로 즐거운 운동이 된다. 신체 움직임을 게임의 요소로 도입한 닌텐도의 〈위 스포츠^{Wii Sports}〉가 출시되자마자 큰 반향을 일으키며 성공을 거두었던 것도 이 때문이다. 닌텐도의 〈위 스포츠〉는 위^{Wii} 브랜드를 피트니스 게임화의 선두 주자로 변신시키며 오큘러스 퀘스트로 즐길 수 있는 〈스포츠 스크램블^{Sports Scramble}〉과 같은 여타 스포츠 게임에 지대한 영감을 제공했다.

증강현실과 게임화

AR 애플리케이션에 적용된 게임화 전략은 성공을 거두기는 했지만, 아직도 틈새 시장의 규모에 불과한 핸드헬드형 기기에 국한되어 있다. 미래에 착용형 AR 기기가 주류 문화로 자리 잡게 되면 게임화된 증강현실은 마케팅과 판매 분야에도 혁신을 일으킬 것이다. 반복적인 구매 과정을 생동감 넘치는 게임화된 경험으로 전환할 때 브랜드에 가져올 혜택이 무수히 많다. 사용자 관여도를 측정할 수 있는 판매 진열대, 방문자의 현장 상호작용을 기반으로 조정되는 보상 및 로열티 제도, AR 거울이나 오버레이 필터를 사용해 제품을 가상으로 착용해보는 기능 등이 브랜드 경험을 더욱 감성적이고 매력적으로 만들 것이다. 또한 AR 게임화는 브랜드 스토리텔링을 풍부하게 표현하는 데에도 유용하다. 새롭고 풍부한 브랜드 경험은 판매량의 증진과 더불어 장기적인 브랜드 인지도와 브랜드 충성도 상승에도 도움이 된다. 전자 상거래 브랜드가 웹과 모바일 애플리케이션에서 성공적으로 사용한 게임화 요소가 있다면 이를 AR 레이어로 재활용해서 디지털 공간과 현실 공간을 아우르는 강력한 브랜드의 존재감을 표현할 수 있다.

관광과 호텔 산업에서도 AR의 게임화 전략이 활용된다. 주로 개인 정보와 위치 기반으로 최적화된 마케팅을 제공해 톡톡한 효과를 보고 있다. 여행 가이드, 위치 기반의 개인화된 관광 상품 제안, 사용자가 획득한 휘장과 트로피를 바탕으로 한 특별 보상, 몰입형 탐색 지원, 증강현실을 도입한 호텔 경험과 같이 증강현실을 재치 있게 활용한다면 경쟁이 치열한 관광 산업에서 특별한 경쟁력을 갖출 수 있다.

마케팅과 판매 산업 외에도 AR의 게임화는 교육이나 문화, 관광 분야에서 특정 장소에 관한 지식을 전달하는 데 사용된다. 유적지, 미술관, 문화유산 프로젝트와 같은 특정 장소에 AR의 게임화 요소를 적용하면 사용자의 관여와 흥미, 그리고 전시 장소와의 상호작용을 증진시키는 데 도움이 된다. 예컨대 지도를 기반으로 한 보물찾기 게임은 방문자의 유적지 탐색을 장려하고 안내하는 가이드 역할도 할 수 있다. 트로피, 동전, 휘장과 같은 요소를 여정에 도입하면 사용자의 성취감을 증대시킬 뿐만 아니라 사용자가 자랑하고픈 전리품이 되어 소셜 미디어에 장소 방문과 탐색 완수 결과를 공유하도록 유도해 간접적인 광고 효과도 얻을 수 있다. AR 게임화를 이용한 문화유산 탐색 경험은 휴대 기기를 통해 성공적으로 활용되었다. 증강현실과 게임을 활용한 접근 방식 자체가 대중의 관심을 이끌고 전시물에 대한 사용자의 관여도를 높였기 때문이다.

핸드헬드형 AR을 이용한 게임화 개발의 경험과 교훈은 앞으로 착용형 AR 개발에도 중요한 의의를 갖는다. 착용형 AR이 대중 시장에 널리 보급되고 합리적인 가격대에 도달하는 것은 시간문제일 뿐이며 착용형 AR에서 활용할 수 있는 게임 역학과 사용 사례는 매우 유사할 것이다. 물론 착용형 AR 글래스가 더욱 강력하고 설득력 있는 경험을 제공하겠지만 말이다. 이게 바로 AR 글래스가 장차 더 나은 학습 경험을 만들어줄 산업의 촉진제로 주목받고 있는 이유다.

2.6 마치며

이번 장에서 XR 산업의 과거와 미래를 살펴보고, 그동안 발견된 사용성의 문제, 활용 사례, 참조할 만한 애플리케이션과 제품을 알아보았다. 확장현실 경험의 핵심 구성 요소와 다양한 XR 기기와 애플리케이션의 유형, 경험의 분류를 학습하고, 디지털 경제의 거대 트렌드가 미래의 XR 생태계에 미칠 영향도 검토해보았다. XR을 위한 모범 사례와 발견적 평가의 기준, 그리고 AR 클라우드가 점차 발달됨에 따라 더욱 중요해지는 사용자 경험의 개인 정보 보호 문제에 대해서도 살펴보았다. 마지막으로 XR 패러다임의 전환에서 UX가 촉진제 역할을 하고, 게임화가 XR의 사용자 관여도를 높이는 데 어떻게 활용될 수 있을지에 대해서도 고민해보았다.

UX가 이끄는
확장현실의 대중화

3.1 여는 글

이번 장에서는 UX와 XR 산업의 경제적 배경을 두루 탐색한다. 먼저 미래 XR 산업에서 UX 분야가 어떤 역할을 할지 예측하기 위해 XR 기술의 고향이라 할 수 있는 게임 개발 산업으로 거슬러 올라가 그동안 UX가 게임 분야에서 어떤 활약과 가치를 보였는지 살펴본다. XR 분야에서 게임 엔진 도구와 프레임워크가 상품의 성패를 가를 만큼 중요한 요소로 떠올랐는데, 이러한 변화의 원인을 최근 디지털 환경의 변화에서 찾아본다. 아울러 XR 애플리케이션을 위한 UX 디자인에 뜻을 둔 실무자를 위해 XR 산업에서 더욱 유용해질 디자인 철학을 짚어보고, 격동하는 XR 환경에도 끄떡하지 않고 강력한 가치를 보여준 VR 기술의 최근 활용 사례와 개발 표준을 소개한다.

3.2 거시경제 관점으로 본 게임 산업과 UX 분야

UX 디자인은 넓은 의미에서 경영을 위한 전략적 도구다. 기술과 디자인을 활용해 제품 사용자의 문제를 해결하는 동시에, 조직의 경영 목표 달성과 고객 확보도 목적으로 한다. 너무나 유명한 도식인 [그림 3-1]은 UX의 전략적 위치를 탁월하게 표현한다. UX는 사용자의 니즈와 기업의 목표 교차로에 서서 두 가지를 동시에 만족해낸다. 이러한 UX의 위치는 UX가 웹과 모바일 앱의 성장을 일구며 디지털 경제를 끌어올릴 수 있었던 주요 성공 요인이었다.

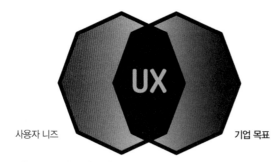

사용자 니즈　　　　　　기업 목표

그림 3-1 UX의 전략적 위치

기술의 혁신은 사용자의 문제를 해결할 때 유의미하고, 문제 해결이 기업의 성장과 성공으로 연결되어야 지속 가능하다. 그리고 디지털 경제의 번성은 사회가 규모를 키우면서 장기적 가치를 창출하는 성장력을 가지고 있느냐에 달려있다. 이러한 시장 원리에 따라 기업은 사용자가 궁극적으로 추구하는 가치에 부합하도록 제품과 서비스 창출의 방향을 조정하고, 생산 목표를 효과적으로 달성하기 위해 기술적 혁신을 추구한다. UX는 가치를 창출하는 경제 생태계의 순환의 중심에 서 있는 셈이다.

물론 디지털 상품뿐만 아니라 시장경제에서 거래되는 모든 종류의 재화가 이 시장 원리에 귀속되지만 디지털이야말로 경제의 급성장을 가능하게 만든 장본인이다. 디지털의 세계화는 무수한 전자 상거래 샛별 기업들의 성장을 촉진시킨 거대한 파도이고, 국경의 구애 없이 활약하기를 꿈꾸는 수많은 신생 스타트업이 이 움직임에 발 빠르게 합류하고 있다. 디지털 산업의 파괴적인 혁신은 1990년경부터 목격되었지만, 앞으로 사회, 문화, 경제 전반에 야기할 혁명적인 변화를 고려한다면 디지털 산업은 아직도 초기 단계에 있다고 보아야 한다.

특히 증강현실과 가상현실은 디지털 산업의 일부이며 새로운 성장의 열쇠를 거머쥐고 있다. 신흥 기술 단계에서 겪는 초기 난관을 넘기만 한다면 디지털 산업은 인류 전체에 힘을 싣는 강력한 존재로 거듭날 것이다.

제품의 시장성과 매력을 극대화하는 UX 디자이너

UX 디자인은 웹과 모바일 앱 개발 절차에 성공적으로 정착했고, 경제 성장의 주요 요소로 인정받았으며, 파괴적 혁신을 수반한 디지털 상품의 상업적 성공을 보장하는 든든한 동반자 역할을 해왔다. 이러한 환경 덕분에 UX 실무자에게 기회의 문이 열렸다. 개발 업계는 계속해서 UX 디자이너를 영입하고 있고, UX 디자인을 위한 도구와 서비스도 늘어나며 UX 생태계도 풍성해졌다. 이 추세는 장기적으로 지속될 것이다. 미래의 디지털 환경을 이끌어나갈 확장현실, 인공지능, 사물 인터넷, 블록체인과 같은 신기술 군단이 계속해서 기술의 혁신을 일궈낼 것이고, 꾸준히 사용자에게 사랑받는 탄탄한 사용자 경험과 매끄러운 상호작용 양식을 설계해야 하기 때문이다. 다시 말해 기술적 혁신을 성공적인 상품으로 재해석하는 **UX 디자이너의 힘**에 대한 수요가 장기적으로 유지될 것이다.

UX가 적용되는 산업의 발달 속도와 방향에 따라 UX 디자인 절차와 관련 도구가 최적화되곤 하지만, UX 학문의 기본 원리는 변하지 않는다. 즉, 사용자의 입장을 이해하는 공감 능력을 발휘해 연구하고, 체계적으로 아이디어를 발상하고, 프로토타입을 제작하고, 디자인을 검증하고, 검증 결과로 얻어진 통찰을 바탕으로 결과물을 설계하는 UX의 작동 방식은 산업의 특성이나 환경 변화에 상관없이 일관되게 적용된다.

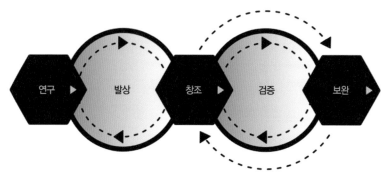

그림 3-2 UX 디자인 절차

사용자 경험은 기업의 성패를 좌우한다고 해도 과언이 아니다. 아무리 빼어난 기술과 환상적인 기업 전략을 보유하고 있더라도, 정작 개발 제품이 사용자의 마음을 사로잡지 못하면 시장 경쟁에서 도태된다. 기업이 제품을 위해 노력한 모든 것을 사용자의 심판대에 올려놓는 것이 바로 UX다.

사용자의 마음을 사로잡으려면 사용성을 확보하는 것 이상의 무언가가 필요하다. 그것이 바로 **매력**desirability[1]이다. 매력은 장기적인 가치와 만족감을 제공하는 경험적 요소를 일컬으며, 사용자가 지속적으로 제품을 사용하는 이유다.

---

[1]   옮긴이_ desirability의 사전적인 정의는 '바람직함'이지만, 여기서는 이를 사용자를 끌어당기는 매력적인 특징으로 보고 '매력'이라 표현했다.

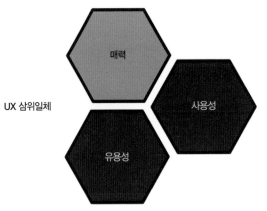

UX 삼위일체

매력

사용성

유용성

그림 3-3 성공적인 사용자 경험은 사용성과 유용성뿐 아니라 매력도 갖추고 있다.

예컨대 핀테크, 피트니스, 사진 공유 서비스에서 성공을 거둔 애플리케이션을 찾아 분야를 뛰어넘는 공통점을 찾아보자. 유용한 해결책을 사용자에게 편리한 방식으로 제시할 뿐 아니라, 사용자와 감성의 영역에서 의사소통하며 일종의 관계를 맺고 있는 것을 확인할 수 있다. XR 애플리케이션에도 적용되는 중요한 교훈이다. 특정한 문제의 해결책을 제시하는 방식이 사용자에게 만족감을 제공하고, 사용자와 유대감을 맺는 방향으로 경험이 설계된다면, 신규 사용자는 XR 제품을 하나의 즐거운 경험이자 유용한 가치로 여기고 기꺼이 다시 이용할 것이다.

사실 헤드 마운티드 디스플레이로 구현되는 XR 애플리케이션 중에서도 감성적 요소까지 잘 살린 디자인을 어렵지 않게 찾아볼 수 있다. 그러나 빼어난 UX 디자인에도 불구하고 대부분은 아직 시장에서 고전을 면치 못하고 있다. 왜일까? 현재 XR 산업의 유통 범위가 제한적이기 때문이다. 혁명적인 사업 아이디어와 사용자의 문제를 진정으로 해결하는 기발한 해결 방안과 황홀한 사용자 경험까지 모두 갖추었더라도, 장기적으로 성공하기 위해선 필요한 운영 자금을 확보하고 기업이 안정적으로 성장할 수 있는 유통 범위를 구축해야 한다. 이 문제를 조금 더 집중적으로 살펴보자.

혁신을 이끄는 거대 기술의 과제: 유통망과 콘텐츠

AR과 VR 기술이 교육과 훈련, 전자 상거래 분야에 미칠 긍정적인 영향을 입증하는 연구 결과들이 쏟아지고, 두 기술의 경제적 파급력에 대한 논의가 이뤄지고 있다. 그럼에도 불구하고 확장현실이 아직도 틈새시장 수준에 머물러있는 이유는 무엇일까? 비싼 개발 비용, 기술적 제약, 시장의 인식 부족과 함께 가장 큰 요인으로 헤드셋 시장의 한정적인 유통망과 생산량을 지목했다. 여러 시장 조사 결과에 따르면 대부분의 원인은 다행히 일시적인 현상으로 보이며 몇 년 이내에 해소될 전망이다. 저명한 시장 조사 업체 슈퍼데이터^{SuperData}가 발표한 2020년 3분기 시장 조사에서 '2023년에는 XR 헤드셋의 대중화를 목격할 수 있을 것'으로 전망했다.

VR 헤드셋이 필수 가전 반열에 오르기 전까지는 당분간 전형적인 닭과 달걀의 딜레마[2]에 시달릴 것이다. VR 헤드셋이 대중의 관심을 끌기 위해서는 '필수 경험'이라고 사회적으로 회자될 만한 애플리케이션이 등장해 소비자가 VR 헤드셋을 구매할 동기와 구실이 생겨야 한다. 다만 그런 수준의 애플리케이션이 시장에 출시되려면 애초에 VR 헤드셋이 널리 유통되고 쉽게 구매할 수 있는 인프라가 갖춰져야 한다. 이 딜레마에 딱 들어맞는 사례인 가상현실 회의 애플리케이션을 살펴보자. 현재 시장에 출시된 가상현실 회의 애플리케이션은 사용자가 회의 중 자연스럽게 표현하는 몸짓까지 포착하고 이를 가상 공간에 구현해 사용자 간의 비언어적 의사소통을 가능하게 할 뿐 아니라, 몰입력이 높은 공간 속에서 경험을 제공해 참여자의 정보 인지와 기억력을 향상시킨다. 가상현실 회의 애플리케이션은 기존 화상회의의 문제점, 이를테면 회의 참여자의 모습이 격자 속 작은 네모난 화면에 한정되거나, 음성과 화면의 불안한 연결 상태로 회의의 흐름이 끊기는 문제를 개선하는 훌륭한 해결책이지만, 아직 기존의 화상회의 시스템을 대체하거나 비등하게 경쟁할 만한 규모로 성장하지는 못했다. 시장에 가상현실 회의 애플리케이션

---

2 옮긴이_ 일명 '닭이 먼저냐, 달걀이 먼저냐'라는 질문은 인과관계에 대한 딜레마로 닭과 달걀 중 어느 것이 먼저인지 논리적으로 밝히려는 문제다. 고대 철학자에게 이 의문은 생명과 이 세계가 어떻게 시작되었는지에 대한 의문에서 비롯되었다. 일상어의 맥락에서 '닭이 먼저냐, 달걀이 먼저냐'라고 말할 때는 서로 순환하는 원인과 결과의 단서를 분류하려고 하는 무익함을 지적하기도 한다.

을 작동할 수 있는 헤드셋이 충분히 보급되지 않았기 때문이다. 기업에서는 인사 경영 차원에서 조직적으로 가상현실 회의 애플리케이션을 부서 간의 정기 회의에 적용시킴으로써 회의 서비스를 대체할 수 있겠지만, 개인이 자진해서 회의 방식을 바꾸고 서비스를 대체하기에는 현재 확장현실 시장 상황상 쉽지 않다.

확장현실의 거대한 잠재력은 이미 증명되었지만, 상당 부분은 아직 실현되지 못한 미지의 영역이다. 하지만 거시경제의 맥락에서 디지털 시대의 발달 과정을 돌이켜보면 앞으로 XR 산업은 분명히 점진적으로 발달할 것이다. 기술의 성능이 증대되고, 더 많은 콘텐츠가 생겨나고, 시장의 기술 수용도가 높아져 대중 시장에 안착하면, 사업가, 개발자, 디자이너가 마음껏 기량을 펼칠 수 있는 환경이 조성되어 XR 산업이 더욱 융성해질 것이다.

기술의 급격한 혁신과 시장의 기술 수용도 상승으로 제품 개발이 가속화되면, 성장의 가도에 편승하고 싶은 굶주린 투자자들의 시드 투자와 **벤처 캐피털**venture capital3로 인해 자금 조달이 기하급수적으로 증가할 것이다. 장기적으로 경제 전망을 고려한다면 특히 저금리가 기반인 통화 정책이 이러한 흐름을 더욱 가속화할 것으로 보인다.

경제적 환경, 시장 원리, 기업의 목표는 UX 디자인을 움직이는 근원적인 힘이다. 사업 개발에서 UX 디자인은 제품과 사업 구조를 최종으로 시험하는 단계이므로, UX 디자인에 거는 기대와 압력이 높을 수밖에 없다. 신기술을 기반으로 하는 혁신적인 아이디어를 상품화할 때 UX 디자인이 시장의 수용 여부에 미치는 영향은 점차 커지고 있다.

게임 산업을 통째로 흔든 부분 유료화

게임 산업의 최근 변천사는 거시적인 경제 흐름이 한 산업을 통째로 흔드는 가운데, **UX가 어떠한 방식으로 참여하는지** 관찰할 수 있는 좋은 예다. 불과 2010년대

---

3 옮긴이_ 벤처 캐피털이란 잠재력 있는 벤처기업에 자금을 대고 경영과 기술 지도 등을 종합적으로 지원해 높은 자본이득을 추구하는 금융자본을 말한다. 주로 기술력은 뛰어나지만 경영이나 영업의 노하우 등이 없는 초창기 벤처기업을 대상으로 한다.

초까지만 해도, 게임 상품은 주로 게임스톱GameStop과 같은 소매점에서 판매했다. 게임은 과자나 의류처럼 여느 유통 제품과 마찬가지로 광고를 통해 출시를 알리고 상품 진열대에 배치되어 손님을 기다렸다. 이러한 판매 경로에서 게임과 구매자 간의 상호작용은 단순했고, UX 적용은 미미했다. 만약 사용자가 구매한 게임이 실망스러웠다면 아마도 그 이후로 게임 제작사와 소속 작품에 더 이상 관심이 없을 것이다.

2010년 초, 게임 산업에 혁명을 불러일으킨 몇 가지 중요한 변화가 일어났다. 게임 상품의 디지털 판매, 모바일 게임의 등장, 소셜 네트워크를 통한 게임의 부흥이다. 게임 제작사인 **징가**Zynga는 소셜 네트워크를 이용한 농업 시뮬레이션 게임인 〈**팜빌**FarmVille〉을 출시하고 게임 속 전용 화폐인 **팜 코인**Farm Coin을 수익 모델로 삼았다. 〈팜빌〉의 성공으로 다른 장르를 다루는 게임 제작사들까지 게임 수익 창출 전략을 완전히 새로 짜기 시작하는데, 2017년에 출시되어 엄청난 성공을 거둔 배틀 로열 게임 〈**포트나이트**Fortnite〉도 그중 하나다. 〈포트나이트〉는 2019년에 18억 달러의 수익을 거두고 2020년에는 가입자 수 3억 5천만 명을 돌파하며 현 세대에서 가장 영향력 있는 게임이 되었다. 〈포트나이트〉는 **부분 유료화**free-to-play(F2P) 게임으로, 게임 실행은 무료지만 게임 참여자가 게임 경험을 향상하고 싶을 때 추가로 아이템을 구매할 수 있다. 〈포트나이트〉가 부분 유료화 사업의 최초는 아니다. 이전에도 **대규모 다중 사용자 온라인 게임**massively multiplayer online game(MMOG) 장르에서 부분 유료화가 존재했으며 특히 한국과 러시아 게임 커뮤니티가 오랫동안 이 방식을 활용했다. 2010년에 고속 인터넷이 확산되고, 온라인 구매가 더욱 활발해지면서 부분 유료화는 전 세계 사용자에게 알려졌고 수용되었다.

온라인 구매가 게임 경험에서 중요한 요소가 되자 UX 디자인도 중요해지기 시작했다. UX 디자인은 무료로 게임을 시작한 사용자가 유료 아이템을 구매하도록 행동 전환을 유도하는 데 주로 활용되었다. 그리고 머지않아 UX 디자인은 게임 디자인과 양대 산맥을 이룰 만큼 게임 산업의 강력한 힘으로 떠올랐다.

UX 디자인과 게임 디자인의 문화 충돌

게임 개발 분야에서 UX 디자인의 성장은 XR 개발에 시사하는 바가 많다. 게임 개발은 XR 콘텐츠 제작 환경의 근원지다. 게임 엔진으로 XR 애플리케이션을 개발하고, 개발 절차 또한 게임 산업의 개발 표준과 규율을 활용한다. 반면 디지털 경제에서 UX 디자인의 성공은 웹과 모바일 앱 개발에 뿌리를 둔다. UI 디자인, UX/UI 디자인 등의 세부 분야를 아우르는 UX 디자인은 게임 분야와는 전혀 다른 디자인 문화에서 출발했다.

게임 디자인과 UX 디자인은 디지털 상품에 접근하는 관점도 다르다. 게임 디자인은 오락용 소프트웨어 제품으로써 콘텐츠를 바라보기 때문에 오락적 가치를 놓고 디자인 성과를 측정한다. 반면 UX 디자인은 게임 이용자의 관점에 집중하며 사용자가 특정 목표에 부합하도록 행동을 유도하기 위해 심리학과 행동과학 이론을 활용한다.

그러나 사실 게임 디자인과 UX 디자인은 많은 영역을 공유한다. 게임 디자이너도 UX 디자이너만큼이나 사용자의 전반적인 경험, 게임 역학, 보상, 스토리텔링, 장기적인 사용자 보유율에 관심을 둔다. 사용자가 게임을 통해 얻는 경험적 가치, 즉 만족감이나 게임 경험에 대한 긍정적인 인식도 게임 디자인의 성공의 척도다.

부분 유료화 게임 산업의 성장으로 게임 디자이너의 역할은 극적인 변화를 겪었다. 무료 게임에 결제 요소를 삽입하는 사업 구조는 게임 배급사가 신규 사용자 보유율을 단기적으로 상승시키는 데 집중하도록 만들었다. 다시 말해 신규 사용자가 가능한 한 빨리 게임에 매력을 느끼고 아이템을 결제하도록 게임 경험 초반부터 사용자를 자극하고 관여를 촉진하는 전략을 주로 적용했다. 기본적으로 게임 접속을 무료화하면 다수의 사용자를 빨리 끌어들이기에 유리하지만, 추가 결제를 하는 이용자는 극히 적기에 사업의 수익성과 직결된 매우 중요한 전략인 셈이다. 이에 따라 게임 디자이너의 무게중심은 게임 전반의 오락적 가치 창출에서 **게임 신규 이용자의 구매 유도**로 옮겨가게 되었다. 기업의 수익 창출 목표를 달성하려면 사용자의 특정 행동, 즉 '**게임 내 구매**in-game purchase' 행동의 빈도를 높이도록 경험 디자인을 설계해야 한다. 따라서 사용자 결제 비율을 높이는 것이 게임 상품의 성공을 판가름하는 필수 경영지표가 되었다.

전자 상거래 애플리케이션에서 **사용자 행동 전환율**은 경영의 핵심성과지표(KPI) 이자, UX 디자인의 투자자본수익률^{return on investment}(ROI) 성과를 진단하는 대표 기준이다. 웹과 모바일 개발 분야에서 UX 디자인의 성과를 평가하는 지표가 성공적이었던 만큼 게임 디자인 분야에서도 이를 적극적으로 받아들이고 있다. UX 디자인이 특히 강조하는 게임 이용자 심리학, 행동 양식, 경험 초기 만족감, 매끄러운 온보딩 또한 부분 유료화 사업의 수익 구조에 중요한 요소로 편입되었다. 그 결과 게임 디자이너는 UX 디자인이 맡고 있는 책임까지 흡수하게 되었다. 게임 개발에 UX 디자인을 도입하는 추세는 부분 유료화 게임뿐만 아니라 다른 게임 장르에도 확산되었고, 사용자의 편안한 경험을 위한 인체 공학적 디자인이나 사용자 인터페이스 디자인과 같은 UX 요소도 함께 도입되었다.

게임에 적용된 UX가 더욱 관심을 끌고, 웹과 모바일 앱 개발에서 게임화 전략이 더욱 중요해지면서, UX 디자이너는 본래의 영역에서 연마한 기술을 게임 디자인의 영역으로 확장시켜야 했다. 게임 디자인과 UX 디자인이 서로의 영역으로 영향력을 확장시켰고, 공유 영역이 넓어졌다. 이 과정에서 충돌이 생길 수도 있다. 대부분의 경우 게임 디자인과 UX 디자인은 상호 보완적인 관계다. 기존 게임 디자이너의 임무가 작가나 세계관 창조자와 같았다면, 게임 분야의 UX 디자이너는 잠재적인 사용성 오류를 감지하고 사용자의 경험을 최적화해 게임 디자이너가 창조한 콘텐츠를 사용자가 더욱 잘 이해하고 발견하도록 만들어야 한다. 즉, 게임 디자인은 콘텐츠 창작에 중점을 맞추고 UX 디자인은 사용자의 상호작용을 수정하는 방식이다. 따라서 UX 디자인은 비슷한 방법론을 여러 콘텐츠에 적용하는 것이 가능하다면, 게임 디자이너는 어떤 콘텐츠를 창작하느냐에 따라 책무가 더욱 다양해진다. 한마디로 정리하자면, 이제 게임 디자이너와 UX 디자이너의 업무는 많은 부분이 겹치며, 각자 독자적으로 가졌던 기술과 지식을 서로의 영역에 적용하고 있다.

사용자 행동 전환

소액 결제가 부분 유료화 게임 사업 모델의 수익에 중요한 요인이 되면서 게임 사용자의 소액 결제 빈도를 높이기 위해 UX 디자인이 활발하게 사용되었다. UX 디자인은 주로 **A/B 테스트**A/B testing 기법을 이용해 사용자 행동의 전환율을 높이는 디자인을 도출한다. 이 기법은 특정한 성과를 이루기 위해 고안된 두 디자인 후보 혹은 기존 디자인과 새로운 디자인 결과물을 테스트한다. 각 디자인이 사용자와 어떻게 상호작용하는지 비교한 후, 더 높은 성과를 보인 디자인을 채택하거나 디자인을 최적화하는 절차를 선택한다. 게임 개발의 목표로 디자인의 수익성을 최우선으로 하는 UX 디자인의 성과 중심적인 디자인 접근 방법은 게임 업계에서 특히 경력이 많은 게임 디자이너 사이에서 비판의 대상이 되곤 한다. 사용자 행동 전환율만큼이나 콘텐츠의 질도 중요하므로, 콘텐츠의 질을 높이기 위한 적극적인 투자와 관심이 상품의 진정한 성과, 즉 장기적인 성공을 보장할 수 있다는 것이 그들의 의견이다.

전자 상거래 서비스 이용이나 **인앱 결제**in-app purchase 같은 사용자의 구매 행동은 UX 디자인의 목표인 사용자 행동 전환의 종류 중 하나일 뿐이다. 개발 프로젝트의 중요한 목표에 부합하는 모든 KPI가 사용자 행동 전환으로 설정될 수 있다. 예컨대 사용자의 학습 결과, 애플리케이션 최소 사용 시간, 양식 작성과 제출, 회원 가입, 이메일 구독, 행동 유도에 대한 반응이 모두 사용자 행동 전환에 포함된다 (그림 3-4).

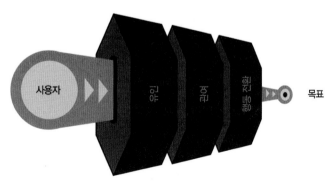

그림 3-4 사용자 행동 전환 유도 구조

현재 AR과 VR 시장에 출시된 애플리케이션 중 일부만 부분 유료화에 따른 추가 결제 모델이거나 전통적인 사용자 행동 전환 유도 구조 기반이다. 오늘날 확장현실 개발은 사용자 경험의 전반적인 완성도에 집중하기 때문에, 사용자의 재방문이나 경험 지속 시간과 같은 사용자의 행동과 관련된 사용자 행동 전환 유도를 더 우선시한다. 한마디로 사용자 행동 전환의 설정 범위가 더 넓다.

현재 XR 생태계의 성숙도를 고려하면 디지털 XR 애플리케이션의 사용자 행동 전환 유도는 수익화보다 XR 제품의 품질과 사용자의 만족도에 초점을 맞춰야 한다. 즉, 정립된 UX 방법론을 활용해 경험의 사용성과 매력을 증진하는 것이 XR 개발 현장 속 UX 디자인의 우선순위다.

인간 중심 디자인에서 인간 중심 경제로

디지털 경제에서 UX 디자인이 펼치는 활약과 경제 환경에 미치는 영향을 지켜보는 이들은 때로 UX 디자인을 부정적으로 바라본다. UX 디자인에 비판적인 시각을 가진 소수는 UX 디자인을 교묘한 술수로 치부하기도 한다. 이들은 UX 디자인이 기업의 영리를 목적으로 인간의 심리와 행동 양식을 조작한다고 본다. 기업의 이윤 추구를 목적으로 사용자를 착각하게 하거나 혼란을 일으켜 특정 행동을 유도하는 속임수 기법인 **다크 패턴**dark pattern이 대중에게 널리 알려지게 되면서 UX에 대한 사회적 오해가 짙어지기도 했다. 다크 패턴은 엄연한 디자인 윤리 수칙 위반으로, 나쁜 의도를 가진 사업가와 업계 종사자에 의해 UX가 남용된 사례일 뿐이다. 다크 패턴을 염려하는 만큼이나 UX가 사회에 기여하는 긍정적인 영향도 함께 검토해보아야 한다.

UX 디자인은 사용자에게 디자인 결과물의 가치를 전달하기 위해 상호작용을 창조하고 최적화하는 방법론이다. UX 디자인이 디지털 애플리케이션의 성공을 이끄는 핵심 요소로 떠오르기는 했지만, 수익 보장은 UX 디자인이 기여할 수 있는 가치 중 하나일 뿐이다. UX 디자인은 영리 추구가 아닌 인류애적 가치와 긍정적 영향력을 행사하는 영역에서도 얼마든지 활용된다. 비영리단체의 맥락에서 UX 디자인은 비영리단체의 메시지가 사용자에게 가장 효율적으로 전달될 만한 방법을 찾아내는 방식으로 노력의 효과를 극대화한다. 학습과 훈련을 위해 개발된 XR 경험처럼 수익화가 우선순위가 아닌 애플리케이션에서도 UX 디자인의 목표와 사용자 행동 전환을 위한 최적화가 이뤄진다. 다시 말해 UX 디자인은 영리적으로든 비영리적으로든 긍정적이고 의미 있는 경험을 창출한다.

UX 디자인은 **인간 중심 디자인**human-centered design(HCD)이 기반인 영역에서도 찾아볼 수 있다. 인간 중심 디자인은 창의적인 전략 사고방식인 **디자인 싱킹**design thinking의 근간이며 제품 디자인의 주요 원칙이다.

UX 디자인을 상업 전술의 수단으로 보는 것은 매우 좁은 해석이다. UX 디자인을 한 차원 더 끌어올려 경제체제를 인간 중심으로 전환하는 사회 진보의 수단으로 생각해보자. **인간 중심 경제**human-centered economy란 정책 연구소와 학계의 두뇌 집단에서 고안한 개념으로 기업의 가치 창출보다 인류의 유익함을 우선순위에 두는 경제적 개혁을 의미한다. 넓은 의미에서는 **참여 경제**participatory economics 모델과 연결되는데, 참여 경제는 정책의 중심이 기후변화 대책, **적정규모화,**[4] **순환 경제**circular economy[5] 사회와 같이 사회 불평등과 파괴적 경제 성장으로 야기되는 부정적인 현상의 해소에 초점을 맞춘다. 이 관점을 적용하면 UX와 인간 중심 디자인은 제품 개발을 위한 전술과는 완전히 다르게 해석된다. UX는 인간 중심 철학을 실천하기 위한 사용자 중심적 접근 방법인 것이다. 이 관점은 UX 디자인의 가치를 인류애의 선상에 올려놓으므로 UX 실무자에게 상위 개념의 목적 의식을 부여할 수 있다는 점에서 유익하다. 특히나 미래의 기술과 활용이 사회에 미칠 막대한 영향, 그에 대한 UX 실무자의 책임감을 감안한다면 이 관점은 더욱 의미가 깊다.

넓은 의미의 디자인적인 사고방식은 사회 전반에 적용되고 있다. UX 디자인이 전자 상거래 기업의 수익 창출원이 될 것인지, 건강한 미래 사회를 위한 경제구조의 재설계에 사용될 것인지는 UX 기법이 어떠한 맥락과 목표, 사명감 아래 활용

---

4 옮긴이_ 원문의 단어(degrowth)를 직역하면 '역성장'을 뜻하지만, 참여 경제 논의의 맥락 안에서 역성장은 경제 활동이 지속 가능한 방향으로 이루어질 수 있도록 국가 차원의 에너지 소비와 자원 사용의 감소를 논의하므로 '적정규모화(rightsizing)'로 의역했다.

5 옮긴이_ 순환 경제는 전통적인 선형경제구조를 비판하며 등장한 친환경 생산 및 소비 모델이다.

되고 있느냐에 달려 있다.

사회의 건강한 성장과 번영에 다양한 모습으로 기여할 수 있다는 측면에서 몰입형 AR과 VR 애플리케이션 산업은 UX 디자인과 유사하다. 사용자에 대한 공감을 우선순위에 놓고, 개인 정보 보호와 데이터 보안에 방점을 찍으며, 그로써 인류 가치를 최종 목표로 두는 것, 다시 말해 핵심 가치에 시스템의 효율성보다 인간을 우선으로 두고 있는 것을 고려하면 말이다.

경제적 성공을 촉진제 삼아서

디지털 경제체제에서 UX 디자인이 보여준 경제적 성취로 인해 UX 디자인이 내포하는 원칙, 방법론, 기법도 덩달아 사회적 인정을 받았다. UX의 부와 경제적 성취의 연쇄효과로 UX 디자인의 하위 분야와 관련 분야가 덕을 보게 된 것이다. UX 리서치와 리서치를 보조하는 각종 도구, 관련 기관의 성장 덕분에 웹과 모바일 앱 개발에서 연마한 UX 디자인 방법론을 XR 개발 분야에 쉽게 이식할 수 있었다. 연구로 축적한 광범위한 지식과 경험은 상업 분야는 물론 비영리가 목적인 차세대 XR 애플리케이션 또한 성공 가도로 이끌었다. 이제는 상업적 환경에서 사용되었던 UX 디자인 원칙과 방법론을 비영리단체, 교육, 전자정부 혁신기술에 차용할 수 있는 수준에 이르렀다. UX 디자인이 경쟁적인 상업 시장이든, 자선 활동이든, 관념적인 프로젝트든, 어디에서도 활용할 수 있을 만큼 유연하게 성장했다는 방증이다. UX 디자인의 경영 전략, UX 디자인이 경험한 경제적 변화, 장기적 기술의 흐름, 비즈니스 기회와 같은 모든 여건이 UX 방법론과 도구를 정비하고 증진하는 데 도움이 되었고, 그 결과 UX 디자인은 디자인이 필요한 어느 분야에서든지 유연하게 활약할 수 있게 되었다.

3.3 30년의 가상현실 경험으로 얻은 교훈

1990년대 초, 최초로 VR 기기를 개발하고 판매한 선도 주자였던 **VPL 리서치**[VPL Research]가 파산을 신청했다. VPL 리서치가 소유했던 특허와 혁신의 유산은 곧바로 **썬 마이크로시스템즈**[Sun Microsystems]로 넘어갔다. 썬 마이크로시스템즈는 컴퓨터에 글자와 그림 데이터를 입력하거나 표시하는 하드웨어인 그래픽 단말장치를 주로 제작하는 컴퓨터 개발사로, **실리콘 그래픽스**[Silicon Graphics](SGI)와 함께 3차원 그래픽과 오락 상품의 활용 방식에 변혁을 일으킨 회사였다.

VPL 리서치는 비록 사업을 접어야 했지만, 오락 산업은 3차원의 가상 세계에 강한 호기심을 보이기 시작했다. 한 번도 본 적 없는 시각적 심상을 창조하고 심지어 그 심상의 세계로 직접 들어간다는 발상은 영화와 상호작용적인 오락 상품 분야에 엄청난 성장 가능성을 암시하기 때문이었다.

대중의 기대에 못 미친 1990년대의 VR 기술

오락 산업이 곧 컴퓨터 그래픽을 통해 인공 세계, SF 모험, 판타지 세상을 구현할 것이라는 기대가 피어올랐다. 대중문화에서도 그러한 기대감이 드러났고 초기 혁신가와 VR 지지자들까지 가세해 미래지향적인 상념을 표현했다. 이 초기 단계에서 분명히 알 수 있는 사실은 VR에 대한 수요가 실존했다는 것이다. 가상현실은 관련 기업들이 인위적으로 소비자의 머릿속에 심어 넣은 개념이 아니었다. 이전 장에서 살펴본 하위문화와 틈새 분야를 비롯해, 예술, 문학작품, 신화, 대중문화 등 다양한 분야에서 가상현실의 실현을 고대한 흔적이 드러났다. 그러나 애석하게도 그 당시 VR 기술은 사회의 기대를 충족할 만한 준비가 되지 않은 상태였다.

소비자가 쉽게 즐길 수 있는 수준의 VR 기술이 불가능하지는 않았지만 달성하기까지 30년이 걸렸다. 과거 가상현실을 향한 시도는 VR 기술의 잠재력 중 극히 일부만 맛보는 데 그쳤다. 사용자가 즐길 수 있고, 영향력 있고, 가치를 창출하는 경험을 합리적인 가격으로 제공할 수 있는 수준에 이르러서야 진정한 기술혁신에 도달했다. 여기에는 UX가 큰 역할을 차지했고 게임 엔진도 한몫했다. 게임 엔진을 통해서 비로소 시장에 내놓을 수 있을 만한 상품을 제작할 수 있게 되었다. 게임 엔진이 기술적 요소를 통합하고, 프로토타입을 제작하고 검증하는 UX 디자인 절차를 효율적으로 진행하도록 지원했기 때문이다.

유니티와 언리얼 엔진이 존재하기 이전 대부분의 게임 제작사는 자체적으로 게임 엔진을 제작해야 했다. 개발자는 물리작용 시뮬레이션, 인공지능, 소리, **그래픽 사용자 인터페이스**graphical user interface(GUI) 등 복잡한 구성 요소를 한데 모으기 위해 **미들웨어**middleware**6**를 조립해야만 했다. 이렇듯 개발 절차를 마련하기 위해 필요한 코딩 작업이 많다 보니 UX 디자인 방법론을 제대로 적용할 만한 환경이 아니었다. UX 디자인 절차는 **애자일**agile 방식의 **디자인 스프린트**를 통해서 3차원 콘셉트 구상, 프로토타입 단순 제작, 검증, 그리고 검증 결과로 디자인 결과물을 수정하는 활동을 민첩하게 반복해야 하는데, 매 단계마다 코딩이 필요하기에 많은 시간과 비용이 소모되었다. 오락용 소프트웨어 개발에서 코딩이 병목 요인이다 보니, 기본 기능을 삽입할 때도 여러 특별한 소프트웨어가 필요한 3차원 게임을 개발하는 건 꿈조차 꿀 수 없었다.

비주얼 스크립팅: 버툴에서 블루프린트, 볼트에 이르기까지

다행히 3차원 실시간 애플리케이션 개발에 적합한 새로운 트렌드가 떠올랐다. 바로 **비주얼 스크립팅**이라 부르는 프로그래밍 설계 방식이다. 1993년에 설립된 기업 **버툴**은 상호작용이 가능한 3차원 실시간 엔진을 이용해 객체의 매개변수**7**와 행동을 시각적인 순서도를 통해 조정할 수 있는 애플리케이션을 최초로 개발했다. 버툴의 애플리케이션은 주로 산업용이나 기업용 시스템을 통합하는 데 사용되었다. **버툴 스크립팅 언어**Virtools Scripting Language(VSL)는 사용자 상호작용이 가능한 프로토타입을 제작할 때 프로그래머가 아닌 실무자도 손쉽게 상호작용 방식을 수정할 수 있는 방법을 제공한다. 2004년 언리얼 엔진 3이 출시되면서 노드 기반의

---

6 옮긴이_ 미들웨어는 컴퓨터 제작 회사가 사용자의 특정한 요구대로 만들어 제공하는 프로그램으로, 운영체제와 응용 소프트웨어의 중간에서 조정과 중개의 역할을 수행하는 소프트웨어다.

7 옮긴이_ 컴퓨터 프로그래밍에서 매개변수(parameter)란 변수의 특별한 한 종류로, 함수 등과 같은 서브루틴의 입력으로 제공되는 여러 데이터 중 하나를 가리키기 위해 사용된다.

레벨 에디터level editor8 프로그램으로 **게임플레이**gameplay9를 위한 프로토타입을 제작할 때 유용한 비주얼 스크립팅 언어인 **키스멧**Kismet의 확산을 도왔다. 이후 키스멧은 언리얼 엔진 4의 강력한 비주얼 스크립트 시스템인 **블루프린트**Blueprint의 확산에도 이바지했다. 블루프린트는 심층 엔진 통합을 통해 게임플레이를 프로그래밍하는 완전한 노드 기반 시스템이다(그림 3-5).

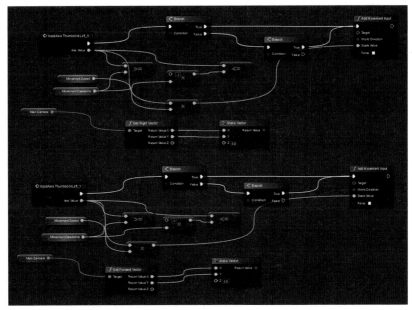

그림 3-5 비주얼 스크립팅 도구인 언리얼 엔진 4 블루프린트

비주얼 프로그래밍은 오직 프로그래머만 다룰 수 있었던 전방위의 도구들을 디자이너도 사용할 수 있도록 접근성을 넓혔다. 이를 통해서 UX 디자인 절차의 중요한 단계인 프로토타입을 제작할 때, 디자이너가 독자적으로 쉽게 상호작용을 설

---

8 옮긴이_ 레벨 에디터는 비디오 게임의 레벨이나 맵, 캠페인을 설계하는 소프트웨어다. 월드 에디터, 맵 에디터, 캠페인 에디터 혹은 시나리오 에디터 등으로도 부른다. 레벨 에디터는 게임 개발 현장에서 개발 팀의 디자이너들이 레벨을 제작할 수 있게 하는 역할도 하지만 최종 사용자에게 제공되어 팬들이 게임의 레벨을 만들 수 있게 하는 도구로 쓰이기도 한다.

9 옮긴이_ 게임플레이는 게임 이용자가 게임과 상호작용할 수 있는 특정한 방식을 일컫는 용어다. 게임의 규칙, 게임과 게임 이용자의 관계, 설계된 도전 과제와 극복 방식 등 게임의 다양한 구성 요소가 어우러지는 패턴이다.

계하고 검증할 수 있게 되었다.

언리얼 엔진에 대적하는 또 하나의 게임 엔진인 유니티 사용자들은 오랫동안 **플레이메이커**Playmaker라는 플러그인을 사용했다. 플레이메이커는 게임 로직과 사용자 상호작용을 프로토타입으로 제작하고 검증할 수 있는 비주얼 프로그래밍 도구다. 게임 등장인물이나 객체에 부여하는 동적 효과를 관리하고 순서를 설계하는 **상태 기계**state machine라서 복잡한 게임 구동 방식을 설계하기에는 제한적이다. 그러나 추후 유니티를 위한 플러그인인 **볼트**Bolt가 소개되면서 언리얼 엔진의 블루프린트와 유사한 수준으로 고도의 작업이 가능해졌다. 2020년 5월 4일, 유니티 개발사인 **유니티 테크놀로지스**Unity Technologies는 개발사 **루디크**Ludiq로부터 볼트를 인수했다. 비주얼 스크립팅을 지원하는 볼트가 유니티 엔진의 핵심 기술로 자리 잡았다는 사실은 AR과 VR의 사용자 인터페이스, 상호작용, 게임 역학의 프로토타입을 제작하는 도구를 찾고 있던 디자이너에게 엄청난 희소식이었다. 언리얼 엔진과 유니티 모두 프로그래머에 의존하는 개발 관행이 개발 절차의 병목 요인이라는 것을 인지하고, UX 디자인에 필요한 아이디어 발상, 프로토타입 제작, 검증 절차를 지원하며 디자인 친화적인 환경으로 진화했다.

비주얼 스크립팅으로 디자이너가 코딩할 수 있는 시대가 되었다. 비주얼 스크립팅 프로그램은 정립된 프레임워크와 특정 분야에 특화된 도구를 포함할 뿐 아니라 사용자 상호작용의 설계, 프로토타입 제작, 검증에 필요한 필수 요소를 지원한다. 과거에는 오로지 코딩의 영역에서만 접근 가능했던 작업, 즉 디자인 매개변수에 접근하는 일이나 사용자 행동을 관찰하고 측정하는 작업이 비주얼 스크립팅을 통해 가능해지면서, 개발 절차에 직접 관여하고 싶거나 그러한 상황에 놓인 디자이너의 업무를 훨씬 수월하게 만들었다. 언리얼 엔진의 블루프린트와 유니티의 볼트가 이끈 진화는 UX 디자이너에게 거대한 힘을 주는 중요한 사건이었다. 게임과 UI 로직에 대한 접근의 편리함뿐만 아니라, 프로젝트의 전체 주기 속 디자이너의 관여도를 높였기 때문이다.

VR 애플리케이션의 성장 가능성이 보이는 분야

지난 30년 동안 품질을 향상시켜온 VR 하드웨어와 소프트웨어는 이제 선구적인 기업들에 의해 상업용 제품으로 개발될 수 있는 수준에 이르렀다. 이전 시대에는 간단한 게임이나 제품의 3D 시각화를 위한 공업용 애플리케이션에 초점을 맞춘 나머지 가상현실의 거대한 잠재력은 깊게 탐구되지 못했다. 2013년부터 새로운 세대의 VR 제품이 출시되면서 실험, 상업, 교육 분야에서 VR에 대한 관심과 투자가 폭발적으로 증가했고, 상업용 게임 엔진의 견고한 툴을 이용하기 시작했다. 이제는 과연 어느 분야에서 가상현실이 지속적인 활약을 보이고 진정한 잠재성을 드러내는지 분석할 수 있는 시점에 이르렀다. UX 디자인 관점으로 표현하자면 VR 기술이 과연 사용자의 문제를 효과적으로 해결했는지, VR 기술을 최소한으로 사용한 제품인 **최소 기능 제품**minimum viable product(MVP)이 어떤 식으로 활약했는지를 평가해보는 것이다. VR 기술이 참신함을 뛰어넘어 기술에 능숙하지 않은 전문가들이나 소비자층이 실질적으로 겪는 문제를 해결하며 가치를 제공할 때, 비로소 장기적인 성장 가능성이 있다고 본다. 과연 지금까지 어느 영역에서 VR이 성공적으로 활용되어왔는지 살펴보자.

소비자 대상
- 실감형 게임
- 실감형 미디어
- 소셜 VR

기업용
- 제품 시각화 및 개발
- VR 협업, 생산성, 업무 회의

판매용
- 제품 시험 착용, 시연, 사용법 안내
- VR 브랜드 경험

의료용

- 환자 의사소통

- 재활 치료, 항불안 애플리케이션

교육용

- 교육용 경험

- 시뮬레이션과 훈련

• **실감형 게임**immersive game [10]

실감형 게임은 오큘러스 성공 신화의 숨은 장본인이다. 컴퓨터 성능 변경광인 **파머 러키**가 오큘러스 VR을 공동 설립하면서 품었던 VR 기술을 향한 야심은 그와 같이 컴퓨터 성능 변경에 관심이 많은 이들이 당시에 그리던 VR 기술의 미래상과 맞아 떨어졌다. 그들은 게임을 제대로 즐기기 위해 모니터를 여러 대 구비해야 하는 현 상황을 차세대 실감형 게임이 대체할 수 있을 것이라고 믿었다. 이러한 가상현실의 유래를 고려해보면 실감형 게임은 그 자체로도 명백하게 VR의 성공을 증명한다. 실감형 게임은 사용자가 게임 세계의 일부가 되어 게임 세계의 규모를 몸소 느끼고, 실제 몸과 손의 움직임을 이용한 상호작용으로 게임을 더욱 직감적이고 흥미롭게 만든다.

• **실감형 미디어**immersive media

실감형 미디어는 참신함으로 호기심을 일으키는 단계를 넘어 엄연한 VR의 대표 상품이 되었다. 상업 VR 영상은 **360도 비입체**nonstereoscopic 양식에서 **180도 VR 영상 양식(VR180)**으로 전환되었다. 이유는 VR180이 전면 시야각의 화소를 고밀도로 담을 수 있기 때문이다. VR180 양식의 영상은 특히 콘서트, 연극, 스탠드업 코미디와 같은 공연 현장을 담기에 이상적이다. 종종 공연하는 장소의 콘셉트는 둘로 쪼개져 VR 영상이 촬영되는 전방 구역과 다각형 기하학 구조의 관객 구역으

---

10 옮긴이_ 앞서 immersive는 몰입형으로 번역했으나, 예외로 immersive media, immersive game을 지칭할 때는 실감형 미디어, 실감형 게임으로 표기한다.

로 나뉜다. 직선적인 VR 영상과 상호작용적인 기하학 구조의 만남은 각 접근 방식의 장점을 결합하는 최상의 해결책이다.

애니메이션 장르에서 VR은 독자적인 틈새 분야를 구축했다. 실감형 애니메이션이 제공할 수 있는 독특한 스토리텔링의 혜택 덕분이다. 오큘러스 전용 애플리케이션인 퀼Quill은 VR 안경 너머로 보이는 **디오라마**[11]를 마법 같은 경험으로 변신시키는 독특한 스토리텔링 도구를 제공한다. 손수 제작된 환경 안에서 등장인물과 그들의 이야기를 따르는 여정은 감정을 동요시키는 독특하고 강력한 방법이다. 디오라마와 가상현실의 결합을 지지하는 비평가들은 이 기법에서 볼 수 있는 생동감과 친밀함, 창작의 자유야말로 예술과 디자인의 미래를 보여준다고 평한다. UX 디자이너라면 공간을 실험하는 아이디어를 구상하고 기회를 포착하는 샌드박스로 디오라마를 활용해보기를 제안한다.

• **소셜 VR**social VR

메타의 기업 비전은 사람과 사람을 연결하는 것이다. 오큘러스가 메타의 일부가 되어 이러한 기업 비전을 공유하게 된 만큼, 소셜 VR은 오큘러스가 실현해야 할 중요한 목표가 되었다. 오큘러스의 초기 가상현실 모임 공간인 **오큘러스 룸**Oculus Rooms은 현재 **오큘러스 호라이즌**Oculus Horizon으로 대체되어 여러 사용자를 위한 샌드박스 창작 공간을 제공한다.

유사한 소셜 VR 공간인 **렉 룸**Rec Room과 **알트스페이스VR**AltspaceVR[12] 역시 가상현실 활동과 여러 사용자를 수용하는 행사를 개최하며 사용자를 모으고 있다. 렉 룸이 10대와 같은 어린 연령층에게 인기를 끄는 반면, 알트스페이스VR은 성인을 위한 가상현실 모임 장소로 알려져 있다. 알스트페이스VR은 2013년에 설립되어 오랫동안 격동의 VR 발달사를 견디며 소셜 VR 서비스를 선도해온 기업으로, 2017년 자금난으로 미래가 불투명해지던 시기에 마이크로소프트에 인수되었다. 알트스

---

11 옮긴이_ 디오라마(diorama)는 19세기에는 이동식 극장 장치를 의미했으나, 현재는 3차원의 실물 또는 축소 모형을 말한다. 경우에 따라서는 박물관에 전시되거나 취미로 제작되기도 한다.
12 https://altvr.com

페이스VR은 사용자가 추구하는 가치 제공에 초점을 맞춰 정기적인 커뮤니티 행사나 VR 만남을 위한 가상현실 서비스를 구축해왔다. **빅스크린 VR**Bigscreen VR은 또 하나의 인기 있는 가상 만남 애플리케이션으로, 다수의 친구와 화면을 공유하는 서비스인 **소셜 시청**social viewing 분야에서 성공을 거뒀다.

코로나바이러스의 세계적 대유행과 사회적 봉쇄로 인해 사람 간의 상호작용이 제한되면서 가상현실을 통한 교류 활동과 만남은 더욱 많은 주목을 받았다. 따라서 소셜 VR이야말로 VR의 장기적인 성공을 이끄는 핵심 역할을 하게 될 것으로 예상한다.

• **기업용 VR**

기업용 VR은 제품 시각화 공정의 기술의 연장선 위에서 자연스럽게 발전했다. 예컨대 언리얼 엔진과 같은 실시간 그래픽 엔진에 **데이터스미스**Datasmith 툴을 이용해 컴퓨터 지원으로 설계된 CAD/CAM 데이터를 불러오는 과정처럼 말이다. 기업용 VR은 현재의 VR 열풍 이전부터 제품 디자인과 공정 과정에 관여해왔다. 시뮬레이션이나 제품 디자인을 위한 VR 기술이 기업용 VR을 통해 발전했고, 앞으로 성장이 더욱 가속화될 전망이다. 차세대 VR 기술을 이용한 기업용 VR은 소규모 기업에 더욱 매력적이다. 특히 디자인 스튜디오 같은 환경에서 촬영 준비를 위해 구상한 이미지를 컴퓨터로 미리 구현해보는 **사전 시각화**pre-visualization 작업이 기업의 부가가치 창출의 일부인 경우, VR 기술을 더욱 활용해볼 만하다.

VR은 훈련 분야에서도 가능성을 입증했다. 전형적인 예로 사전 시각화된 장소나 기계를 가상현실에 놓고 직원을 훈련시키는 방식이다. 실제로 직원을 훈련시키지 않을 때에도 기계나 장소 유지비가 발생하는 걸 감안한다면 이러한 훈련 방식은 상당한 시간과 비용이 절감된다. 기업에서는 코로나바이러스 대유행으로 소통하고 근무하는 방식을 바꿔야 하는 상황에 놓이게 되었고, 기업 훈련, 회의, 발표와 같은 영역에서도 활발하게 VR을 활용하기 시작했다.

- **판매용 VR**

VR은 다양한 감각이 수반되는 독특한 용도를 지닌 상품을 판매하는 현장에서 효율적으로 활용된다. 고급 대형 승용차 제조사나 부동산 개발 업자는 언론 발표의 연장선으로 가상현실을 이용해 제품을 소개한다. 고급 브랜드는 종종 잠재 고객에게 가상현실로 제품의 새로운 콘셉트를 소개한다. 시사회나 박람회뿐만 아니라 브랜드 자체 매장을 방문하는 데에도 VR 기술을 활용하는 추세다. 가상현실 와인 시음회부터 매장 방문과 제품 탐색까지, VR은 다양한 방식으로 소비자와 브랜드의 관계 맺기를 돕고 있다.

- **의료용 VR**

VR은 수술 과정 시뮬레이션을 위한 의료 훈련 분야에서 성공을 거둔 바 있다. 이머시브터치ImmersiveTouch와 오소 VR Osso VR과 같은 기업들이 훈련을 더욱 효율적으로 돕는 VR 상품들을 성공적으로 개발해왔다. 또 하나의 VR 활용 사례로 의술 과정에서 불안을 겪는 환자가 안정을 찾도록 돕거나 재활 치료를 보조하기 위해 헤드마운티드 디스플레이로 가상현실 경험을 제공하기도 한다.

- **교육용 VR**

VR은 특히 학교 교육 현장에서 인기가 높다. 예컨대 역사적 장소에 방문하고 탐험하는 현장학습이 가상현실로 가능해진 것이다. 구글은 2015년에 **구글 탐험**Google Expeditions 프로젝트를 통해 이러한 개념을 창안한 바 있다. 그 이후로 **씽링크**Thinglink와 같은 기업들이 한발 더 나아가 몰입형 교실 콘셉트를 개발했다. 특히 원격 교육 환경에서 학생의 참여도를 높이고 교육 과정을 최적화하는 기술 플랫폼을 제공한다.

VR 개발에서 떠오르는 UX 규율

2장에서 〈하프라이프: 알릭스〉와 같은 획기적인 VR 게임이 VR 개발의 사용성의 기준을 어떻게 정립했는지 집중적으로 살펴봤다. 〈알릭스〉의 제작사 밸브는 철저한 연구를 통해 다양한 VR 상호작용 방식을 파악했고, 게임 사용자가 본인의 상황과 선호에 따라 직접 선택할 수 있는 맞춤 기능을 제공함으로써 누구나 게임을 편리하게 이용할 수 있도록 구현했다.

VR 경험을 설계할 때는 사용성 핵심 요소 외에도, 시간이 지남에 따라 구축되는 UX 규율을 추가로 고려해야 한다. UX 규율은 고정적인 규칙이 아니라 기술의 진보에 따라 유연하게 변화한다. 우리가 오늘날 사용하는 손동작 추적과 같은 상호작용 방식은 현실 세계 속 상호작용 방식만큼 자연스러운 수준에 이를 때까지 진화를 거듭할 것이다. 가상현실의 모방이 현실과 분간되지 않을 정도에 도달하는 것이 VR 기술의 비전이다. UX의 **행동 유도성** 개념을 사용해 묘사하자면, 현실 세계의 물체를 모방하는 가상의 객체가 겉모습뿐 아니라 기능과 상호작용 방식도 동일하게 구사하는 것이 VR의 목표다. 즉 조명등의 스위치를 그대로 본뜬 가상의 스위치가 있다면, 사용자가 가상의 스위치를 손가락으로 튕겨 올리면 조명등이 밝아지는 결과까지 구현해야 한다. 행동 유도성을 반영한 설계야말로 디지털 세상과 현실 세상의 간극을 줄이는 해결책이다. UX 규율은 사용자의 경험을 더욱 풍요롭고 만족스럽게 만드는 지침이며 행동 유도성을 비롯해 불쾌한 경험의 방지나 상호작용 방식의 증진에 관한 부분도 포함한다. 상호작용 설계에 관한 기본 수칙은 잡기, 당기기, 밀기와 같이 쉽고 편한 방식을 활용해 상호작용 시 사용자가 들여야 하는 노력을 줄이는 것이다.

현실 세계를 실감 나게 모방하는 것이 VR 개발의 유일한 목표는 아니다. 우리가 중요하게 염두에 두어야 할 또 하나의 목표는 가상현실 속 사용자의 통제력에 힘을 싣는 것이다. 이를 위해 탐험 가능성과 실감적인 상호작용을 제공할 필요가 있다. 즉, 가상의 세계가 지나치게 느리고, 번거롭고, 반응이 더딜 때를 대비하기 위해 사용자에게 일종의 가상현실 초능력을 부여하거나 지름길을 제공해야 한다. 이 목표를 효과적으로 실천하는 구체적인 VR 규율을 [그림 3-6]을 통해 살펴보자.

VR 규율

① 휘어진 화면
② 몰입형 UI
③ 길게 누르는 버튼 효과
④ 쾌적 범위
⑤ 던져버리기 동작을 통한 삭제 요청
⑥ 입체적 일관성
⑦ 가상 스마트워치 메뉴
⑧ 손동작을 이용한 상호작용

⑨ 노멀 맵 기법
⑩ 이동 방식, 스냅 회전, 멀미 방지 기능
⑪ 속도감 유지
⑫ VR 온보딩
⑬ 문자 가독성
⑭ VR 버튼 양식
⑮ 선택 광선 기능
⑯ HUD 동작 지연

그림 3-6 VR 규율 도식화

VR 규율은 소비자가 VR 기술을 수용하는 속도나 태도에 따라 유기적으로 변화하거나 중요도가 조정된다. 예컨대 한때 VR 온보딩 경험 설계 시 사용자의 멀미 증상은 가장 중요하게 고려해야 할 문제였으나, 더욱 많은 사용자가 VR에 친숙해졌고, 활동적인 VR 사용자 대다수가 VR에 대한 나름의 노하우[13]를 터득하며 멀미를 우려하는 사용자가 감소했다. 따라서 이 문제는 현재 개발 우선순위에서 하락하게 되었다.

이제 본격적으로 떠오르는 VR 규율을 살펴보자.

---

13 옮긴이_ 원문에서는 가상현실을 작동하는 데 익숙해진 사용자가 보여주는 자신감 있는 태도나 스스로 터득한 자신만의 작동 방식을 'VR legs'라는 VR 분야의 특수 용어를 이용해 표현했다.

① 휘어진 화면

대체적으로 건물 로비나 상품 출시 현장에서 초대형 화면을 VR 실행 메뉴로 사용하는 경우가 많다. 이 환경에 사용된 휘어진 화면은 먼 거리에 있는 사용자가 화면에 띄워진 정보를 편하게 확인할 수 있도록 돕는다. 화면이 클수록 더 휘어져야 한다는 말이 있을 정도다. 사용자로부터 먼 거리에 위치한 대형 평면 화면의 화면 속 정보는 왜곡되고 가독성도 떨어진다. 휘어진 화면은 일관적이고 사용자 친화적인 환경을 조성함으로써 이러한 문제를 방지한다. 유사한 방안으로 평면 화면을 여러 대 설치하거나, 평면 화면을 둥글게 배열할 수도 있다.

② 몰입형 UI(사용자 인터페이스)

몰입형diegetic **UI**는 3차원 게임 분야에서 비롯된 것으로 간주된다. 게임 사용자가 알아야 할 정보를 표시할 때 게임 서사와 세계관의 시각적 양식에 맞춰 마치 게임 속 세상의 일부인 듯 3차원 객체를 이용하는 방식이다. 몰입형 UI는 게임 세상으로부터 분리된 독립적인 레이어로 표현하는 비몰입형non-diegetic 방식의 예인 전방표시 디스플레이와는 대조적이다. 몰입형 UI는 비몰입형 방식을 비롯해 **공간형**spatial-only,14 **메타**meta **UI**15와 비교해보아도 정보를 훨씬 직감적으로 전달할 수 있고 게임 서사와 잘 어우러지므로 가장 권장하는 방법이다. 게임에서 흔히 볼 수 있는 몰입형 UI 요소로 게임 캐릭터가 차고 있는 가상 스마트워치, 가상 세상 속 책상에 놓인 타이머, 총기의 LED 화면에 표시된 탄약 보유량, 물품 목록을 확인하고 선택할 수 있는 가상의 태블릿이 있다.

VR 개발 환경에서 UI 요소를 제작할 때는 가장 먼저 몰입형 UI 방식을 선택할 것인지 고려해야 한다. 사용자의 몰입에 가장 도움이 되고 권장하는 방식일뿐더러, 몰입형 UI 요소는 UI인 동시에 가상현실 세계를 구성하는 객체가 되기 때문에 서사 및 경험의 목표와 어울리는지 종합적으로 검토해야 한다.

---

14 옮긴이_ 공간형 UI는 3차원 게임 공간 속에 어우러져 구현되지만, 게임 세상을 구성하는 요소는 아니다. 즉 게임 사용자는 공간형 UI의 정보를 확인할 수 있지만, 게임 캐릭터는 알아차리지 못한다.
15 옮긴이_ 메타 UI는 몰입형 UI와 유사한 게임 세상을 구성하지만, 정보가 2차원 평면으로 게임 사용자의 화면에 맞춰 구현된다는 차이가 있다.

③ 길게 누르는 버튼 효과

원형으로 진행 경과를 보여주는 버튼 디자인은 사용자가 버튼을 누르거나 결과를 기다리는 도중에 선택을 취소할 수 있게 한다. 이 기능은 한 번 선택하면 돌이키기 어려운 경우, 예컨대 게임의 다음 단계를 활성화하거나, 새로운 경험을 열거나, 환경을 극적으로 변화시키는 사용자의 선택에 적용하면 유용하다.

흔히 두꺼비집에서 볼 수 있는 퓨즈 버튼에도 길게 누르는 버튼 효과가 적용되곤 한다. 초창기 저가 VR 헤드셋 상품인 구글 **카드보드**에서는 사용자가 퓨즈 버튼을 응시하면 특정 아이템을 활성화하는 방식을 사용했다. 다음 세대의 VR 헤드셋 상품에서는 컨트롤러로 **선택 광선**selection ray을 조작해 퓨즈 버튼을 선택하면 활성화하는 방식으로 구현했다. 버튼이 사용자의 응시나 컨트롤러 조작을 통해 선택되면 바로 선택의 결과가 발생하는 것이 아니라, 활성화가 이뤄지기까지 원형으로 진행 상태를 표시해 이 시간 동안 사용자가 선택을 철회할 수 있는 기회를 제공한다. 가상현실은 특유의 몰입감 때문에 다른 어떤 매체보다도 환경의 변화가 사용자에게 미치는 영향이 훨씬 강력하다. 길게 누르는 버튼 효과는 실수로부터 사용자를 보호하고, 스스로 오류 상황을 복구할 수 있는 기회를 주는 필수적인 VR 규율이다. 아울러 앞서 살펴본 제이컵 닐슨의 UI 디자인을 위한 10가지 사용성 평가의 기준 중 하나인 '사용자의 제어와 자유'에 부합하는 규율이다. 오큘러스 게임 애플리케이션인 〈스포츠 스크램블〉과 〈데드 앤드 베리드 2Dead and Buried II〉에서 볼 수 있는 거대한 활성화 버튼이 길게 누르는 버튼 효과의 전형적인 예다.

④ 쾌적 범위

VR 사용자가 가장 편안하게 느끼는 설정은 상호작용 콘텐츠가 수평으로 좌우 70도, 수직으로 상하 40도 안에 구현된 화면이다. 사용자가 장시간 VR을 사용할 것을 고려해 목의 긴장감, 자세, 편안하게 컨트롤러를 조작할 수 있는 공간을 반영한 설계가 이뤄져야 한다. 사용자 인터페이스가 시야각으로부터 너무 높고 낮거나, 부차적 행위가 수평 시야의 안정각 바깥에서 벌어진다면 장시간 사용하기가 버겁다. 스토리텔링이나 게임의 역학, 혹은 서사의 진도를 위해 요소들을 어쩔 수 없이 쾌적 범위 바깥에 위치시켜야 하는 경우가 아니라면 말이다.

⑤ 던져버리기 동작을 통한 삭제 요청

VR 앱에서 사용자가 객체나 메뉴를 개방형 3차원 공간에 배치하는 걸 허용한다면, 이을 무효화하고 삭제하는 기능도 함께 만들어야 한다. 말 그대로 물체를 잡아서 던지는 **던져버리기**^{throwaway} **동작**은 여러 VR 상품이 채택한 직감적인 상호작용 방법이다. 팔을 빠르게 휘둘러 쥐고 있던 물체를 내던지는 일련의 동작은 자연스러울뿐더러 재미의 요소를 더하기 때문에, 사용자가 경험을 직감적이고, 만족스럽고, 쉽게 기억할 수 있다. 예를 들어 VR 창작 도구인 **틸트 브러시**^{Tilt Brush}와 그래비티 스케치에서는 사용자가 3차원 환경에 배치된 메뉴를 집어 화면 밖으로 던져버리면 메뉴가 제거된다.

⑥ 입체적 일관성

입체적인 물체에 대한 지각은 20미터 거리 밖에서부터는 희미해진다. 가장 만족감을 주는 3차원 콘텐츠 시청 경험을 위해서는 전경과 후경, 중간 지대를 구분하는 원리가 최대한 일관적으로 유지되어야 한다. 후경은 20미터 이상, 중간 지대는 5미터와 15미터 사이, 전경은 5미터 이내로 구분한다. 이 구분법을 이용해 경험의 깊이 지각과 공간 레이아웃을 설계하면 경험의 입체감이 유지되므로 사용자의 흥미와 관여를 돋우는 데 매우 효과적이다.

⑦ 가상 스마트워치 메뉴

가상 스마트워치는 주로 가상현실 내 사용자의 왼쪽 손목에 채워지는데, 사용자가 이 스마트워치를 이용해 메뉴에 접속하는 방식은 직감적인 방식으로 메뉴를 제공하고자 할 때 자주 채택된다. 많은 경우 스마트워치는 특정 메뉴나 정보에 접근하기 위한 일종의 접속 지점이다. 가상 스마트워치는 환경 변화와 상관없이 지속적으로 같은 공간에 위치한다는 점에서 메뉴의 발견 가능성을 높이고 사용자를 위한 시각적 안내문을 적시에 띄우는 데 유용하다. 메뉴를 활성화하려면 선택 광선으로 가상 스마트워치를 선택해야 하는데, 이러한 방식은 증강현실에서도 차용될 만하다. 스마트워치는 때때로 팔 전체로 확장될 만큼 커지거나, 또 다른 메뉴 옵션을 제공하기 위해 왼팔뿐 아니라 오른팔에도 제공하기도 한다.

⑧ 손동작을 이용한 상호작용

손동작 추적은 컨트롤러 기반의 VR 상호작용 방식을 대체하는 방법이다. 손동작이 훨씬 자연스러운 입력 방식이기 때문에 직감적인 VR 상호작용 방식을 구현하고자 할 때 채택된다. 처음으로 손동작 추적을 다루는 개발자라면 오큘러스의 **소프트웨어 개발 키트**(SDK)의 손동작 추적을 참고하길 추천한다. 가상현실에 오랜만에 접속하거나 게임 컨트롤러에 익숙하지 않은 **일반 사용자**^{casual user}에게 적합한 입력 방식을 제공해야 하거나, 가상 키보드나 악기처럼 여러 손가락을 통한 입력 방식이 훨씬 자연스러운 경우 손동작 추적 기술은 좋은 대안이다. **혼합현실 툴킷** Mixed Reality Toolkit(MRTK)[16]이라 부르는 프레임워크는 현존하는 손동작 상호작용 프레임워크 중 가장 직감적이고 정교한 방식을 제공한다. 혼합현실 툴킷은 홀로렌즈 2 개발 시 사용되었을 뿐 아니라, 오큘러스 VR에서도 차용되었다. 손동작 추적 기술은 VR 애플리케이션과 AR 애플리케이션 간 확장현실의 연속성을 유지할 방법을 찾고 있는 UX/UI 디자이너라면 관심을 가져볼 만하다.

손동작 추적 기술은 아직 현재진행형이다. 정확도를 높이고 컨트롤러가 일반적으로 제공하는 촉각 피드백을 구현하는 것이 현재의 해결 과제로 남아 있다. 손동작 상호작용에서 통용되는 규칙은 다음과 같다.

- 손동작 상호작용을 요구하는 3차원 객체는 반드시 행동 유도성을 드러낼 것
- 시청각 기표와 피드백을 사용해 상호작용을 지원할 것(예: 그림자나 빛으로 근접성 표현하기, 소리로 활성화 상태 드러내기, 반응 유도 요소에 애니메이션 효과 부여하기)

버튼의 크기, 위치, 근접성 또한 손동작 추적이 적용된 버튼이나 상호작용 객체의 사용성 설계 시 고려되어야 할 중요한 측면이다. 또 하나의 유의 사항은 시작과 끝 상태를 분명히 드러내야 한다.

---

16 옮긴이_ 일반적으로 **툴킷**(toolkit)은 새로운 소프트웨어를 개발할 때 편리하게 사용할 수 있는 도구들의 모음을 일컫는다.

⑨ 노멀 맵 기법

노멀 맵normal map 기법은 3차원 컴퓨터 그래픽과 특히 전통적인 게임에서 질감을 표현할 때 기하학적 기법을 적용하지 않고도 세부적인 표면을 구현하는 주요 기법이다. 노멀 맵 기법을 적용하면 3차원 효과가 난다. 다만 노멀 맵 기법의 3차원 효과는 입체 지각에는 유효하지 않기 때문에 가상현실 공간에 적용할 때는 제약이 따른다. 그러나 객체가 광원과 상호작용할 때 드러나는 정교한 세부 사항을 표현할 때는 여전히 효과적이다. VR 개발 시 노멀 맵 기법이 적용될 만한 상황인지 확인하기 위해서 디자이너는 다음 사항을 검토해야 한다.

- 노멀맵 기법을 적용하는 표면의 크기가 작아야 한다. 크기가 중형이나 대형이라면 3차원 컴퓨터 그래픽 정석대로 가장 작은 단위의 다각형(폴리곤)을 이용한 기하학적 기법으로 표현해야 질감 표현이 자연스럽다.
- 노멀 맵 기법은 3차원처럼 보이는 것이지 진짜 3차원이 아니므로 노멀 맵 기법이 적용된 영역을 노출하는 각도와 거리에 신경을 써야 한다. 만약 객체가 사용자로부터 근접한 거리에서 노출되거나, 극단적인 각도에서 표면이 보여진다면 노멀 맵 기법은 적절하지 않다.

VR 개발의 초기 시절에는 노멀 맵 기법을 사용하는 것이 금기시되기도 했다. 그러나 시간이 지나면서 개발 업계는 노멀 맵 기법에 한층 누그러진 태도를 보이게 되었다. 노멀 맵 기법도 잘 사용하면 가상현실에서 효과적이라는 것을 점차 많은 VR 게임이 입증하고 있다. 이제 노멀 맵 기법은 현대 VR 개발 환경에서 3D 그래픽을 위한 표준 재료로 자리 잡았다. 그러나 의도대로 실감 나는 효과를 보여주기 위해서는 많은 주의를 기울여야 한다.

⑩ 이동 방식, 스냅 회전, 멀미 방지 기능

이전 장에서 게임 제작사 밸브가 VR의 사용성 표준을 정립한 방법을 〈하프라이프: 알릭스〉를 통해 자세히 살펴봤다. 요약하자면 순간이동부터 매끈한 이동까지 다양한 이동 방식 선택 사항을 제공해 사용자가 기호와 상황에 맞게 선택할 수 있게 하고, 스냅 회전의 종류와 각도를 사용자가 세부적으로 조정할 수 있게 만들었다. 그리고 멀미를 완화시킬 다양한 세부 선택 사항을 제공하고, 사용자의 접근성을 높이기 위해 왼손과 오른손 조작의 선택, 한 손 조작 방식, 앉은 자세 및 선 자세를 기본으로 설정할 수 있게 했다.

아울러 '**안락한 흐림 효과**comfort vignette'라고 부르는 기법은 이동할 때 시야각을 일시적으로 줄여 멀미를 방지한다. 최근에는 채택 빈도수가 줄었지만 여전히 일부 게임에서 제공하는 환경 설정 선택 사항이다.

⑪ 속도감 유지

VR 사용자의 멀미 현상은 시각적으로 속도를 경험하며 발생한다. 사용자를 특정 장소에서 다음 장소로 이동시킬 때 미리 지정된 경로로 움직이게 하는 설정, 예컨대 사용자를 철로 위 기차에 태우는 설계에서 기차의 이동 속도를 일정하게 유지하면 멀미 현상 완화에 도움이 된다. 물론 실제처럼 기차 운행 속도의 변화, 가속화, 감속화 등의 움직임을 가상현실에 적용하면 더 자연스럽고 실감 나겠지만 기차 탑승은 롤러코스터와 달리 사용자가 속도의 변화를 기대하거나 속도의 변화가 경험의 핵심이 되는 건 아니므로, 기대치 못한 속도의 변화는 사용자에게 의도치 않은 부작용을 초래할 위험이 크다.

⑫ VR 온보딩

가상현실 경험의 첫 1분은 굉장히 중요하다. 전통적인 UX 디자인에서는 대부분 **최초 사용자 경험**first-time user experience(FTUE)을 초 단위로 정의한다. 가상현실에서 최초 사용자 경험의 범위는 조금 더 넓은 편이다. 왜냐하면 대체적으로 소프트웨어 로딩 시간이 더 길고 시야 공간이 넓기에 사용자가 환경에 적응하기까지 더 오랜 시간이 걸리기 때문이다. 그러나 걸리는 시간과는 상관없이 원칙은 동일하다. 훌륭한 최초 사용자 경험은 사용자의 **인지 부하**cognitive load 현상과 제품의 기초적인 사항을 학습하는 데 걸리는 수고를 최소화하는 방향으로 사용자를 안내한다. 흔한 방법과 친숙한 디자인 언어를 이용하는 것 또한 깔끔하고 이해하기 쉬운 디자인 구조 설계에 도움이 된다. 온보딩의 사용자 경험 측면에 있어서도 기본 기능과 버튼의 동작 원리 등 기본 사항을 미리 명시해 인지적 장벽을 낮추고, 제품 안내

경로에서 사용자가 언제든 이탈할 수 있는 방법을 제공하며, 다음 화면에서 제공될 정보에 대한 시각적인 예고를 제공하는 것이 좋다. 사용자가 다시 제품을 경험하고 싶어 할 만큼 제품할 편안하게 느낄 수 있도록 온보딩을 설계한다면 궁극적으로 사용자 보유율 증대에 도움이 된다.

⑬ 문자 가독성

문자 가독성을 둘러싼 문제는 가상현실이 생겨난 이래로 계속 되어왔다. 문자의 곡선이 깨져 보이는 **계단 현상**aliasing과 깜빡임 현상은 압축 오류, 기술적 한계, 그리고 헤드 마운티드 디스플레이의 낮은 해상도로 인해 발생되는 전형적인 문제다. 대다수의 문제는 고해상도 VR 디스플레이가 상용화되면 자연스럽게 해소될 것이다.

문자의 크기가 작아지면 가독성이 떨어지고 시야각이 달라지면 문자가 왜곡되는 것도 매우 흔한 문제다. 가독성을 높이기 위해서는 크기가 작은 문자나 지나치게 가는 서체를 최대한 피하고, 메뉴와 문자 영역이 사용자를 직면하도록 배치해 왜곡 현상을 방지해야 한다. 또한 문자 색과 대조를 이루는 색을 배경으로 택하고, 읽을 수 있는 최소 거리를 유지함으로써 가독성 높은 환경을 만들어야 한다.

⑭ VR 버튼 양식

애플리케이션 속 기능이 다양해지면서 컨트롤러 버튼의 역할도 다각화되었다. 다만 이와 상관없이 대다수의 애플리케이션에 일관적으로 적용되는 버튼 두 가지가 있다. 하나는 객체를 잡는 **통제 버튼**이고, 다른 하나는 활성화를 위한 **반응 유발 버튼**이다. 특정 장르나 유형의 애플리케이션을 설계할 때는 애플리케이션 타입과 영역에서 통용되는 규율을 미리 조사해 참고할 필요가 있다. 예컨대 그래비티 스케치, 틸트 브러시, 퀼에서는 양쪽 컨트롤러의 통제 버튼으로 객체의 크기를 조정할 수 있다. VR 창작 도구를 제작하려면 객체의 크기 조정을 위한 버튼 구현 방식을 비롯해 이 장르에서 출시된 도구들이 적용한 규율을 따라야 사용자의 인지 부하를 줄일 수 있다.

⑮ 선택 광선 기능

동작 컨트롤러의 선택 광선은 간단한 3자유도부터 고사양의 6자유도 헤드셋에 이르기까지 광범위하게 적용되는 표준이다. 선택 광선은 사용자가 환경과 상호작용하는 표준 방식으로 환경 객체와 상호작용하고 움직일 때, 제품의 메뉴나 UI 기능을 조작할 때 사용된다. VR 사용자는 대개 시각적인 객체와 상호작용할 때 시각적이거나 촉각적인 피드백을 얻기를 기대한다. 선택한 개체를 당기려고 할 때, 컨트롤러의 아날로그 스틱은 종종 선택 광선을 따라 객체를 옮기는 데 사용된다. 〈하프라이프: 알릭스〉에서 사용된 중력 당기기 동작을 대체하는 방법이기도 하다.

⑯ HUD 동작 지연

가상현실 경험 중에서는 **헤드업 디스플레이**(HUD)나 계기판을 상시로 띄워야 하는 경우가 있다. 가상현실에서 상시 헤드업 디스플레이를 구현하려면 부자연스럽고 눈에 거슬리는 위치는 피해야 하므로 개발자가 애를 먹곤 한다. 일반적으로 아래쪽을 향한 행동이 많다면 계기판을 시야 상위 1/3 영역에, 위쪽을 향한 행동이 주를 이룬다면 하부 1/3 영역에 위치시킨다. 헤드업 디스플레이를 한층 더 자연스럽게 만드는 또 한 가지 해결책은 약간의 동작 지연을 부여하는 것이다. 동작 지연 효과가 적용되면, 실제 착용형 기기의 무게감으로 인해 발생하는 움직임과 유사하게 표현되어 사용자가 이를 받아들이기 더 쉽다.

⑰ 새로운 VR 메뉴 양식

데스크톱 애플리케이션에서 고전적으로 사용되는 접이식의 **풀다운**pull-down 메뉴 혹은 **드롭다운**dropdown 메뉴는 가상현실에 적합하지 않다. 대신 가상현실 상황에 적합한 메뉴 구현 방식으로 **원형 메뉴**가 새로운 기준으로 자리 잡았다. 원형 메뉴는 직감적이고, 사용자 친화적이며, 미적이고, 얼마든지 확장 가능하다.

한편 **3차원 메뉴** 형식도 또 다른 표준 양식으로 떠오르고 있다. 3차원 메뉴는 컨트롤러에 기하학적 객체가 고정되어 있고, 객체의 각 면마다 다른 메뉴판이 있어 사용자가 객체를 회전시키고 뒤집으면서 메뉴를 선택하고 상호작용하는 방식이다. VR 그리기 도구인 구글의 **틸트 브러시**는 3차원 메뉴 형식을 적절히 사용해 사용자가 여러 메뉴를 직감적으로 구동할 수 있게 만들어 높은 생산성을 제공한다. 홀로렌즈 2의 혼합현실 툴킷은 오큘러스 플랫폼에서 만나볼 수 있는데, 직감적인 UI 상호작용의 디자인 표준을 보여주는 선구적인 예다. 여기서도 3차원 메뉴를 사용하며 손동작 추적을 통해 다양한 사용자 인터페이스와 입력 상호작용 방식도 제공한다.

⑱ 오래된 상호작용 방식: 응시를 통한 활성화

응시를 통한 활성화는 1세대 최초 모바일 VR 세대(구글의 카드보드나 삼성의 기어VR)에서 매우 인기를 끌었던 방식이며, 여기서 다시 언급할 만하다. 당대 인기를 끌었던 이유는 기능이 단순했기 때문이다. 컨트롤러를 조작할 필요도 없이 상호작용 가능한 아이템 위에 십자선 형태로 나타난 시선의 중심을 닿게 하면 아이템을 활성화할 수 있다. 십자선 주변부에 원형 모양으로 뜨는 진행 표시줄이 타이머처럼 표시되는데, 이는 사용자가 행동을 확인할 수 있게 도와주는 시각적 피드백이며, 시선을 다른 곳으로 돌림으로써 사용자가 선택을 취소할 수 있는 충분한 시간을 마련해준다. 활성화와 상호작용의 대부분이 이제는 VR 컨트롤러에 의해서 이뤄지기 때문에 이 입력 방식은 거의 완전히 사라질 뻔했다. 하지만 응시를 통한 활성화는 객체나 메뉴와 단순하게 상호작용할 수 있어 아직도 종종 사용되며, VR 피트니스 애플리케이션에서 다시 활용되기 시작했다. 컨트롤러가 운동 기계에 부착되어 인터페이스를 조작하기 어려운 상황에 응시가 또 하나의 입력 수단이 되기 때문이다.

VR 환경의 빠른 변화

VR 규율은 시간이 흐름에 따라 변해왔다. 2016년의 초점은 멀미 현상 방지와 사용자가 가상현실 공간 안에 존재한다고 느끼는 **실재감**이었다. 순간이동만이 유일한 VR 이동 방식이라 인정했고, 노멀 맵 기법을 가상현실의 표면 세부 묘사에 활용하는 것은 옳지 않다고 여겼다. 하지만 지금, 이 모든 믿음은 완전히 뒤바뀌었다. 멀미 현상 방지는 선조치 차원에서 훨씬 은근한 방식으로 적용되고 있으며, 가상현실 기술의 참신함과 초기 유행 단계가 지난 현재 시점에서 사용자의 실재감에 대한 우려의 목소리는 거의 찾아볼 수 없다. 오히려 가상현실의 실재감은 당연한 것으로 간과되고 있다. 매끈한 이동 방식은 때에 따라 순간이동을 대체할 수 있는 또 다른 이동 방식의 수단으로 사용자의 선택 사항에 추가되었고, 노멀 맵 기법은 고도의 표면 사실주의를 추구하는 VR 경험 설계에서 필수 기법으로 자리 잡았다.

규율이 급격하게 변화하면서 XR 디자이너를 꿈꾸는 이들을 위한 안내 지침서나 교육 자료의 내용은 빠르게 구식이 되어버린다. 인기 있는 게임의 등장이나 선봉에 선 애플리케이션의 영향으로 업계의 규율이 변화하면 개발자는 이를 즉시 받아들이고 작업물에 적용할 수 있지만, 출간물은 몇 년이고 뒤쳐질 수 있다. 그런 이유로 XR 분야에 있는 UX 디자이너는 모든 현재 디자인 트렌드를 끊임없이 연구해야 하고 계속해서 변화하는 사용자의 선호를 관찰해야 한다. 사용자들의 압력으로 인해 업계가 **매끈한 이동 방식**을 채택한 경우만 보아도 알 수 있다. 당시 지침 대부분은 오직 순간이동 기법만을 설파하고 있었으나, 현실은 대다수 애플리케이션이 사용자의 선호를 빠르게 반영해 매끈한 이동 방식을 제공하고 있었다. 뒤쳐진 참고 자료로 학습한 개발자와 XR 디자이너만이 순간이동 방식만을 고수했다. VR 상호작용을 위한 디자인 공간은 수년간 성숙해왔고, 이제는 VR 플랫폼을 넘어 확장현실의 규모에서 UX 표준을 검토하고 있다. 손동작 상호작용을 위한 선구적인 AR 프레임워크를 구축한 혼합현실 툴킷이 그 예다.

지난 30년간 VR 실험과 개발은 세 단계를 거쳐왔다. VR 잠재력을 발견하고 탐험한 1단계, 과학적인 응용과 사용성을 개선한 2단계, 그리고 30년 이상의 발달사를 기반으로 기업과 소비자용 **솔루션**solution[17]으로서 VR을 넓은 상업 시장에 내보내 정착시키고자 하는 오늘날의 3단계다.

---

17 옮긴이_ 솔루션은 어떤 특정 상황(사용자 요구에 따른)에 대한 해결 방안, 관련된 문제를 풀어주는 하드웨어, 소프트웨어, 서비스 등의 통칭이다.

3.4 XR 디자인: 사용자 권한과 스토리텔링

혼합현실 툴킷은 XR 분야에서 활약하는 UX 디자이너에게 프레임워크가 얼마나 중요한지를 보여주는 예다. 플랫폼, 엔진, 프레임워크, 비주얼 스크립팅 언어를 선택한다는 것은 사용자의 권한을 창조하는 도구의 판을 짜는 것이다. 확장현실 환경에서 사용자의 권한이란 실감 나는 디지털 여정을 위해 사용자에게 부여되는 힘을 의미한다. UX 디자이너가 확장현실의 몰입형 세상을 구상할 때 중요한 임무는 사용자의 호기심을 자극하는 것과 객체의 행동 유도성을 분명히 드러내는 것의 균형을 적절하게 맞추고, 스토리텔링 기법을 이용해 상호작용 수준을 설정하는 것이다.

이론적으로 이 목표는 당연하게 들린다. 그러나 대표적인 사례를 살펴보며 이 목표를 달성하기 위해 현실적으로 해결해야 할 문제를 확인해야 한다. 디자이너가 마음껏 전념할 수 있는 플랫폼, 툴킷, 프레임워크를 고르려면 얼마만큼의 정보가 필요할까? 최초 아이디어 발상과 발견 단계에서 디자이너는 발상에 제한을 두지 않고 떠오르는 모든 아이디어를 열린 마음으로 받아들여야 한다. 이 단계에서는 기술적 한계나 제약을 걱정하지 말고 사용자를 위한 최상의 해결책을 찾는 것이 중점이다. 바꿔 말하면 사용자의 권한에 제한을 두지 않는다는 것인데, 이 가정은 사용자의 니즈를 파악하는 데 집중하고, 그들의 입장에서 문제를 바라보고, 더욱 넓은 맥락과 목표 안에서 사용자의 니즈와 행동을 연구하고 평가할 수 있도록 돕는다. 다음 단계인 설계 작업을 통해 도출되는 결과물은 최종적으로 프로토타입 제작과 테스트에 들어가게 되는데, 우리는 바로 여기에서 툴킷과 플랫폼, 프레임워크의 장단점을 고려한 뒤 선택하게 된다. 다양한 기술을 선택하고 종합하는 이 과정이야말로 사용자의 권한과 스토리텔링이 어떻게 표현될지, 그리고 디자인 결과물이 사용자에게 어떻게 인지될지가 결정되는 대단히 중요한 지점이다.

이러한 절차는 전통적인 UX 디자인 환경과는 차이가 극명하다. 전통적인 UX 디자인은 웹과 모바일 애플리케이션의 UI 상호작용 방식의 한계가 뚜렷하고, 규율이 잘 정립되어 있으며, 완성도 높은 도구를 활용할 수 있고, 프로토타입 제작과 검증 플랫폼을 위한 생태계가 발달된 덕분에 전체 과정이 훨씬 능률적이고 간결하다.

반면에 XR 디자인 환경은 아직도 미국의 서부 개척기처럼 황량한 상태다. 관련 기술과 도구, 플랫폼이 훨씬 광범위하다는 점을 고려할 때, 이 혼란스러운 상태는 당분간 지속될 것이다. 한 가지 분명한 사실은 XR 디자이너는 모바일과 웹 개발 환경에서보다 훨씬 더 많은 책무를 짊어지게 된다는 것이다. UX 절차와 XR 개념에 대한 기본적인 이해뿐 아니라, 3차원과 애니메이션 도구에 대한 지식, 유니티와 언리얼 엔진 기반 디자인 결과물의 현 상황에 대한 이해, 각종 프레임워크, 비주얼 스크립팅 솔루션, 도구의 장점과 한계점에 대한 이해, 그리고 끊임없이 변화하는 XR 환경에 대한 통찰이 XR 디자이너가 가진 수많은 책무에 포함된다. 변화와 복잡함으로 가득한 세상에서 디자이너가 혼돈을 정리하고 집중할 수 있는 열쇠가 바로 프레임워크다.

UX 디자인을 위한 프레임워크 중요성

VR이나 AR 프레임워크 하나를 선택해 전념한다는 것은 프레임워크가 프로토타입 제작 절차를 간소화하는 양식과 사전 제작된 요소를 충분히 갖추고 있다는 걸 인지하고, 이를 최대한 활용하면서도 프레임워크가 가진 한계를 이해하고 받아들인다는 의미다. 프레임워크가 절차의 속도를 높여주는 것은 사실이지만, 여전히 디자이너는 프레임워크가 가진 기능을 프로젝트의 디자인 목표에 맞춰 적절히 적용하는 방법을 배워야 한다.

최고의 프레임워크는 이동 방식이나 객체 상호작용과 같은 기본적인 기능을 설정하는 데 필요한 모든 핵심 구성 요소를 제공하고, 디자이너가 구성 요소나 기능을 확장하거나 상호작용과 UI 요소의 **룩 앤드 필**look and feel18을 자유롭게 조정하는 기능도 갖추고 있을 것이다. 결과적으로 이상적인 프레임워크는 개발에 박차를 가하는 데 도움이 되며, 빠른 프로토타입 제작을 지원해 최종 상품에 이르기까지 매끄럽게 개발할 수 있도록 돕는다.

---

18 **옮긴이_** 룩 앤드 필은 사용자의 제품 체험과 겉모양, 인터페이스의 주된 기능을 아우르는 표현이다. 소프트웨어 디자인에서 룩 앤드 필은 그래픽 사용자 인터페이스의 관점에서 '룩'으로 일컬어지는 색, 모양, 레이아웃, 서체 등의 시각적 요소와 '필'에 해당하는 동적인 요소인 단추, 상자, 메뉴를 수반하는 디자인의 측면을 강조할 때 쓰인다.

XR 프레임워크는 웹 개발 분야의 개방형 콘텐츠 관리 시스템인 **워드프레스** WordPress에 비유할 수 있다. 워드프레스는 프레임워크 구조뿐 아니라 양식과 플러그인 시스템, 사용자 맞춤 기능을 제공하며, 별도의 코딩 없이 보이는 대로 설계하는 **위지위그**What You See Is What You Get(WYSIWYG) 도구다. 워드프레스는 다방면에서 XR 프레임워크의 롤 모델로 불릴 만하다. 특히 특정 용도에 초점을 맞춰 기술의 복잡성과 의존성을 간소화하는 해결책을 제시했다. 사용자 친화적이고 강력한 도구의 대표적인 예이기도 하다. 워드프레스는 2003년에 처음 출시되어 유례없는 성공을 거두었고, 오늘날 전체 인터넷 웹사이트의 3분의 1이 사용하고 있을 정도다. 워드프레스는 프레임워크가 충분히 개방적이고 유연하기만 하다면 온 세상을 사로잡을 만큼 성공할 수 있음을 보여준다.

반면 디자인 비전이 중심이 되어 아예 프레임워크 없이 진행하는 고객 맞춤형 개발 방식을 고려해볼 수도 있다. 대개 이런 환경에서는 디자인 팀이 고객 맞춤으로 설계한 디자인 시안을 개발 팀에 넘기고 개발자는 시안에 맞춰 코딩하는 전형적인 폭포수waterfall 개발 절차로 진행된다. 웹과 모바일 앱 세상에서 디자인과 개발 사이의 경계는 뚜렷하고 전달은 깔끔하다. 스케치, 피그마, 어도비 XD와 같은 시중의 디자인 도구가 완성도 높은 프로토타입 제작을 지원할뿐더러 개발자 친화적인 인터페이스를 갖추고 있다. 개발자는 피그마 같은 도구로 제작된 프로토타입을 검토할 때 코딩에 필요한 정보를 더 쉽게 확인할 수 있고, 디자인과 개발 팀 간의 전달 과정의 소통이 간략해진다.

그러나 이 경계는 확장현실에서 훨씬 모호하다. 현재 XR 개발 분야에는 웹과 모바일 개발 분야처럼 강력하고 개발자 친화적인 프로토타입 제작 도구가 없다. 따라서 프레임워크 도입 없이 디자인 비전을 기반으로 XR 상품을 개발해야 하는 디자이너라면 스케치, 피그마, 어도비 XD와 같은 도구들이 개발의 주류로 떠오르기 전, 디자인 업계에서 사용하던 도구를 활용해야 한다. 제도판 위에서 아이디어를 구상하고, **포토샵** Photoshop과 **애프터 이펙트**After Effect를 비롯해 어떤 식으로든 디자인 시안을 개발자에게 설명할 수 있는 애플리케이션이나 도구를 찾아야 한다. 고전적인 방식으로 밑그림을 그리고 스토리보드를 제작하는 것이야말로 이 접근 방법의 핵심이다. 프레임워크를 이용해 프로토타입을 제작하는 것만큼 빠르지는 않지만, 프로젝트의 중요도가 높거나 예산에 제한이 없을 때, 혹은 디자인 비전이 기존 프레임워크가 가진 제약에 구애를 받지 않아야 하는 경우에는 더 선호되는 전략이다.

XR 프로젝트와 XR 디자이너의 종류

XR 분야에서 프레임워크를 사용할 것인지, 어떤 프레임워크를 사용할 것인지 결정하기 위해서는 예산과 프로젝트 기간을 고려해야 한다. 그러나 프로젝트의 종류가 무엇인지, 어떤 기술을 갖춘 디자이너가 콘셉트 개발에 관여하는지도 중요한 고려 사항이다.

현실적으로 XR 업계의 개발 프로젝트 대다수가 중소기업 행사를 위한 경험 설계나, 기업 내부용 프로젝트, 또는 조직과 기관을 대상으로 하는 특별 프로그램 제작에 국한된다. 구체적으로 묘사하자면 마케팅 행사, 박람회 현장, 전시회 환경 체험, 발표, 시연회, 맞춤 설계된 훈련 상황이 전형적인 프로젝트 목표다. 일반적으로 제한된 수량의 헤드셋을 염두에 두고 제작되며, 최종 애플리케이션은 각 헤드셋에 직접 삽입된다. VR 프로젝트의 경우 이 절차는 **비즈니스용 오큘러스**[Oculus] [for Business][19]라고 부르는 기업용 서비스를 이용해 최적화한다.[20] 이 서비스는 클라우드 기반의 관리 도구를 이용해 여러 헤드셋을 쉽게 관리할 수 있도록 한다. 그러나 근본적으로 앞서 소개한 프로젝트 대다수는 특성상 배급이 제한적이다 보니 예산과 개발 기간에 제약을 받곤 한다. 대중을 겨냥하지 않기 때문에 **오큘러스 스토어**[Oculus Store], 스팀, 심지어 높은 접근성으로 잘 알려진 **사이드퀘스트**[SideQuest] 플랫폼과 같은 대중적인 VR 배포 네트워크에 등록될 일이 없다. 따라서 사용자 대상 연구를 위해 대표성을 지닌 피실험자를 모집하거나 사용자와 소통하는 과정에 영향을 준다. 결국 연구하려는 앱을 사용자가 원격으로 다운받을 수 있는 시스템을 따로 구축해야 하거나 사용자를 대면으로 만나 연구해야 한다. 특별 행사, 전시

---

19 https://business.oculus.com/?locale=ko_KR

20 옮긴이_ 번역 시점에서 Oculus for Business 판매는 중단된 상태다. 조만간 Quest for Business로 서비스를 재개할 예정이다.

회, 박물관 프로그램을 위해 제작된 AR 앱도 마찬가지다. 그러나 특별 행사를 위한 일반적인 핸드헬드형 AR 프로젝트는 별도의 하드웨어를 필요로 하거나 따로 사용자에게 공급할 필요 없이, 사용자가 소지한 스마트폰과 태블릿에 의존하기 마련이다. 따라서 이 경우에는 애플 스토어나 구글 플레이에 앱을 유통할 수 있다.

VR 프로젝트 대다수가 대중의 이목을 받지는 않지만, 대중용으로 등록된 VR 애플리케이션도 엄연히 존재한다. 대부분 오큘러스 스토어에 초대를 받았거나, 스팀 플랫폼 또는 **오큘러스 앱 랩**Oculus App Lab이나 사이드퀘스트를 통해 배포된다. 대중에 배포된 VR 애플리케이션의 유리한 점은 광범위한 사용자를 대상으로 사용자 연구를 할 수 있으며, 특정 솔루션을 중심으로 커뮤니티를 구축할 수 있다.

프레임워크를 이용하고 프로토타입 제작에 관여하는 접근 방식을 택할지, 아니면 프로토타입 제작에 전혀 관여하지 않고 디자인에만 집중하는 접근 방식을 택할지 결정하는 것은 어떤 종류의 XR 디자이너가 되고 싶은지에 따라 달린 문제기도 하다. 엔지니어링 분야의 **풀스택**fullstack **개발자** 역할과 유사하게, 프로토타입 제작과 최종 실행까지 관여하는 디자이너를 **풀스택 디자이너**라고 부른다. 풀스택 XR 디자이너는 게임 엔진, 프레임워크, 비주얼 스크립팅 도구나 프로그래밍 언어를 다룰 수 있고, 개념화, 설계, 프로토타입 제작, 최종 XR 애플리케이션 전달까지 개발의 전 과정에 개입할 수 있는 전문가를 일컫는다. 업계에서는 이들을 유니콘으로 칭하기도 한다(그림 3-7).

풀스택 XR 디자이너

사용자 경험 설계
사용자 인터페이스 설계
사용자 상호작용 설계
3차원 예술품 창조
비주얼 스크립팅

그림 3-7 풀 스택 XR 디자이너의 역할

UX 디자인 측면에 포함되는 광범위한 책임까지 아우른다는 점에서 XR 디자이너 되기는 녹록지 않다. 그러나 강력한 위치에 서게 된다는 것은 분명하다. 룩 앤드 필에 대한 총체적 권한을 행사하고, 시각적 세부 사항을 섬세하게 조정할 수 있으며, 상호작용 방식의 선택권을 손아귀에 쥐고 있기 때문이다. 풀스택 XR 디자이너는 대내외 동료나 팀원의 작업 상황에 구애 받지 않고 개발자에게 전달 시 소통의 오류를 걱정할 필요 없기 때문에 크고 작은 프로젝트를 담당해낼 수 있다. 특정 프레임워크를 전문적으로 활용할 수 있기 때문에 디자인 시안을 재빨리 프로토타입으로 제작할 수 있고, 시각적인 세부 사항을 수정할 때 개발자의 손을 거치지 않고 직접 작업할 수 있을 만큼 유연해 개발의 병목현상을 걱정하거나 어림짐작에 의존할 필요도 없다. 모든 것을 다 알고 있기 때문에 문제를 인지하고 어떤 식으로든 문제를 해결할 수 있을뿐더러, 정해진 시간 내에 완성도 있는 결과물을 전달할 수 있고, 절차 전반에 사용되는 도구를 능숙하게 사용할 줄 안다는 점에서 XR 업계에서는 풀스택 XR 디자이너를 **XR 닌자**라는 별명으로 부르기도 한다.

그렇다면 풀스택 XR 디자이너, 혹은 XR 닌자는 기존의 UX 디자인 접근 방식에 따라 일부 개발 절차에 특화된 디자이너보다 더 뛰어난 사람이라고 부를 만할까? 그렇지는 않다. 디자인과 코딩 사이의 경계가 매우 뚜렷하게 구분되는 환경은 외부 의뢰인의 요청으로 프로젝트가 짜여지는 경우, 특히 대기업 프로젝트의 의뢰인이 선호하는 방식이다. 디자인의 업무 범주는 문제를 개념화하고, 리서치 과정을 거쳐 해결책을 발상하거나 발견한 다음, 고전적인 윤곽 작업이나 스토리텔링 도구를 이용하는 것까지다. 그다음 디자인 시안은 개발 팀에 넘겨지고, 개발 팀이 프로토타입을 제작한다. 이 모델은 프로젝트에 관여하는 팀의 크기와 예산이 클 때 적절하며, 종종 최상의 모델이라고 간주된다. 참여하는 모든 팀원이 자신이 속한 분야의 전문가로서 핵심 업무에 집중할 수 있기 때문이다.

디자이너가 코딩을 비롯한 모든 것을 해내야 한다는 기대감이 최근 20년간 감소했다는 사실에 주목할 필요가 있다. 대신 의사결정자들은 디지털 경제에서 UX 디자인이 거둔 엄청난 성공의 영향으로 팔방미인형 디자이너보다는 특별한 전문성을 갖춘 디자이너를 더 중시하는 경향이 있다. 다만 XR 공간에서도 UX 디자이너가 디자인 분야에만 집중하는 전문가가 되는 것은 가능하겠지만, 확장현실 기술의 가능성, 한계점, 의존성에 대한 깊은 지식은 반드시 갖추고 있어야 한다.

3.5 XR 기초: 인간-컴퓨터 상호작용과 하드웨어 사용성

인간-컴퓨터 상호작용^{human-computer interaction}(HCI)은 UX 디자인과 리서치 분야의 전신이 되는 학문으로 인간의 감각과 행동, 인지 패턴이 어떻게 정보 기술과 상호작용하는지를 연구한다. 인간-컴퓨터 상호작용 학문 분야는 신흥 몰입형 XR 기술에 적용되기 시작하면서 하나의 흥미로운 전환기를 맞이했다.

인간-컴퓨터 상호작용의 관점으로 보자면, XR 디자이너가 하드웨어 플랫폼 개발에 관여하지 않는 것이 일반적이라 하더라도 XR 기기 디자인이 어떻게 고안되고 개념화되는지 조사해보는 것이 유익하다. 기기 설계 과정에 적용된 디자인적 사고법을 추측하는 작업은 자신이 개발한 XR 애플리케이션을 구현할 기기의 설계 의도를 파악하는 좋은 방법이다.

VR 컨트롤러와 사용성 결정

블레이크 J. 해리스^{Blake J. Harris}의 저서 『**더 히스토리 오브 더 퓨처**』(커넥팅, 2019)는 **오큘러스**가 동작 컨트롤러를 처음 개발하던 당시의 논의를 묘사한다. 컨트롤러 제작 부서는 개발자가 창작할 수 있는 모든 종류의 VR 경험을 수용하는 만능 컨트롤러의 결정판을 설계하는 게 목표였다. 기기의 사용자 경험을 결정지을 디자인의 방향성을 정하는 단계에서 기기의 미래를 놓고 격렬한 내부 논의가 벌어졌다. 『더 히스토리 오브 더 퓨처』에 따르면 당시 컨트롤러 개발을 담당한 **파머 러키**와 공동창업자 **브렌던 이리브**^{Brendan Iribe}는 근본적인 디자인 철학까지 파고들며 논쟁을 벌였다. 그 결과 오큘러스는 고전적인 게임 컨트롤러의 기능을 가져가는 방법으로 타협했으며, 이는 직감적인 디자인과 기능적인 유연함, 최상의 착용감의 표준이 될 만큼 기본에 충실한 결과물이었다.

물론 다른 디자인 콘셉트도 논의되었다. 디자인 중심의 혁신으로 잘 알려진 애플과 유사한 방향성으로 나간다면 어떤 디자인이 나올지 가정해보기도 했다. 그 결과 **스티브 잡스와 조너선 아이브**Jonathan Ive가 상상할 법한 순수주의 접근 방식으로 지팡이 형태의 심플한 디자인을 도출했다. 그러나 디자인 콘셉트가 기능보다 형태를 우선시하는 애플의 철학과 지나치게 유사하다는 이유로 탈락되었다. 기기 사용자 경험에 관한 오큘러스의 방향은 옳았다. 특히 오큘러스의 사용자 대다수가 게임 이용자라는 점을 감안하면 말이다. 완전히 다른 방향을 택해서 미니멀하고 간소화된 마술 지팡이 디자인을 오큘러스의 단일 동작 컨트롤러로 채택했다면, 신규 사용자나 **논게이머**non-gamer를 사로잡기에는 더 적합했을지 몰라도 추후 개발에 큰 제약이 되었을 수 있다. 몇 년 후, 시장에 출시된 컨트롤러 없는 손동작 추적 방식이야말로 VR을 가볍게 즐기고 싶지만 컨트롤러 작동이 어려운 사용자에게 더 적절한 방식이었다.

형태는 기능을 따른다: UX 맥락에서의 참뜻

오큘러스의 VR 컨트롤러 디자인 일화에서도 잠깐 언급되었듯, VR 기기 개발을 둘러싸고 '형태는 기능을 따른다form follows function'는 생각을 따르는 이들과 '기능보다는 형태form over function'라는 생각을 따르는 이들 간의 대립 구도가 존재한다. 사실 이 대립 구도는 디자인 역사상 가장 큰 오해를 받았다 해도 과언이 아닌 한 문구에서 비롯되었다. 세월을 거친 오역과 상투어로 얼룩진 표현임에도 불구하고 오늘날 VR 분야에까지 영향을 미칠 정도로 보편적인 디자인 논제로 자리 잡았다. VR 업계까지 번진 이 논쟁이 더욱 흥미로운 이유는 '형태는 기능을 따른다'는 목소리가 이미 UX가 디지털 경제의 성공을 거두기 이전 시절부터 UX에 적수로 존재해왔기 때문이다.

'형태는 기능을 따른다'라는 표현은 오늘날 비전문가가 디자인을 바라보는 상투적인 생각을 반영한다. 많은 디자인 비전문가들은 이 표현이 모더니즘을 설파한 **바우하우스**Bauhaus 디자이너들로부터 유래했다고 생각하지만, 사실은 미국의 건축가 **루이스 설리번**Louis Sullivan이 한 말이다. 문구 자체도 잘못 인용되었다. 본래의 표현은 '**형태는 언제나 기능을 따른다**form ever follows function'였다. 디자인이 반드시 대상의 목적을 반영하고 있어야 한다는 것이 그의 핵심 의도였다. 잘못 인용된 문구가 남용되고, 대중문화에서 오랜 세월을 거치면서, 이제는 기능이 1순위이고, 디자인은 형태로서 2순위라는 인식을 남기게 되었다. UX 디자인 정신을 완전히 부정할 만한 정반대의 표현으로 변질된 것이다.

사실상 비전문가가 내세우는 '형태는 기능을 따른다'의 신조와 태도는 UX 디자인이 경제적 성공을 거두기 전까지만 해도 디자이너가 감당해야 했던 마음의 짐이었다. UX 디자인이 본격적으로 부상하기 이전인 2010년대까지만 해도 많은 이들이 디자인의 역할은 제품의 기술적 혁신과 특징을 매력적으로 보이게 만드는 것이라고 여겼다. 이와 같은 디자인에 대한 오해는 디자이너를 먹이사슬의 제일 아래에 세워두는 꼴이었다. 디자이너는 단지 제품의 모양새를 예쁘게 다듬기 위해 존재할 뿐이며, 디자인에 대한 고려는 제품의 개발이 완료된 후에나 이뤄지곤 했다.

이러한 식의 디자인 접근법이 어떤 치명적인 결과를 낳았는지는 2010년 이전 디지털 공간에서 쉽게 찾아볼 수 있다. 웹사이트 메뉴는 산만했고, 계기판 형식의 인터페이스는 기능으로 가득하지만 해독하기조차 어려웠으며, iOS 이전 스마트폰 모델에는 혼란스러운 디자인 요소가 많았고, 조작이 어려운 가정용 오락기도 많았다. 고정된 기능을 건드리지 않는 선에서 디자인 작업을 할 수밖에 없는 환경이었기 때문에 디자이너는 **정보 구조**information architecture나 사용자 리서치와 같이 개발에 필수적인 UX의 도구와 개념을 활용할 여력이 없었다.

그러나 디지털 경제에서의 성공과 변혁에 가까운 성장으로 UX가 논박의 여지가 없을 정도로 입지를 다지게 되자 제품 개발에서 디자인의 위치는 완전히 바뀌었다. 디자이너는 이제 상석에 앉아 의사결정에 영향을 미칠 수 있게 되었다. 오늘날 디자이너는 성공적인 상품 개발을 위한 과제를 주도할 권한을 갖는다. UX 디자인 방법론을 적용할 때 얻는 혜택이 분명해지자, UX 디자인 절차도 인정받게 되었다. 제품의 기능이 사용자의 목표에 그 어떤 기여도 하지 못한다면 그 기능은 쓸모없거나 무가치한 것과 마찬가지라는 사실을 마침내 디자인 비전문가들도 깨

닿게 된 것이다.

'형태는 언제나 기능을 따른다'라는 표현은 기술적 실행 가능성과 디자인 전략이 조화를 이루지 못하고 갈등을 빚었던 19세기 후반과 20세기 초반에 탄생했다. 이 시기 갈등의 결과물을 오늘날에도 세계 곳곳에서 확인할 수 있다. 기능과 디자인 사이의 조화를 강조하는 바우하우스의 철학에 영향을 받은 고층 건물도 있지만, 반대로 뉴욕의 엠파이어 스테이트 빌딩처럼 기능보다는 비전에 집중하는 경우도 찾아볼 수 있다.

당대 건축 디자이너들이 직면해야 했던 도전 과제를 곰곰이 생각해보자. 기술적 혁신의 결과로 철강 구조물을 이용해 초고층 사무 빌딩을 설계하는 것이 가능해 졌다. 기술이 불가능했던 것을 분명한 현실로 만들어낼 수 있는 상황에서 건축 디자이너는 '철강으로 만든 새로운 초고층 사무 빌딩은 과연 어떤 모습이어야 할 까?'하고 자문했을 것이다. 전통적으로 고층 빌딩은 국가적인 기념물이나 교회 탑과 같은 종교 건축물이었다. 고층 빌딩은 대중의 눈에 띄는 기념비적인 상징이어야 한다는 것이 당대 디자인 신념이었고, 그러한 이유로 초기의 많은 고층 건축물은 고대 사원을 연상케하는 장식적인 계단을 차용했다. 바우하우스 디자이너들은 이러한 사고방식을 깨뜨리고 기능을 기반으로 한 냉철한 철학적 사유를 표현해냈다. 지금까지도 도시 건축물의 다양한 모습을 통해 목격할 수 있는 두 사유 방식의 갈등과 대조적인 양식은 어떻게 바우하우스가 국제적인 디자인 움직임으로 승화될 수 있었는지를 깨닫게 한다. 두 사유 모두 풍부하고 매혹적인 디자인 역사의 단면을 대표하는 한편, 기술의 혁신을 디자인이 어떻게 표현할지에 대한 역사의 근본적인 질문과 반복적인 논의를 반영한다.

확장현실에서 UX의 의미

XR 분야가 급격한 기술혁신을 겪는 만큼 디자이너는 참신한 방법으로 해결책을 찾고 각색할 줄 알아야 한다. 패러다임의 전환을 야기하는 기술혁신 앞에서 인간-컴퓨터 상호작용을 색다르게 접근해 성공을 거둔 과거 사례를 살펴보자. 대표적인 사건으로 1964년 발명가 **더글러스 엥겔바트**^{Douglas Engelbart}의 컴퓨터 마우스

발명을 꼽을 수 있다. 당시 도전 과제를 지금 돌이켜보면 너무나 명백하다. '어떻게 하면 컴퓨터 화면과 빠르고, 효율적이고, 편안하게 상호작용할 수 있을까?' 시간이 흘러 2020년 문턱에 들어선 우리도 실은 유사한 질문을 증강현실 공간에서 던지고 있다. 몸짓과 손동작을 추적하는 방식이 정말로 AR 헤드셋에 적합한 최적의 해결책일까? 아니면 사용자에게 훨씬 더 나은 경험을 제공하고 촉각 피드백의 결여나 손의 피로감 문제를 해결하는 디자인을 아직 생각해내지 못한 걸까? 혁신 기업 **리소**[^Litho21]는 이 문제에 집중했고, 그 결과 다음과 같은 도발적인 제목과 함께 결과물을 공개했다. '컴퓨터에는 마우스가 있듯이, 증강현실에는 바로 이것이 있다.' 리소가 개발한 컨트롤러는 아담한 사이즈와 참신한 디자인을 통해 기존 컨트롤러나 손동작을 통한 입력이 가진 한계를 돌파하는 혁신적인 해결책을 제시했다. 우리는 앞으로도 리소처럼 XR 상호작용의 고충을 해결하고 사용자 경험의 최적화에 특화된 새로운 형태의 입력 장치의 출현을 계속해서 보게 될 것이다(그림 3-8).

그림 3-8 입력 방식의 진화(왼쪽에서 알파벳 W 순서대로). 마우스, 게임 컨트롤러, 동작 컨트롤러, 손 추적, 리소 컨트롤러

앞으로 기기의 디자인과 상호작용 방식에 대한 새로운 시도가 활발히 이뤄지게 되면, 결국 디자이너에게는 더 많은 기회뿐 아니라, 더 많은 책임과 더 많이 배우고 시험해보아야 할 임무가 늘어나게 될 것이다. 하드웨어의 UX 설계가 비록 기기 개발자의 임무라고 해도 애플리케이션과 디지털 상품이 플랫폼 위에서 구동되는 만큼, 디자이너는 하드웨어에 도입된 기술을 이해하고 활용할 줄 알아야 한다. 뿐만 아니라 사용자가 애플리케이션의 기능을 잘 활용할 수 있도록 기기를 바르게 사용하는 방법도 안내해야 한다. 사용자 관점에서는 하드웨어의 사용자 경험과 소프트웨어의 사용자 경험을 구분하기 힘든 경우가 많다. 대부분의 경우 이 둘이 분리되지 않는 하나의 독립체로 인식되기 때문이다. 따라서 플랫폼 기술과 기기의 종류에 대한 깊은 이해는 XR 애플리케이션을 개발하는 디자이너의 디자인 절차에 도움이 될 뿐만 아니라, 사용자 관점을 충실히 반영하는 훌륭한 사용자 경험을 제공하기 위한 초석이 된다.

3.6 마치며

이번 장에서는 디지털 경제에서 UX 디자이너의 역할과 게임 산업의 최근 변화가 게임 디자인뿐 아니라 UX 디자인의 궁극적인 의미에까지 어떤 방식으로 영향을 미쳤는지를 살펴봤다. 아울러 떠오르는 VR 표준도 포괄적으로 배웠다. XR 프레임워크가 UX 디자인 결정에 점진적으로 영향력을 키워가고 있는 방식을 알아보았고, 이와 함께 전형적인 XR 프로젝트의 분류 방식도 소개했다. 또한 기능과 디자인의 조화에 관련된 디자인 철학의 근본적인 질문이 어떻게 하드웨어 사용자 경험과 연결되는지, 또 그것이 XR 애플리케이션과 UX 절차에 어떻게 영향을 미치는지 고민해봤다.

UX와 경험 디자인
: 화면에서 공간으로

4.1 여는 글

이번 장에서는 확장현실의 공간감을 규정하는 사용자 경험의 기본 원리를 알아본다. 먼저 3차원 공간 디자인의 발전과 특징, 구성을 분석하며 3차원 공간에서 발생할 수 있는 UX 문제를 파악해본다. 디지털 XR 상품 개발 환경에 UX 디자인 기법을 효과적으로 적용하는 방법에 집중하며 3차원 객체의 특성을 살리고, 장기적인 관점의 성공을 보장하는 전략을 살펴본다.

증강현실과 가상현실은 공간 기반이기 때문에 상호작용을 구성하는 데 있어 3차원 공간 처리 방식과 3차원 콘텐츠가 핵심 재료다. 가상현실은 입체적인 깊이감을 통해 경험된다. AR 안경은 사용자의 깊이 인지능력을 활용해 환경을 디지털 오버레이로 표현한다. 스마트폰과 태블릿의 평면 스크린으로 구현되는 핸드헬드형 AR 애플리케이션조차도 3차원적 처리 방식과 공간상의 움직임을 통해 3차원 세상과 상호작용한다. 그러나 모든 물체가 X축, Y축, Z축으로 측정 가능한 3차원 공간인 현실 세상과 달리, **평판 디스플레이**^{flat-panel display}(FPD)가 장착된 모니터나 태블릿은 3차원 세상을 단순하고 납작한 콘텐츠로 변환한다. 이에 반해 입체적이고 몰입감 높은 확장현실 공간에서는 여러 정보 레이어를 담을 수 있다는 점을 적극 활용해 사용자에게 새로운 종류의 초능력을 제공한다.

4.2 확장현실 경험의 고충을 해결하는 창의적인 방법

XR 기술의 발달은 사용자의 상호작용 대상을 평면 스크린으로부터 몰입형 3차원 공간으로 옮겼다. 이러한 과도기의 관건은 모바일 시대 디지털 상품이 제공하는 빼어난 사용자 상호작용의 품질과 사용자층을 유지하는 것이다.

역사적으로 기술은 진화를 거칠 때마다 인간에게 일종의 초능력을 제공해왔다. 자동차의 '말처럼 빠른 능력'이나 전화기의 '멀리 있는 사람과 대화하는 능력'과 같은 매력적인 약속에 이끌려 인간은 마치 뇌의 일부분을 업그레이드하듯 새로운 기술을 습득했다. 그래서 새로운 기술이 사회에 받아들여지고 적용되기까지 시간이 걸리기 마련이었다. 진화의 과정 속에서 인간은 새로운 기회에 빠르게 적응하는 것이 생존에 유리한 길임을 깨달았다. 특히 그 기회가 일 처리를 더욱 쉽고 빠르게 만드는 지름길을 제공하면서도 여전히 세상 본질에 대한 인간의 뿌리 깊은 추측에 부합하고 있다면 말이다.

UX 디자인 절차는 모바일과 웹 플랫폼의 진화를 통해 경제 생태계에 성공적으로 자리 잡았다. 디자인계는 적당한 속도로 혁신을 거듭하면서 매년 새로운 디자인 트렌드를 제공하고, 신선한 영감을 통해 디자인의 흐름과 개선 방향에 영향을 주고 있다. 모바일과 웹은 오랜 발달 과정을 통해 자연스럽게 세련되고 정제된 표준을 갖추게 되었다. 그리하여 오늘날 모바일과 웹 분야는 사용자, 디자이너, 의사결정자 모두가 어떤 디자인이나 기능이 오래 사용될 제품을 만들어내는지, 상호작용 디자인 방식에 대한 사용자의 기대는 무엇인지 이해하고 표현하는 공평한 경쟁의 장이 되었다. 모바일이나 웹 화면과 상호작용하는 모든 종류의 손동작은 신중하게 설계되고 측정되며, **음성 사용자 인터페이스**voice user interface(VUI)와 같은 비교적 새로운 상호작용 방식은 기존의 UX 디자인 원칙을 따르면서도 연구 활동을 통해 사용자에 대한 이해를 축적하면서 발전하는 중이다.

차분하게 성장해온 모바일과 웹 개발 환경과는 달리 실험적 시도로 가득한 XR 개발 환경은 마치 미국 개척 시대의 황량하고 거친 서부를 연상케 한다. 3차원 공간이 확장현실의 배경을 이루는 만큼, 개념만으로도 여러 위험적 요소가 수반된다는 사실이 XR 분야의 난도를 높이기도 한다. 두 가지 축 대신 세 가지 축으로 공간이 표현되면서 복잡성이 높아지고, 사용자가 디자인과 상호작용할 수 있는 경우의 수가 많아지기 때문이다.

디지털 3차원 공간에서 사용자 경험의 성패를 결정하는 중요 요인을 파악하려면 근본적인 접근 방식이 필요하다. 즉, 상호작용 디자인과 UX, UI 디자인 발달 과정을 추적해 디지털 3차원 공간상의 문제를 해결하는 데 유용한 교훈과 깨달음을 도출해야 한다. 또 하나의 접근 방식으로는 과연 3차원 공간의 경험 자체가 인간의 어떤 문제를 해결하는 데 도움이 될지 근본적으로 생각해보는 것이다. 우리는 몰입형 디지털 공간을 통해 사용자에게 어떠한 3차원 초능력을 제공할 수 있을까?

3차원 공간을 위한 사용자 인터페이스의 진화

지난 20여년간 UX/UI 디자이너가 3차원 상호작용을 다룰 일은 매우 드물었다 (물론 게임 UI 디자인은 유일한 예외다. 게임 개발은 별개의 분야로 보아야 한다). 사실 오늘날 사용자 인터페이스 표준의 기반을 마련한 가장 큰 UX/UI 디자인 혁신은 3차원 시각화의 정반대에 서 있는 **평면 디자인**flat design이다.

평면 디자인의 미니멀한 표현법은 사용자 상호작용을 쉽고, 명확하고, 집중하기 좋게 만들었다. 평면 디자인은 제품의 성능에 지장을 주지 않는 데다 반응형 디자인에 적용시키기도 좋다. 게다가 화소 단위로 뜯어보아도 선명할 만큼 완성도가 높고, 평면 색채 팔레트는 시각적인 조화를 설계하기에도 편리하다. 평면 디자인을 적용한 결과, 웹과 모바일 애플리케이션의 사용성은 증대되었고, 고유의 예술 운동으로 자리 잡을 만큼 양식도 많은 발전을 이루었다.

오늘날 디자인 관점에서 평면 디자인 이전 세대의 인터페이스는 완전한 옛것처럼 느껴진다. 모서리를 깎아낸 버튼 디자인이라든지 실제 사물의 느낌을 살리기 위해 3차원 효과를 적용한 디자인 양식인 **스큐어모피즘**skeuomorphism은 오히려 혼란만 가중시키곤 했다. 평면 디자인의 등장 덕분에 당대 인터페이스 디자인에서 나타난 어수선한 부분을 정리하고 모바일 시대를 위한 새로운 사용성 표준을 수립할 수 있었다.

디자인 트렌드 흐름은 3차원 효과를 통해 디자인 언어의 친숙함을 강조하고자 했던 애플의 스큐어모피즘으로부터 친숙함보다는 효율성을 강조한 마이크로소프트의 **플루언트 디자인**Fluent Design과 구글의 **머티리얼 디자인**Material Design으로 넘어오게 되었다.

그러나 3차원 효과는 얼마 지나지 않아 다시 디자인의 무대로 돌아와 훨씬 은은하고 교묘한 방식으로 평면 디자인 시스템에 조심스럽게 도입되었다. 특히 현대 인터페이스 디자인에서 사용자가 정보의 구조를 원활하게 탐색할 수 있도록 정보 간의 레이어를 강조할 때, 부드러운 그림자 효과나 촘촘히 쌓아올려진 패널에 적용되는 **앰비언트 오클루전**ambient occlusion1과 같은 음영 기법을 이용해 3차원 시각 효과를 그려낸다. 3차원 효과의 귀환은 이전과 달리 UX 디자인 절차를 통해서 검토되었다. 3차원 효과가 특별한 이유 없이 더해지는 시각적인 속임수가 아니라, 사용성을 증진하고 사용자에게 혜택을 제공하는지 판단하게 된 것이다. 그림자와 조명으로 깊이감을 표현하는 방법은 디자인의 기능을 선택하는 어려움이라든지 UI 탐색 요소가 명확히 구분되지 않았던 평면 디자인의 한계를 개선하는 방법이기도 했다. 평면 디자인의 본래 원칙을 고수하기보다 데이터에 기반해 변화를 수용한 디자인계의 선택은 스큐어모피즘의 르네상스 시대로 부를 수 있을 만큼 **뉴모피즘**neumorphism2이라든지 **글래스모피즘**glassmorphism3과 같은 후속 디자인 양식을 탄생시키며 디자인에 새로운 물결을 일으켰다.

시각적 인터페이스 디자인 분야에서 3차원 기법은 고도로 특화된 분야이므로, 우리가 집중할 UX 디자인 절차의 거시적 맥락에서 다루는 3차원 상호작용 설계와는 매우 다른 주제다. 하지만 시각적 인터페이스 디자인 분야의 3차원 레이아웃에서 요소를 공간감 있게 표현하고, 상호작용 방식을 설계하기 위해 시도했던 디자인 접근법과 사례를 통해 디자인 진화 양상을 살펴볼 수 있다는 측면에서 흥미로운 교훈을 준다.

교훈을 한마디로 요약하자면, 사용자에게 가장 중요한 혜택을 제공하는 최소한의 기능과 디자인 요소에 집중하는 **최소 기능 제품 접근법**을 XD 디자인에도 적용하자는 것이다. 일반적인 최소 기능 제품 방법론은 보편적이기 때문에 시각 디자인뿐 아니라 상호작용 디자인에도 충분히 적용 가능하다(그림 4-1).

---

1 **옮긴이_** 한 장면의 각 점이 광원(ambient lighting)에 얼마나 노출되어 있는지를 계산하기 위해 사용되는 셰이딩 및 렌더링 기법이다. 직사광이 아닌 환경광까지 계산해 더욱 사실적으로 그림자를 표현한다.

2 **옮긴이_** 뉴모피즘은 일반적으로 단색을 사용하며 낮은 명암 대조와 은은한 그림자 효과를 적용해 인터페이스 구성 요소가 배경의 뒤편이나 배경 속에 박힌 것처럼 표현된다. 빛과 그림자가 디자인 요소를 드러내므로 전반적으로 미니멀하고 부드러운 인상을 준다.

3 **옮긴이_** 글래스모피즘은 반투명 배경 위에 그림자와 경계를 은은하게 처리해 콘텐츠가 마치 유리에 얹어진 것과 같은 효과를 만든다.

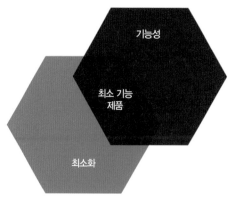

그림 4-1 최소 기능 제품. 최소화에 초점을 맞춘 제품은 기능이 적어지므로 매력도가 떨어진다. 기능성에 초점을 맞춘 제품은 가능한 기능을 모두 갖추고 있지만 비용이 너무 높다. 최소 기능 제품은 이 두 극단 사이의 교차점으로 주어진 시장에서 제품의 유효함을 검증해보고 싶은 스타트업에 유용한 방법이다.

무엇이 가장 중요한지를 파악하기 위해서는 '어떤 최소한의 기능 모음과 디자인 해결책이 우리가 집중하는 사용자 문제를 해결할 수 있을까?', '핵심 기능을 최소화하는 동시에 제품의 가치와 전략을 검증할 수 있어야 할 텐데 어느 정도까지 기능을 최소화할 수 있을까?'와 같은 질문을 던지고 답을 찾는 과정이 필요하다. 이러한 접근법을 주로 **린 UX 고리**^{Lean UX Loop}라 부른다. 관찰, 설계, 검증, 측정의 단계를 반복적으로 수행하는 절차다.

경로 마찰을 겪는 사용자 이해하기

전설적인 개발자 **존 카맥**은 오큘러스에서 과거 최고 기술 책임자(CTO)였고 현재는 기술 자문을 맡고 있다. 그는 종종 가상현실의 **경로 마찰**^{friction funnel}의 문제점에 대해 이야기한다. 경로 마찰이란 한 사람이 이상적인 수준의 몰입감 있는 경험에 이르기 위해 거치는 경로에서 사용자가 들여야 하는 노력과 시간의 양을 의미한다. 경로 마찰의 많은 요인이 사용자가 이용하는 하드웨어 기기에 기인되다 보니 애플리케이션을 개발하는 UX 디자이너는 차세대 헤드셋이 더 가볍고, 빠르고, 착용감이 좋기를 바라는 것 외에는 할 수 있는 게 많지 않다.

그러나 UX 디자이너는 디지털 애플리케이션의 경험만큼은 통제할 수 있다. 특히나 사용자가 첫인상을 형성하는 대단히 중대한 시기, 즉 경험 시작 후 30초에서 60초 사이에 해당하는 온보딩 경험에 대해서 말이다. 즐겁고 유용한 방식으로 사용자를 자극하고 안내하는 **온보딩** 경험은 사용자가 긍정적인 첫인상을 갖고 확장현실의 여정을 시작할 수 있도록 돕는다.

확장현실의 첫인상은 확장현실 자체가 주는 몰입감 때문에 훨씬 더 강렬하므로 긍정적인 사용자 경험을 형성하는 데 있어 더욱 중요하다. 로딩 화면이 너무 오래 지연된다거나, 첫 이미지가 깜빡거리거나 왜곡 현상을 겪는다던가, 첫 도착지에서 안내의 결여로 사용자가 방향감각을 상실하는 상황은 그 어떤 매체에서보다도 타격이 크다. 가상현실이 종종 어두운 빈 공간에서 시작한다는 것조차도 XR 경험에 익숙지 않은 사용자에게는 꽤나 혼란스럽다. 그 어떤 자극도 주어지지 않은 채 어두운 공간에서 기다리는 사용자에게는 그 시간이 영겁처럼 느껴지기도 한다. 이만큼 극단적이지는 않지만, AR 애플리케이션의 최초 구동을 위한 로딩 시간도 마찬가지다. 사용자는 매우 자주 그들이 무언가 놓친 것은 아닌지, 또는 잘못된 방향을 바라보고 있지는 않은지 걱정하고, 자신들이 이해하지 못할 무언가가 있을까 봐 긴장하기도 한다. 사용자는 '이 경험이 지루하고, 따분하고, 문제도 많고 성가시면 어쩌지?'라고 우려할 수도 있지만 이를 지속적으로 과소평가하는 경향을 보이는 개발자도 많다. 사용자를 공감하는 능력. 이것이야말로 개발자에게 UX 디자이너가 필요한 이유다.

사용자 공감 능력은 모든 성공적인 디지털 상품 디자인의 주춧돌이다. 사용자에 대한 높은 이해도와 **공감 지도**empathy map와 같은 기법을 이용하는 능력은 문제 해결 절차의 필수 단계다(그림 4-2).

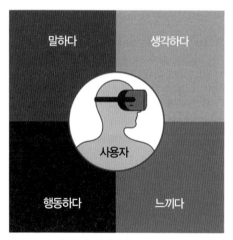

그림 4-2 공감 지도는 사용자의 제품 사용 경험을 표현하는 기법이다. 확장현실에서 어떻게 공감 지도가 감각 입력 설계에 활용되는지는 6장에서 자세히 살펴본다.

공감 지도는 사용자 연구, 인터뷰, 설문 조사를 기반으로 제작되며, 특정 사용자 유형이나 사용자 집단의 니즈를 분명하게 밝히는 데 사용된다. 공감 지도는 UX 디자인 절차 초기 단계에서 페르소나를 도출하기 위한 기초 자료로도 사용된다. 연구자는 사분면을 이루는 '말하다, 생각하다, 행동하다, 느끼다'를 기준으로 사용자의 행동과 태도를 포착한다. '말하다' 영역에는 연구 활동 중 사용자가 한 말을 그대로 인용할 수 있고, '생각하다' 영역에는 사용자가 중요하게 여기는 사항을 적는다. '행동하다' 영역에는 사용자가 목표를 달성하기 위해 하는 일련의 행동을 적고, '느끼다' 영역에는 사용자가 경험 중에 겪는 걱정이나 흥분, 혹은 전반적인 감정적 태도를 묘사한다. 이렇게 완성된 지도는 디자인 절차의 첫 번째 단계에서 사용자 중심의 해결책을 탐색하는 방향을 정할 수 있도록 돕는다. 사용자의 행동을 이해하고, 고충을 파악하고, 편견을 미리 제거하며, 결과물을 동료와 효율적으로 공유하기 위한 UX의 다양한 도구 중 하나다.

실감형 미디어를 위한 온보딩 설계를 위해서 공감 지도와 더불어 다음과 같은 전술도 참고하면 유용하다.

- **첫째**: 단계별로 실행하고, 새로운 것을 조금씩 소개해나간다.

- **둘째**: 사람들을 편안하게 만드는 친숙한 무언가를 보여준다.
- **셋째**: 사용자가 접속할 세상의 일부, 이를테면 미적 양식, 규모, 디자인 콘셉트, 분위기, 비전을 살짝 선 공개한다.
- **넷째**: 사용자의 긍정적인 태도를 형성하기 위해, 즐겁고 흥미로운 것을 맨 처음에 실행한다.

종종 확장현실 경험에서는 좋은 첫인상을 형성하기 위한 전술로 키 재기나 컨트롤러 설정과 같은 최초 설정 작업을 일종의 게임화된 콘텐츠로 제시한다. 이 작업을 통해 사용자가 모든 것이 옳은 방향으로 흘러가고 있다는 확신을 가지게 되면, 긍정적인 태도와 경험에 기꺼이 몰입할 의지를 갖기 때문이다.

잘 설계된 가상현실 경험은 빠른 로딩을 중시한다. 매력적인 로딩 화면에 브랜드를 알리는 독특한 음향효과를 삽입한 후, 상호작용 가능한 객체가 삽입된 매력적인 로비 공간으로 안내해 사용자가 자연스럽게 탐험을 시작하도록 유도한다. 로딩 속도와 경험의 풍부함의 균형을 잘 맞춘 AR 애플리케이션은 일찍부터 매력적인 시각 요소를 소개하고, 공간 음향 디자인을 충분히 활용하며, 방향을 안내하는 힌트를 일찍 제공해 증강현실에 입장하는 사용자 경험을 최대한 자연스럽고 부드럽게 만든다.

현실과 같은 3차원 확장현실 세상

이번 장 초반에서 언급했던 것처럼, XR 디자인 요소는 3차원 공간 안에 존재한다. 심지어 평면 사각형조차도 확장현실에서는 공간 개념을 지닌 객체가 된다. 사용자가 객체와 위치하는 거리와 시야각에 따라서 도형의 위치가 상대적으로 변하기 때문이다. 예컨대 Z축을 기준으로 공간적인 **오프셋**[4]이 설정된 포토샵 레이어가 있다면 이는 일부 XR 프로토타입 제작 도구에서 AR 객체로 활용될 수 있다. 평면적으로 제작된 디자인 결과물에 3차원을 추가시켜 3차원 객체로 만드는 것이

---

4 옮긴이_ 오프셋은 구하고자 하는 점에서 기준이 되는 선에 내린 수직선의 길이, 혹은 기준이 되는 측선 주위에 있는 지점에서 그 측선에 이르는 수직거리를 의미한다.

다. 이쯤 되면 디자이너는 다음과 같은 의문을 갖게 된다.

- 시야각에 따른 원근 왜곡을 어떻게 방지할 수 있을까?

- 사용자에게 가장 최적의 시야 거리는 어느 정도일까? 어떻게 하면 이 최적 거리를 보장하고 유지할 수 있을까?

- 디자인 결과물이 환경과 어떻게 상호작용하게 될까? 빛과 색을 반사시킬까? 그림자는 어디에 생길까? 환경의 일부로 처리할 것인가? 환경의 표면 위에 위치하고 있는가 아니면 공중에 떠 있는 상태인가?

외적 요소에 대한 질문뿐만 아니라 객체 상호작용 차원에서도 의문을 가질 수 있다.

- 객체가 근사치 입력에 반응하는가? 객체는 어떻게 활성화되는가? 활성화될 때 어떤 시각적인 피드백을 제공할까? 회전시키거나, 환하게 밝히거나, 크기를 키우거나, 테두리에 광이 나게 할 수도 있을 텐데 어떤 방법이 제일 적절할까?

예로 소개한 질문 중 일부는 게임 디자인의 전통적인 해결책으로 해결할 수 있다. 시야각에 따른 원근 왜곡을 방지하려면 고전적인 게임 광고판을 활용해 객체가 카메라나 사용자의 시선을 언제나 직면하는 위치에 있도록 강제하면 된다. 이와 비슷하게 사용자의 움직임을 따르는 둥둥 떠 있는 메뉴는 최적의 시야각과 시야 거리를 확보하고 안정화하는 방법이다. 이전 장에서 언급했던 것처럼, VR을 위한 사용자 인터페이스 해결을 위해 사용되었던 수많은 실험의 결과가 AR에도 적용될 수 있다. 앞서 살펴본 혼합현실 툴킷과 같이 AR을 위해 정립된 상호작용 프레임워크는 손동작 상호작용을 우선으로 다룬다는 면에서 VR에서도 활용할 수 있다.

3차원 탐색에 초능력 부여하기

몰입형이자 입체형인 사용자 경험에서는 360도로 정보를 구성할 수 있고, 세 번째 차원인 깊이감이 추가되어 상호작용이 더욱 풍부하다. 콘텐츠에 더욱 빠르게 접속하고, 콘텐츠의 맥락을 파악하는 것이 더욱 쉬워지며, 콘텐츠를 더욱 여유 있게 조직할 수 있다. UX/UI 디자인 발달 과정에서 사용자 인터페이스를 통해 정보 구조를 조직하는 것은 꾸준한 도전 과제였다. 웹사이트에서 종종 발견되는 복잡한 사용자 메뉴나 광대한 하위 메뉴 구조가 이 문제의 단면을 보여주는 전형적인 예다.

3차원 공간의 입체감은 깊이 지각이라는 새로운 차원의 경험을 제공할 뿐 아니라, 깊이 지각과 몰입형 공간만의 특별한 능력을 통해서 복잡한 정보를 조직하고 표현하는 새로운 기회도 열어준다. 확장현실에서 사용자는 사실상 객체의 뒤쪽까지 뻗을 수 있고, 물체를 앞에서 뒤로 움직이거나, 정보를 포함한 상자를 회전해 위치시키는 행동을 할 수 있다. 2차원 화면에서는 혼란을 초래하기 때문에 쉽게 시도하지 못했던 것들이다. 여기서 다시 언급하건대 혼합현실 툴킷 프레임워크는 이러한 작업을 직감적이고 우아하게 구현한 좋은 참고 자료다.

3차원의 상호작용 공간은 사용자에게 무수한 혜택을 제공하는 만큼 조심해야 할 부분도 많다. 상호작용을 가장 효율적으로 설계하기 위해서는 인간의 두뇌가 이미 인지하고 이해하는 양식을 따르는 게 좋다. 손동작이나 컨트롤러를 이용해 디지털 요소를 누르고, 열고, 전환하고, 뒤집고, 말아 올리고, 뒤집는 상호작용 방식은 확장현실에서 효과적이다. 실제 세상에서 이미 하고 있는 동작들이라서 사용자가 쉽게 시도할 수 있고 동작에 따른 결과를 예측할 수 있기 때문이다. 게다가 증강현실이나 가상현실이 실제 세계와 잘 들어맞을 때 사용자는 추가적인 만족감을 느낀다. 상호작용의 원칙이 확장현실에서도 보편적으로 적용되며, 그들의 지식과 경험이 가상과 현실 어느 공간에서든지 유효하게 적용된다면 사용자는 큰 위로와 편안함을 느낄 것이다.

친숙한 요소와 더불어 사용자의 능력을 향상시키고 과장시켜 확장현실의 초능력으로 제공하는 것 또한 사용자에게 자신감을 부여하는 방법이다. 중력 당기기 기능을 이용해 먼 거리에 놓인 객체를 끌어당기는 능력, 순간이동을 통해 빠르게 움직이는 능력 등 사용자 집단이 여러 번 상상해봄직한 초능력이나 빠르게 결과에 도달할 수 있는 지름길 같은 기능을 사용자의 상호작용 방식으로 제공하는 것이다. 확장현실 속 초능력은 주요 사용자 혜택으로 존재할 만한 특별한 이유가 있어야 한다. 또한 사용자가 초능력을 미처 발견하지 못할 수도 있으므로 적절한 소통을 통해 초능력의 발견을 돕고 기능을 설명해야 한다. 온보딩 절차는 사용자에게 기본 개념을 소개하고 초능력을 살짝 맛볼 수 있는 좋은 기회다. 성공적인 XR 애플리케이션들은 주요 기능을 경험 초반부터 적절한 속도와 타이밍에 소개해 사용자의 잠재적인 경로 마찰을 최소화한다는 공통점을 갖는다.

4.3 확장현실의 공간적 경험 설계를 위한 기초 원리

실제 경험과 디지털 경험 간의 경계가 점차 흐릿해지는 시대에 접어들고 있다. 따라서 디자이너로서 디지털 세상의 규칙을 이해하는 것만큼이나 실제 세계에서 공간 디자인의 역할을 이해하는 것이 중요하다. 공간의 감각적 특질과 분위기를 파악하고, 공간 디자인의 언어를 확장현실에 어떻게 해석할지 고민해보는 것은 좋은 출발점이다. 건축가, 실내 디자이너, 무대 디자이너가 공간적 여정을 설계하고 양(陽)적인 공간과 음(陰)적인 공간, 동적 공간과 정적 공간을 배치하는 방법을 참고하는 것도 도움이 된다. 공간적 기억, 가시성, 깊이감, 공유 공간의 심리학은 공간 디자인 절차에서 중요하게 고려된다. 디자인 문화사에서 볼 수 있는 공간의 다양한 역할은 UI 요소와 같은 미시적 차원의 공간과 경험 영역뿐 아니라 확장현실 세계 전체와 스토리텔링 같은 거시적 공간에서도 발견된다. 상호작용 디자인, 디지털 객체 디자인뿐만 아니라 세계관의 건축과 공간 디자인 또한 실감 나고 가치를 창출하는 디지털 장소를 이루는 핵심 재료다.

XR 애플리케이션을 위한 UX 디자인 절차

UX 원칙은 객체의 디지털 상호작용 설계부터 찻잔과 같은 흔하고 일상적인 물체의 디자인에 이르기까지 널리 적용될 수 있을 정도로 보편적이다. UX 디자인 절차도 마찬가지라서 제품 정의, 연구, 분석, 설계, 검증이라는 다섯 가지 핵심 단계가 모든 디자인 대상에 공통적으로 적용된다(그림 4-3).

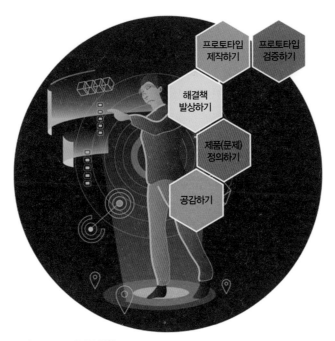

그림 4-3 UX 디자인 절차

웹과 모바일 분야와 확장현실 분야의 UX 디자인 절차 차이점은 미시적으로 들여다보아야 발견할 수 있다. 바로 **반복 수정 작업**의 효율성이다. 모바일 분야에서 UX 디자인 수정 작업은 고도의 효율성을 이끌어냈고, UX 디자인 절차가 모든 디자인 영역에서 사용됨에도 불구하고 특히 모바일 분야에서 주목을 받으며 모바일 시대의 거대한 성공을 이끌었다. 낮은 충실도의 프로토타입에서 높은 충실도의 프로토타입으로 이어지는 과정이 효율적이었고, 개발자에게 프로토타입을 전달하는 단계에서 준수 사항이 잘 정리된 덕분에 역동적인 에너지를 부여하며 민첩하게 제품 디자인의 혁명을 이뤄낼 수 있었다. 이 더할 나위 없는 성공 공식을 확장현실을 위한 애플리케이션 개발 절차에도 적용하려면 먼저 XR 프로토타입 제작 과정에서 어떤 고충이 발생하는지 살펴보아야 한다. 앞서 말했듯 확장현실 개발 영역은 플랫폼이 고도로 복잡하고, 다수의 상호작용 방식에도 불구하고 정작 표준이 결여되어 있어 애로 사항이 많다. 따라서 개발 절차상 디자인 콘셉트를 검증하고, 검증 결과를 반영한 완성도를 갖춘 프로토타입을 제작하려면 모바일과 웹 개발 분야보다 훨씬 큰 비용과 노력이 필요하다. 또한 디자이너가 더 높은 기술적 역량을 갖춰야 하거나 코딩 부서의 지원도 받아야 한다. 구축하고, 검증하고, 반복 수정하는 절차가 웹과 모바일 애플리케이션 개발에서 매우 단순할 수 있었던 이유도 상호작용 방식이 클릭, 터치, 쓸어넘기기 정도에 불과했기 때문이다. 스케치, 피그마, 어도비 XD와 같이 웹과 모바일 앱 개발에 특화된 UX 디자인 도구들도 가장 중요한 기능과 상호작용 방식, 전환 방식에 집중하며, 디자이너가 빠르게 특정 상호작용을 프로토타입에 입력해 완성도 높은 프로토타입을 제작할 수 있도록 지원한다. 강력한 도구 덕분에 높은 충실도의 프로토타입을 생산하고 빠르게 검증한 뒤, 보완하는 디자인 절차를 효율적으로 진행할 수 있었으며, 이는 디지털 산업의 급속한 발전을 이룬 UX 디자인의 강력한 무기가 되었다.

비슷한 수준의 효율성을 확장현실의 디자인에서도 달성하려면, 가장 먼저 잠재적으로 어떤 구간에서 병목 현상이 일어날 가능성이 있는지 파악해야 한다.

확장현실을 위한 더블 다이아몬드 모델

더블 다이아몬드double diamond 모델은 너무나도 잘 알려져 있으며 UX 디자인 표준의 가장 중요한 핵심이다. 이 모델은 디자인 절차를 나란히 놓인 두 개의 다이아몬드 모양에 비유함으로써 연구와 설계라는 두 가지 활동 단계를 드러내고, UX 디자인 특유의 **확산적 사고**divergent thinking와 **수렴적 사고**convergent thinking의 흐름을 시각화한다(그림 4-4). 왼쪽 다이아몬드는 문제를 발견하는 과정이다. 확산적 사고 활동을 통해 문제를 발견하고, 수렴적 사고 활동을 통해 핵심 문제를 도출한다. 오른쪽 다이아몬드는 해결책을 찾는 과정이다. 생각의 가지치기를 통해 해결책을 발상하고(확산적 사고), 도출한 해결책을 요약하고 정리한 뒤에 검증하고 적용한다(수렴적 사고).

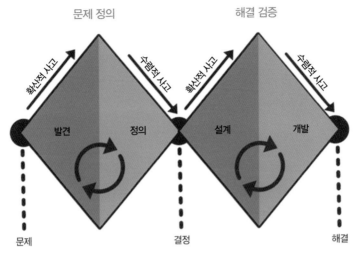

그림 4-4 UX 디자인 절차를 위한 더블 다이아몬드 모델

XR 애플리케이션 개발 절차에서 가장 중요한 지점은 두 다이아몬드의 사이 지점, 즉 문제를 정의 내린 직후이자 해결 탐색 과정에 돌입하기 직전이다. 이 중간 지점에서 관행에 따라 연구 결과에 대한 최종 보고가 이루어지며 앞으로 해결책에 필요한 구상과 검증 활동의 방향성이 잡힌다. 확장현실 개발 분야에서는 이 지점은 **확장현실 개발 환경의 조건**, 다시 말해 조건과 특성, 그리고 플랫폼의 제약 사항을 포착하는 기회다. 만약 이 지점에서부터 확장현실 특유의 기술적 한계와 상태를 효율성의 측면에서 고려하지 않는다면 추후 진행 과정에서 대형 문제에 직면할 가능성이 크다. 발상한 해결책이 구현하기 불가능한 것으로 드러나거나, 제작에 너무 많은 시간과 비용이 소요되거나, 프로토타입조차 제작하기 어렵게 될 수도 있다. 지금부터 소개할 **객체지향 UX**Object-Oriented UX(OOUX)[5]는 이 중간 지점을 수월하게 진행하도록 돕는 접근 방식 중 가장 탁월하다.

---

5 https://www.ooux.com

객체지향 UX: 확장현실을 위한 UX 디자인의 혁신

객체지향 UX는 무슨 뜻일까? 공간 컴퓨팅을 이용한 증강현실이나 가상현실을 위한 디지털 애플리케이션을 개발하기 위해서는 3차원 공간에 대한 개념화 작업이 필요하다. 모든 XR 객체는 심지어 간단한 2차원 오버레이조차도 3차원에 존재하며 공간과의 관계를 통해 경험된다.

일반적으로 디자인 전략을 세울 때는 **작업**task 지향적으로 문제를 접근하거나 혹은 객체지향적으로 접근한다. 전통적인 방식은 작업 지향적이며 스토리텔링과 이용 사례를 통해 문제 해결 방안을 구상하는 반면, 공간 컴퓨팅에서는 객체지향적인 디자인 전략이 더 합리적이다. 디지털 3차원 객체들로 구성된 확장현실 세계의 공간성을 반영하는 데 유리하기 때문이다. 객체지향 UX는 객체, 즉 사용자가 상호작용하는 대상에 초점을 맞춘 디자인 철학이다. 객체지향 UX 개념은 **객체지향 프로그래밍**object-oriented programming(OOP)에 영향을 받았다. 객체지향 프로그래밍은 기능과 로직보다는 데이터 객체에 중점을 둔 소프트웨어 디자인 패러다임이다.

객체지향 UX를 창안하고 널리 전파 중인 디자이너 **소피아 V. 프라터**Sophia V. Prater는 확장현실을 주제로 한 담화에서 객체지향 UX를 다음과 같이 설명했다.

> 스크린, 음성 UI, 그리고 가상현실과 같은 매체를 이용해 디지털 환경을 설계할 때 디자이너들은 어떤 객체가 그 환경에 존재할 것인지에 대해 상세하고 분명하게 알고 있어야 합니다. 어떤 객체가 최종 사용자에게 가치를 전달할까요? 사용자는 이 객체로 무엇을 할 수 있을까요? 이 객체는 어떤 특성을 가질까요? 만약 이러한 근본적인 질문에 대한 답변을 확실히 내리지 못한 상태에서 디자인 결과물을 내놓는다면, 우리는 사용자의 질문에도 쉽게 답변할 수 없을 것입니다. 만약 사용자가 환경 속의 객체를 쉽게 이해하지 못한다면, 그들이 환경 자체를 이해할 가능성도 낮아집니다.

객체지향 접근 방식이 적용된 UX 디자인 절차에서는 먼저 객체를 분류한 뒤 각 객체에 동작을 부여한다. 이 접근법은 확장현실 환경에서 객체를 발견한 뒤 어떻게 상호작용할지 결정하는 사용자의 사고방식과 일치하기 때문에 사용자 친화적이다. 사용자 여정이나 객체의 설정, 동작에 대한 요청과 같은 디자인 결과물은 사실 사람들의 실제 삶을 그대로 반영한다. 사무실을 방문하는 방문자의 사용자 여정을 상상해보면 빌딩에 들어가자마자 방문자는 로비를 둘러보고, 사무실이 위치한 층에 다다를 수 있게 도와주는 객체인 승강기를 발견하고, 승강기의 버튼을 조작하고 층수를 확인하는 등의 상호작용을 한다.

객체지향 UX는 모든 종류의 플랫폼에서 발생하는 UX 디자인 문제를 해결하는 보편적 방법론이지만, 다음과 같은 이유로 확장현실 세계 속 디자인 문제를 다루기에 특히 적합하다.

1. 객체지향 UX는 확장현실 공간을 더욱 효율적으로 다룬다. 공간 컴퓨팅이 근본적으로 객체지향적이므로, 객체지향의 **심성 모델**mental model이 실제 XR 객체와 일치하는 경우가 잦다.

2. 객체지향 UX는 절차적 실행을 고려하기 전에 객체를 핵심 콘텐츠로 표현한다. 객체지향 UX는 반응형이기 때문에 플랫폼과 무관하게 활용할 수 있고, 이러한 유연한 철학은 2차원 화면 위 웹과 모바일 공간에 구속되었던 UX/UI 절차와 페이지 기반의 패러다임으로부터 벗어날 수 있게 한다.

3. XR 프로토타입 제작은 종종 객체지향 프로그래밍 기반이다(언리얼 엔진 4의 블루프린트가 그 예다). 객체지향 사고방식을 통해 일관성을 유지하면 개발이 훨씬 용이하다.

필자의 전작 『Unreal for Mobile and Standalone VR(모바일과 독립형 VR을 위한 언리얼 엔진)』(Apress, 2019)에서 코딩을 전문으로 하지 않는 실무자가 가상현실 세계를 설계할 때, 객체지향 프로그래밍 기반의 비주얼 스크립팅 이용과 객체지향 사고방식의 중요성을 강조한 바 있다. 언리얼 엔진과 블루프린트를 이용해 효과적으로 VR을 개발하고 싶다면 '객체지향 사고방식: 생각을 블루프린트로 실현하는 방법'[6]에서 기능을 객체에 압축하는 것의 장점과 객체지향 사고의 근

---

6 옮긴이_ 저자의 전작 『Unreal for Mobile and Standalone VR(모바일과 독립형 VR을 위한 언리얼 엔진)』(Apress, 2019)의 3장(66~69페이지)에서 관련 내용을 확인할 수 있다.

본적인 방식인 **객체 상속성**object inheritance7의 중요성을 참조해보면 좋다.

객체지향 사고방식은 프로그래밍 관련 문제를 다루는 확실한 방법일 뿐만 아니라 프로그래밍 밖의 영역까지 의미를 확장해 디자인과 철학 영역에서도 지대한 영향을 끼치고 있다. 객체지향 프로그래밍의 인식 시스템에는 플라톤Plato의 이데아론theory of form과 같은 고대 사상의 흔적이 남아 있다. 플라톤은 형상을 실제 세계 사물의 추상적인 묘사, 즉 본질이라는 보편적인 개념으로 정의한다. 이러한 사고방식은 객체지향 프로그래밍이 **클래스**class8 기반인 것과 매우 유사하다.

객체지향 UX는 디지털 시스템을 구조화하고 배치하고 우선순위를 정하는 데 유용하다. 뿐만 아니라 궁극적으로 실제 세상에 대한 사용자의 기대와 관점에 부합하는 전략을 유지하고 상세한 수준의 문제까지 해결할 수 있다.

객체지향 UX가 더블 다이아몬드 모델의 '문제 정의'와 '해결책 검증' 사이를 잇는 탁월한 해결책이 되는 이유는 콘텐츠의 군더더기를 제거하면서도 핵심 콘텐츠를 확장현실 친화적인 정보 구조로 조직하기 때문이다. 소피아 V. 프라터가 제안한 방법론 **ORCA 절차**를 이용해 객체, 관계, 속성, 동작 요청과 같은 요소를 분류하는 것도 이 지점에서 도움이 된다. 여기서 ORCA는 객체 발견object discovery, 관계 발견relationship discovery, 동작 요청 발견call-to-action discovery, 그리고 속성 발견attribute discovery 의 줄임말이다.

실전 객체지향 UX

객체지향 UX는 콘텐츠 중심적 사고로 재사용이 가능하고, 호환성이 넓고, 규격화될 수 있는 것들을 분류해 모듈화 시스템으로 만드는 것이 목표다. 실제 세상의 심성 모델을 반영했기에 어떤 플랫폼이나 기기에도 적용할 수 있어 효율적이고 일관적이다.

---

7   옮긴이_ 객체지향 프로그래밍에서 상속은 객체들 간의 관계를 구축하는 방법이다. 특정 변수와 메서드를 규정하는 일종의 틀인 클래스를 통해 객체를 정의하는 고전 상속에서, 클래스는 기반 클래스, 슈퍼클래스, 또는 부모 클래스 등의 기존의 클래스로부터 속성과 동작을 상속받을 수 있다. 상속을 통한 클래스들의 관계는 계층을 형성한다.

8   옮긴이_ 클래스는 객체지향 프로그래밍에서 특정 객체를 생성하기 위해 상태(변수)와 함수(메서드)를 정의하는 일종의 틀이다.

UX 디자인 절차에 객체지향 UX를 적용하려면 다음과 같은 단계를 거친다.

1. 객체 발견하기

의사결정자나 사용자와의 인터뷰 같은 연구 데이터에서 조직의 목표나 사용자 이야기와 연계되는 명사를 직접 추출해 객체로 선정한다.

2. 객체 정의하기

상세한 세부 묘사가 모여 객체를 정의하는 핵심 콘텐츠가 된다. 목표, 속성, 메타데이터 또한 객체를 정의하는 언어로 활용된다.

3. 객체 간의 관계 정립하기

사고실험을 통해서 객체가 서로 상호 참조하는지, 또는 한 객체가 하위 객체로 다른 객체에 끼워 넣어질 수 있는지 확인하면서 객체 간의 관계를 정립한다.

4. 객체의 계층 부여하기

객체의 우선순위와 계층을 설정한다는 뜻은 중요성에 의거해 복잡한 요소를 제거한다는 의미다. 최소 기능 제품에 포함될 만한 핵심 기능을 도출하는 것이 목표다.

위의 단계를 통해서 모듈식이고, 반응형이며 재사용이 가능한 콘텐츠 구조를 분명하게 조직할 수 있다. 이 과정은 화이트보드 위에 포스트잇을 색깔별로 붙여가며 작업하는 것이 일반적이다.

확장현실 공간에서 객체지향 UX를 사용하면 객체가 실제 디지털 객체와 기능을 의미하는 XR 프로토타입으로 자연스럽게 전환된다. 또한 고도의 추상성 덕분에 확장현실 공간을 포함한 어떤 플랫폼이나 기기에도 차용 가능하다. 웹과 모바일 디자인에서도 낮은 충실도의 와이어프레임을 빠르게 해석해 수정과 설계를 재빨리 해나가는 방식에 많이 활용된다.

리얼리티 UX

객체지향 디자인 시스템 구축은 프로토타입 제작을 위한 핵심적인 기초 작업이다. 프로토타입 제작 방식은 디자이너의 기량, 기술 담당 부서의 지원 가능 여부, 프레임워크와 플랫폼의 제약 조건 등 다양한 요소에 의해 결정된다.

여기서는 필자가 자체적으로 구축한 시스템을 소개한다. 이를 통해 XR 개발 환경에서 프로토타입 제작 단계에 이를 때 전형적으로 겪는 문제를 살펴본다. 이 시스템의 이름은 **리얼리티 UX**Reality UX(rUX)로, 확장현실 속 UX 문제를 해결하는 일련의 절차를 모두 포괄하는 용어다. 객체지향 UX, XR 발견적 평가법, 그리고 자체 제작 해결책인 리얼리티 UX 툴킷이 리얼리티 UX를 구성한다(그림 4-5).

그림 4-5 더블 다이아몬드 모델에 리얼리티 UX(rUX)를 적용한 모습

리얼리티 UX 툴킷은 낮은 충실도 프로토타입이 추후에 검증과 반복 수정이 가능할 정도의 완성도에 다다를 수 있도록 지원하는 필수적인 도구의 집합이다. 가장 흔히 볼 수 있는 XR 프레임워크인 유니티 XR 상호작용 모음, 확장현실 툴킷, 언리얼 엔진 4를 위한 고급 VR 프레임워크에서 제공하는 모든 기능이 리얼리티 UX 툴킷의 데이터베이스에 담긴다. 이 목록에서 각 기능은 알파벳과 숫자가 결합된

특별한 식별자와 기능의 묘사를 달고 있다. 이를테면 'A04—UE4 고급 VR 프레임워크를 이용한 순간이동'과 같은 형식으로 표시되며, 뒤이어 세부 설명과 기능들이 적혀 있다.

리얼리티 UX 툴킷의 데이터베이스는 각 프레임워크의 고유 기능, 상호작용 실행 방법, 맞춤 기능 선택 사항을 담고 있기 때문에 UX 디자인 절차에서 채택할 수 있는 모든 방안을 추적한다. 또한 새로운 버전이나 완전히 새로운 추가 프레임워크가 사용 가능해질 때마다 업데이트된다. 이 시스템은 특정 플랫폼의 특정 프레임워크 기능을 찾아보고 싶을 때 마치 도서관처럼 참조할 수 있다. 발상 단계에서 낮은 충실도 프로토타입, 최소 기능 제품 제작으로 이어지는 작업의 흐름에서 쓸데없는 추측을 줄여주는 것이다. 특히 밑그림 작업과 발상 단계에서 의도한 기능의 의미가 명확하지 않아 프로토타입 제작이 어려운 상황에서 유용하다. 만약 특정 콘셉트에 있는 기능이 세부적인 코딩 작업이 필요해 병목현상을 일으킬 위험이 있다는 사실을 초기에 인지한다면 유사한 기능을 제공하는 프레임워크를 미리 찾아놓을 수 있으므로 시간이 절약된다. 발상 단계부터 원하는 기능을 특정 프레임워크의 기능으로 고정시켜 놓으면 일찍부터 훨씬 명확한 설계 계획을 짤 수 있으며, 어느 단계에서든지 고유 식별자를 이용해 기능을 찾아낼 수 있으므로 개발 활동이 유연해진다. UX 디자이너는 펜과 종이로 밑그림을 작업하는 동안에 리얼리티 UX 툴킷에서 간단한 식별자를 통해 여러 프레임워크의 기능을 표시할 수 있으며, 팀의 다른 구성원들도 디자인이 설계되기 이전부터 언제든 식별자를 이용해 검색하고, 검토하고, 시연하는 것이 가능하다.

리얼리티 UX는 유연한 시스템 덕분에 다양한 접근 방식과 활용 사례에 적용이 가능하다. 만약 프레임워크와 기능에 대한 제약 없이 완전히 개방적인 발상 작업을 하고 있다면 프레임워크와 플랫폼 구별 없이 다양한 프레임워크의 식별자와 맞춤 기능을 모두 불러와 짜 맞춰볼 수도 있다. 추후 단계에서 가장 중요한 것 중심으로 간추린 뒤 결과를 검토하면 어떤 플랫폼과 프레임워크를 선택하는 것이 가장 효율적인지 파악할 수 있다. 또한 초기 어떤 단계에서부터 프레임워크가 제공하는 기능을 그대로 활용할 수 있는지, 또는 어디에 세부적인 코딩 작업이나 스크립팅이 필요한지 구분하는 데에도 유용하다. 혹은 완전히 다른 방식으로, 처음부터 특정 프레임워크와 플랫폼을 설정해 프로토타입 제작 단계에 빠르게 도입해보는 전략을 취할 수도 있다.

리얼리티 UX 툴킷은 웹과 모바일 앱 개발에서 UX 디자인 절차가 보여준 명확성을 모방하고자 한다. 상호작용이 가능한 수준의 프로토타입을 설계할 때나 '버튼을 클릭하면 페이지가 전환된다'와 같은 기능을 분명하게 정의할 때처럼 말이다. 기능이 명확하게 정의되면 낮은 충실도의 프로토타입에서도 높은 충실도의 프로토타입이나 최종 제품에서 적용될 수 있는 기능을 지칭하고 논하는 것이 가능해진다.

리얼리티 UX 툴킷의 데이터베이스는 수정이 가능한 살아 있는 문서다. 기능, 구성원의 견해, 문제점, 맞춤 기능 가능성 등 세부 사항이 추적되고 업데이트되어 팀 구성원에게 공유된다.

디자인 초기 단계에서 사용 가능한 프레임워크가 어떤 기능을 제공하는지 미리 파악하면 추후에 발생할 수 있는 골칫거리와 병목 요인을 방지할 수 있다. 해결책이 손그림으로는 간단해 보일지라도 설계상 불필요한 기술적 문제를 야기하는 경우도 많다. 프레임워크는 거의 언제나 표준 상호작용 방식을 포함한다. 정말 특별한 이유가 아니라면 프레임워크에서 제공하는 기능 대신 자체적으로 기능을 코딩할 필요가 없다.

XR 개발 분야에서 일반적으로 문제를 해결하는 방식은 프로젝트의 종류와 특히 예산과 팀의 크기에 따라 다르다. 어떤 프로젝트는 멀티플레이어^{multiplayer} 환경 구현이 필요해 고도의 기술이 요구되거나, 혁신적인 기술이 필요해 처음부터 끝까지 프레임워크의 도움을 받지 않고 맞춤 코딩을 하는 것이 필수적일 수도 있다.

지금까지 XR 개발 환경에서 프로토타입 제작 과정을 원활하게 돕는 접근 방식으로 리얼리티 UX를 소개했다. 리얼리티 UX는 한마디로 발상 단계에서부터 최소 기능 제품 도출까지 최소 시간 내에 도달하기 위해 검증된 방법과 정립된 프레임워크 기능을 이용해 빠르고 안정적으로 결과물을 도출하는 접근법이다. 리얼리티

UX는 중간 규모의 프로젝트뿐 아니라 소형 애플리케이션, 일회용 특별 행사 경험이나 기업을 위한 샌드박스 제작과 같은 소규모 프로젝트에도 유용하다.

객체지향 UX를 적용해 최소 기능 제품을 제작하는 절차는 다음과 같다.

1. 객체지향 UX를 이용해 **심성 객체**^{mental object}와 정보 구조를 파악한다.
2. 객체지향 UX의 심성 모델에 시각 객체를 부여해 콘셉트를 설계한다.
3. 리얼리티 UX 툴킷을 이용해 기능을 파악하고 기능의 근원지와 설명을 표시한다.
4. 언급된 프레임워크 기능을 이용해 설계하고 반복 수정한다.

3차원 객체 디자인과 사용자 상호작용

지금까지 XR 애플리케이션 개발을 위한 UX 디자인의 절차로 더블 다이아몬드 모델을 검토하고, XR 개발 과정에서 발생하는 특수한 문제를 해결하기 위한 방안으로 객체지향 UX를 소개했다. 다음으로 3차원 객체 디자인에 대해 알아보고 공간 컴퓨팅에서 3차원 객체 디자인이 하는 역할을 알아볼 차례다.

3차원 객체는 AR과 VR에서 각각 의미가 달라지며 역할도 다르다. VR 분야에서는 3차원 객체가 공간감과 깊이감을 만들어내며 환경을 구성하고 가상 공간을 생성한다. 가상현실 세계 하나하나가 3차원 객체 건축물인 셈이다. 3차원 객체는 게임 엔진에서 만들어진 자산이며 몰입형 VR 디자인을 구성한다. 한편 현재 핸드헬드형 AR을 위해 만들어진 대부분의 3차원 객체는 다른 종류의 규칙을 따른다. 적어도 현재의 산업 상태가 다를 수밖에 없는 환경이다.

AR 객체는 고유의 세상에 존재한다기보다, 플랫폼 위에 있다고 보아야 한다. AR 상호작용은 주로 스냅챗이나 페이스북과 같은 소셜 미디어 애플리케이션이나 어도비 에어로와 같은 AR 전용 공유 플랫폼을 통해 활성화된다. 즉 핸드헬드형 AR의 3차원 객체는 대부분 몰입형 환경의 일부라기보다 자립하는 애플리케이션이라고 봐야 한다. 물론 훗날 새로운 AR 애플리케이션이 산업 전반을 뒤흔들 만큼 성공을 거둔다면 이러한 상황은 금방 변할 수 있다. 〈포켓몬 GO〉나 이케아의

〈이케아 플레이스〉의 성공, 그리고 제품을 시연하는 분야에서 유사하게 성공했던 사례들이 그랬던 것처럼 말이다. 여전히 소셜 AR 속 상호작용 대다수는 소셜이나 공유 플랫폼을 통해 이뤄지며, 개별 AR 객체와의 관계에 집중된다. 이 환경에서 AR 객체는 그 자체로 애플리케이션 역할을 한다.

전형적인 사례는 애플이 특별 행사 초대장을 링크로 보낸 방식이다. 이 링크는 애플의 AR 플랫폼 기능인 **AR 퀵 룩**AR Quick Look을 통해 AR 객체를 활성화시켜 사용자의 환경 속에 AR 객체를 드러냈고 AR 객체는 애니메이션을 실행하며 정보를 공개했다.

AR 객체의 장점은 객체가 사용자가 존재하는 환경에 나타나기 때문에 사용자가 일종의 소유감을 느끼게 된다는 것이다. AR 객체는 즉각적으로 사용자 세상의 일부가 되고, 사용자의 행동이나 환경 변화에 반응한다. 따라서 객체를 더욱 사적이고 친밀하게 느끼며 관계를 형성하기가 쉬워져 사용자가 선뜻 상호작용을 시도하게 만든다.

AR 객체 자체를 애플리케이션으로 바라보는 관점은 UX 디자이너에게 여러모로 의미 있다. AR 객체의 시각 디자인 핵심에는 3차원 다각형 디자인, 질감 디자인, 3차원 애니메이션을 아우르는 공간형 스토리텔링 콘셉트가 담겨 있다. 공간형 스토리텔링 분야로 진출하려는 UX 디자이너라면 2차원 디자인을 3차원 디자인으로 전환해 XR의 서사를 이끄는 상호작용과 시각적 구성 요소를 구현해야 한다.

소셜 AR 객체 애플리케이션과 설계 방법

AR 디자인 에셋asset의 시각 디자인 절차는 3차원 게임이나 VR 디자인 에셋의 디자인 절차와 유사하다. 다만 AR 객체가 공유형 플랫폼을 대상으로 제작되는 경우 독립적으로 존재한다는 것이 차이점이다. 객체의 매력을 정의하는 시각적 디자인 속성은 플랫폼의 특성과 사용자의 환경에 따라 결정된다. 공유형 소셜 AR 애플리케이션이나 객체를 설계할 때는 다음과 같은 질문을 던져보면서 지원하고 있는 기능을 확인해보는 것이 중요하다.

- 여러 애니메이션을 지원하는가?

- 어떤 반응 유도 방식이 가능한가?

- 어떤 종류의 정보가 공개될 수 있는가?

- 어떤 그림자 구현 방식과 환경 속성이 선택 가능한가?

AR 객체의 핵심은 시각적인 매력이다. 사용자는 소개된 객체가 흥미를 자극하고 충분히 매력적으로 보일 때 비로소 관여하고 객체와 상호작용하려 할 것이다. AR 객체의 가장 강력하고 독특한 매력은 AR 객체가 사용자의 환경에 존재한다는 것이다. 이면에는 애플의 **AR키트**와 구글의 **AR코어** 기술 기반으로 카메라가 사용자의 환경을 배경 삼아 정보를 띄우는 **투과**see-through **기능**과 핸드헬드형 기기의 **객체 추적 기능**이 활용된다.

사용자의 환경에 실감 나게 AR 객체를 배치시키려면 표면 그림자 효과와 객체 환경 명암이 필수적이다. 표면 그림자 효과는 플랫폼 차원에서 다뤄지는데, 아직은 오직 소수의 디자이너만이 사용자 환경의 표면 위로 투영되는 AR 객체의 그림자 특성을 미세하게 수정할 수 있는 역량을 갖추고 있다. 반면 AR 객체 표면의 표현은 디자이너가 충분히 조정할 수 있다. 객체가 환경의 조명과 상호작용하는 방식은 객체가 가진 표면 상태를 결정짓는 각종 속성을 어떻게 설정하느냐에 따라 결정된다.

물리 기반 렌더링physically based rendering(PBR)은 실시간으로 사실적인 명암을 표현하는 컴퓨터 그래픽의 표준이다. 이 기법은 질감 맵을 사용해 표면의 성질을 설정한 뒤, 표면의 특징을 별도의 채널로 나누어 처리한다. 물리 기반 렌더링을 이용한 질감 표현은 게임 에셋 디자인의 필수 기술이며 중요한 위치를 차지한다. 요즘 게임 대부분은 환경의 세부 요소를 사실적으로 표현하기 위해 물리 기반 렌더링 질감 표현에 상당히 의존한다. 어도비의 **서브스턴스 3D 페인터**Substance 3D Painter**와 마모셋 툴백**Marmoset Toolbag은 표면 특징 채널별로 각각 색을 입히고 세부 요소를 수정하는 방식으로 풍부한 표면 질감 디자인 도구를 제공한다. 가장 흔하고 기본적인 물리 기반 렌더링 채널에는 **반사율(색상)**albedo **맵**, 노멀 맵, 거칠기 맵, 금속 맵, 앰비언트 오클루전 맵이 있다. 이 다섯 가지 기본 채널은 모든 객체의 표면 속성에 포함될 만큼 기본적인 요소다(그림 4-6).

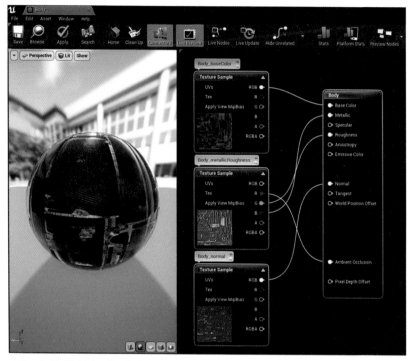

그림 4-6 언리얼 엔진 4의 물리 기반 렌더링 채널로 질감을 입히는 장면

이렇게 채널을 설계하고 활용해 환경 속 빛이 기기의 카메라에 어떻게 잡히고, 물리 기반 렌더링 질감이 적용된 AR 객체와 어떤 방식으로 상호작용하는지 결정한다.

AR 객체는 환경으로부터 환경광, 반사, 자가 그림자(자기 자신의 그림자를 드리우는 기능), 반사광과 같은 섬세한 시각적 신호를 표현할 수 있을 때 비로소 사실적으로 보인다. 물리 기반 렌더링 재료 채널들은 각각 광원과의 사실적인 표면 상호작용을 만드는 데 기여하며, 대부분 카메라로부터 실시간으로 합성되는 HDR high-dynamic-range 기술 기반이다.

물리 기반 렌더링을 통한 질감 표현은 AR 객체의 시각적 매력을 구성하는 중요한 부분이지만, 이는 일반적인 스타일의 결정에 달린 문제기도 하다. 사용자가 다운 로드해야 하는 상황을 고려해서 파일의 크기를 최소화하고 싶거나 특별한 디자인 양식을 따르는 경우에는 물리 기반 렌더링이 적용되지 않은 미니멀하고, 제한적 이고, 질감이 두드러지지 않는 간단한 디자인 양식이 선호될 수도 있다.

매력적인 AR 객체를 만들기 위한 또 하나의 중요한 요소는 **애니메이션**이다. 애니 메이션은 객체에 생명을 불어넣고 객체의 상태와 메시지를 표현하며 사용자의 행 동을 촉구한다. AR 객체는 '활성화를 기다리는 중'이라는 신호와 함께 빈둥거리는 상태의 애니메이션을 반복한다. 반응 유발 요소로 활성화된 애니메이션이 한 번 만 실행되는 경우에는 정보나 미션, 때로는 행동 요청, 웹 링크, 공지 사항을 안내 하곤 한다.

공유형 AR 객체가 가진 특성은 각 AR 소셜 미디어의 구축 플랫폼이 가진 기능과 속성에 영향을 받는다. 페이스북과 인스타그램의 **스파크 AR 스튜디오**Spark AR Studio, 스냅챗의 **렌즈 스튜디오**Lens Studio가 대표적인 소셜 미디어 **저작**authoring **플랫폼**이다. 어도비 **에어로**와 같은 AR 객체 공유 플랫폼은 AR 전용 감상 앱을 기기에 설치하 는 것이 필수다. 플랫폼의 저작 제약뿐 아니라, 3차원 객체의 형식에 따라 시각 디자인 절차가 달라지기도 한다.

다음은 오늘날 AR 분야에서 사용되는 3차원 객체 파일 형식이다.

> **1. glTF**GL Transmission Format: 비영리 표준화 단체 크로노스 그룹Khronos Group이 제 정한 그래픽 언어 전송 형식이다.
>
> **2. USDZ**Universal Scene Description: 애플이 픽사Pixar와 협업해 제정한 압축된 파일 형식이다.

두 형식은 기능이 유사하고 빠르며, 물리 기반 렌더링이 적용된 질감과 애니메이 션을 지원한다. 이들은 시각 효과(VFX)와 게임 개발의 표준이었던 **FBX 교환 형 식**과 오랫동안 사용된 **OBJ 형식**(기하학적 데이터와 UV 데이터에만 해당, 질감 과 애니메이션 제외)을 대체하는 현대적 파일 형식이다. 기본적인 USDZ 또는 glTF 형식의 객체는 모든 필요한 시각적인 정보, 이를테면 물리 기반 렌더링의 재료나 객체 애니메이션을 저장한다. 또한 애플의 iOS 퀵 룩 AR 뷰어나 안드로이드 기기에 제공되는 AR 모형 뷰어 앱을 통해서 감상할 수 있다.

스케치팹Sketchfab9은 빼어난 XR 모형들을 소개하는 플랫폼이다. 스케치팹에서는 AR과 VR에서 물리 기반 렌더링을 적용한 질감과 애니메이션이 삽입된 3차원 모형을 감상할 수 있고, 개별 물리 기반 렌더링 채널과 와이어프레임을 **모델 검사기** model inspector 기능을 통해 자세히 살펴볼 수 있다. 스케치팹은 XR 에셋이 모인 최고의 장터일 뿐만 아니라, XR 디자이너가 되고픈 이들이 훌륭한 모델을 구조적 차원에서 공부하고 구성 요소를 낱낱이 분석해볼 수 있는 훌륭한 학습 장소이기도 하다(그림4-7).

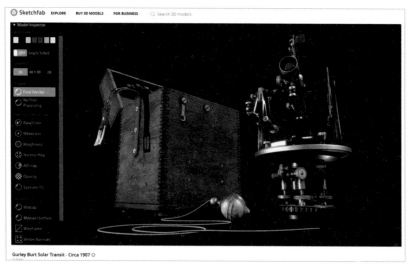

그림 4-7 스케치팹의 모델 검사기 기능을 통해 3D 예술가 니카 텐뎃니크Nika Tendetnik가 만든 모형을 검토하는 모습(CC BY 4.0**10**)

AR 에셋의 시각적 디자인과 기하학적 구조, 표면의 속성, 애니메이션, 그리고 AR 구축 플랫폼의 상호작용 양식은 소셜 미디어나 AR 전용 채널에 공유할 만큼 강력

9　https://sketchfab.com
10　https://sketchfab.com/n.tendetnik

하다. 또한 생생한 AR 객체를 창조하는 데 있어 필수적인 구성물이기도 하다.

AR 에셋 제작에 사용되는 기법은 모형과 표면 속성 측면에서 볼 때 대부분 VR 기법과 동일하다. 그러나 VR 에셋은 전형적으로 게임 엔진에 의해 제작된 거대한 폐쇄적 환경에 귀속되므로, 3장에서 지적했듯이 VR 특수 기법과 규율이 반영된다.

소셜 AR 객체 애플리케이션은 가장 인기 있는 AR 콘셉트다. AR이 핸드헬드형 기기와 소셜 미디어 플랫폼에서 활발하게 사용되기 때문이다. 그러나 가까운 미래에 착용형 AR 기기가 널리 보급되면 풍부한 몰입형과 입체형 AR 환경으로 구성된 AR 경험이 더 인기가 높아질 수 있다.

4.4 몰입형 상호작용을 구성하는 감각 요소

확장현실 속 사용자 경험은 모든 감각적 입력의 합이다. 사용자 여정에 시각, 청각, 촉각을 활용하면 사용자의 두뇌가 감각 입력을 처리하는 방식도 직접 설계할 수 있다. 냄새, 맛, 생각까지 활용하는 실험적인 확장 감각 툴킷도 가끔 발견된다. **뇌-컴퓨터 인터페이스**를 이용한 사용자 상호작용 조절은 아직 초기 실험 단계에 불과하지만 몇 년 이내에 소비자 기기에도 적용될 전망이다.

시각, 청각, 촉각은 각각 몰입형 시각 디자인, 공간적 음향, 촉각 컨트롤러 피드백으로 활용되며 오늘날 확장현실 경험을 근본적으로 구성한다. 다양한 감각을 통해 사용자를 자극해 사용자의 관심을 돌리고, 서사적 여정으로 안내해 더욱 만족스럽고 풍부한 경험을 제공한다.

확장현실에서는 시각과 음향의 신호가 360도 환경 어디에서나 배치될 수 있기 때문에 더욱 몰입감이 높다. 사용자는 입체적인 깊이감을 시각적으로 인지하고 정확히 어느 방향에서 공간적 음향이 들려오는지를 파악하면서 어느 매체에서도 경험하지 못했던 방식으로 콘텐츠와 상호작용한다.

컴퓨터 게임이 주류 문화에 자리 잡은 이래로 360도의 3차원 환경과 공간적 음향은 2차원 모니터를 위한 게임 디자인에서 다뤄져왔다. 그러나 착용형 XR 기술은 기존의 접근 방식을 완전히 뒤바꾼다. 사용자를 콘텐츠 중심에 세워 실제 세계에서처럼 상호작용하게 하며, 입체적이고 몰입감 있는 환경을 제공한다. 뒤에서 들려오는 소리는 사용자를 본능적으로 뒤돌아보게 하고, 광선이 객체에 투사되었을 때에는 객체가 시각적으로 강조되어 행동 유도성을 표현한다. 확장현실은 실제 세상의 행동을 모방하는 데다가 사용자에게 초능력까지 부여한다.

사용자가 콘텐츠의 세상 내부에 존재하기 때문에, 사용자는 **대뇌변연계**[11]에 저장된 본능적 욕구에 따라 어떻게 세상이 돌아갈지에 대한 강한 기대감을 갖게 된다. 인간이 진화를 통해 학습한 것과 동떨어진 요소라면 명백한 혜택이나 지름길, 초능력이 아니고서야 쉽게 사용자에게 받아들여지지 않는다. 시각적 일관성, 스타일의 참조, 규모감의 문제에서도 마찬가지다.

공간 음향과 특히 서사적 음향은 가상현실 경험에서 큰 역할을 맡는다. 상대적으로 제작하기가 쉽고 사용자가 확장현실 세상을 탐색하는 데 큰 도움을 주기 때문이다. 방향성 문제, 상호작용을 위한 안내, 온보딩에서도 음성 안내가 매우 자주 사용되는데, 음성이 프로그램 구동에 크게 무리를 주지 않고, 제작과 적용도 쉽기 때문이다. 음향 디자인이야말로 들이는 노력에 비해서 많은 것을 얻을 수 있기에 XR 디자인계의 누워서 떡 먹기로 불릴 만하다. 다수의 XR 상품이 힌트 제공, 안내, 탐색에 관한 공지, 서사에 방대한 XR 음성 해설을 활용한다.

한편 음성을 통한 검색이나 음성 명령과 같은 음성 탐색 기능 역시 XR 개발에서 점차 중요해지고 있다. 컨트롤러를 이용한 문자 입력에는 시간이 들고 지루하게 느껴질 수 있기 때문이다. 오큘러스 퀘스트의 세계 탐험 앱 〈원더^{Wander}〉에서도 목적지를 빠르게 입력하는 방식으로 음성 탐색을 사용했고, 혼합현실 툴킷의 쇼케이스에도 포함되어 있다. 사용자가 지도를 스크롤하며 탐색하느라 양손이 묶인 상황에서 사용자의 탐색을 지원하는 추가적인 방안으로 음성을 활용하는 법을 보여주는 대표적인 사례다. 이러한 상황에서 음성 입력은 '확대$^{\text{zoom in}}$'와 '축소$^{\text{zoom out}}$' 명령까지 활용해 사용자의 생산성을 극적으로 높인다. 몰입형 확장현실 속에서

---

11 옮긴이_ 방어와 생식 따위의 생존과 관련된 반응에 대한 감정 및 기억과 관련된 뇌의 부분을 이르는 말이다.

공간 음향이 행하는 역할의 중요성을 감안한다면, 확장현실 환경과 사용자의 상호작용 측면에서 음성 입력의 활용이 증대되는 것은 자연스러운 현상이다.

촉각은 대개 컨트롤러의 진동을 통해 경험되는데 다른 감각보다 비교적 은은하게 표현된다. 그러나 진동은 사용자에게 아이템의 선택이나 위치, 활성화 상태, 상황의 중요성이나 경고를 알리는 상호작용 신호라는 점에서 자극의 강도와는 상관없이 중요한 감각 요소다. 또한 사용자의 관심을 컨트롤러 상호작용으로 돌려서 사용자의 입력에 반응한 결과가 일어나고 있다는 것을 신호하기도 한다. 촉각이나 진동은 신체적인 감각 자극을 더한다는 점에서 섬세한 사용자 경험을 제공한다.

XR 상호작용 디자인과 우다 루프

이 책을 준비하면서 디자이너들이 디지털 XR 상품 개발 과정에서 계획을 수립하고, 발상을 개념화하고, 설계하는 방법을 살펴보기 위해 설문 조사를 실시했다. 조사 결과 XR 디자이너 상당수가 고유한 방법론을 가지고 있거나 제작 문제를 해결하는 자체적인 시스템을 갖추고 있었다.

XR 디자이너는 급박하거나, 복잡하거나, 심지어 불가능에 가까워 보이는 제작 환경에 대비해 여러 개의 전략을 준비해야 한다. 전통적으로 XR 분야에서 활약하는 제품 디자이너는 게임 제작 표준에 따라 **게임 디자인 문서**game design document(GDD)를 제작 과정의 가장 중요한 문서로 두고 활용한다. 성공적인 작품을 여러 개 개발한 이력이 있는 디자이너는 **우다 루프**OODA loop 방법을 게임 디자인 절차에 이용한다고 설문에 응답했다. OODA는 4단계 접근법인 관찰observe, 방향 조정orient, 결정decide, 실행act의 약자로 원래 군사 전략가 존 보이드John Boyd가 전투 작전 절차를 위해 고안한 의사결정 방식이다. 이 콘셉트는 게임 디자인 영역에서 빠르게 들어오는 정보를 처리하고 영리한 결정을 내리기 위한 경쟁적인 의사결정 도구로 차용되었다(그림 4-8).

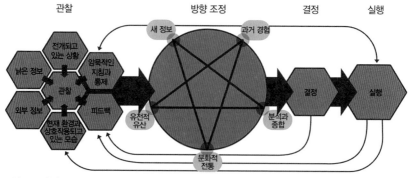

그림 4-8 우다 루프

XR 경험이나 게임의 진행 과정을 사용자가 내린 선택의 연속이라는 관점으로 바라보면 이를 우다 루프에 대입할 수 있다. 우다 루프의 첫 번째 단계인 '관찰'은 데이터가 초점이다. 사용자는 환경에서 활용 가능한 자원을 관찰하고 데이터를 수집한다. 다음 '방향 조정' 단계에서 수집된 데이터에 의미를 부여하고 불필요한 데이터는 제거한다. '결정' 단계에서는 결정에 따른 위험과 보상을 평가하고 자신의 페르소나에 의거해 관여 행동에 돌입하기 전 우선순위를 설정한다. 그리고 마지막 '행동' 단계에서 계획을 실행하고 행동을 취함으로써 상황을 변화시킨다.

이 4단계를 기반으로 XR 애플리케이션이나 게임에서 사용자가 반복적으로 겪는 특정한 문제에 대한 원인을 진단해볼 수 있다. 예컨대 만약 사용자가 유용한 기능을 활용하지 못하고 있다면, '관찰' 단계에서 소개된 정보를 잘못 이해해서일 수도 있다. 만약 사용자가 여러 선택 사항 중 하나만 고수하는 경향을 보인다면, '결정' 단계에서 가능한 모든 선택 사항이 명백하게 표현되지 않았기 때문으로 진단할 수도 있다.

우다 루프는 문제 발견을 위해 군사 전략과 법률 집행에서 중요하게 사용되어왔을 뿐 아니라, 경영과 공공 부문, 특히 사이버 보안 영역에 적용되기도 한다. XR 경험이나 게임 디자인에서는 사용자 오류나 최상의 상태가 아닌 결과물을 전략적으로 진단하는 프레임워크로 활용하기에 적합하다. 우다 루프는 사용자의 행동을 분석하고 사용자 오류나 의도하지 않은 결과를 제거하는 작업을 위해 UX 디자인 툴킷에 추가해볼 만하다.

게임 디자인 문서와 XR 상호작용 디자인

게임 디자인 개발의 중심에는 게임 디자인 문서가 있다. 게임은 제작이 복잡한 디지털 상품이며 창작물 관리, 창조적 디자인과의 의존성, 기술적인 요건의 범위를 고려해야 하기 때문에 게임 디자인 문서는 고도로 특화된 제품 디자인 문서로 간주된다. 게임 디자인 문서는 모든 방면에서 특별하다. 제품의 비전을 실현시킬 제작의 모든 측면과 세부 사항이 기록될 뿐 아니라, 게임이라는 화려한 산업의 문화적 맥락과 역사까지 반영한다. 모바일과 웹 애플리케이션을 위한 디자인 절차에서는 디자인과 개발이 개발자 전달 지점을 기준으로 명확하게 경계가 그어지므로 디자인 문서가 절차 전반에 높은 중요도를 차지하지 않는다. 반면 게임 디자인에서는 개발의 범위와 제작 부서 간의 의존성 때문에 경계가 뚜렷하지 않다.

확장현실이 종종 게임 장르로 분류된다는 사실은 디자인 절차에 중요한 요인이다. 심지어 게임으로 분류되지 않는 XR 애플리케이션이라 할지라도 게임에서 볼 수 있는 특성을 가진 경우가 많기에 게임 디자인 문서가 필요하다. 비게임 XR 애플리케이션 개발까지 아우를 수 있도록 'XR 디자인 문서(XRDD)'라고 바꿔 명명해볼 수도 있겠으나, 게임 디자인 문서라는 용어가 이미 많은 이들에게 친숙한 만큼 XR 개발 환경에서도 게임 디자인 문서라고 칭하는 것이 수월할 것이다. 상호작용 디자인, 탐색 구성 요소, 스토리텔링, 뒷이야기, 표적 사용자 인구 통계와 마케팅 고려 사항 등이 게임 디자인 문서를 구성하며, 생산 절차의 뼈대가 되어 편집이 가능한 실시간 문서의 형태로 개발자, 디자이너, 의사결정자에게 공유되고 활용된다. 게임 디자인 문서에 실시간으로 민첩하게 디자인 진행 사항을 기록해놓으면 구성원들이 최종 상품에 대한 비전을 유지할 수 있다. 또한 게임의 목적과 진도, 게임 역학, 요소 같은 상세한 사항을 언제든 참고할 수도 있다(그림 4-9).

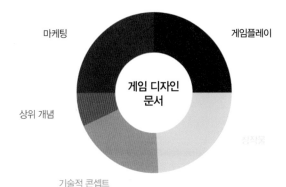

그림 4-9 게임 디자인 문서의 구성

게임 디자인 문서는 수십 년간의 성공을 거둔 게임 제작 과정을 통해 진화를 거듭했고 오늘날의 구조를 갖추게 되었다. 게임 디자인 문서의 상당 부분은 디지털 제품 디자인 분야에서 상호작용 경험을 개념화하는 UX 디자이너의 업무와 겹친다. 게임 디자인 문서는 표적 인구 집단의 정보와 그들의 특정 선호를 서술한다. 또한 사용자 흐름과 스토리텔링을 비롯해 사용자 상호작용, 정보 구조, 시각언어, 기술 요건, 에셋, 프로젝트의 범위까지 상세하게 기록한다.

게임 디자인 문서는 게임 문화의 산물이다. 성공을 거둔 게임의 게임 디자인 문서 다수가 대중에게 공개되어 있으니 게임 디자이너가 되고 싶은 이들이 학습용으로 참조하기 좋다. 문서에는 최종 게임의 비전과 정신, 장르와 문화가 반영되어 있으며, 표현 양식, 일러스트레이션과 서체, 아이콘 양식의 선택에서도 그 정신을 확인할 수 있다. 또한 참여 구성원과 의사결정자가 같은 목표를 바라볼 수 있도록 영감을 주는 도구이자 자원이기도 하다는 점에서 게임 디자인 문서는 기술에 관한 기록 이상의 역할을 한다.

전형적인 게임 디자인 문서는 다음과 같이 구성된다.

1. **개요서**: 게임 콘셉트, 콘셉트를 표현하는 창작물, 표적 인구, 장르, 제작 범위를 요약
2. **게임 구조**: 게임의 목표와 진행, 단계 구성과 특성 묘사

3. **게임 역학:** 상호작용 콘셉트, 게임 역학, 사용자 인터페이스

4. **배경:** 서사, 스토리텔링, 등장인물

5. **자원 목록:** 소리, 음악을 비롯한 창작 자원 목록

6. **기술적 고려 사항:** 목표로 삼는 플랫폼, 게임 엔진, 미들웨어, 생산 파이프 라인

7. **마케팅과 자금 마련:** 예산, 수익화, 광고, 홍보

게임 디자인 문서는 일반적으로 게임 제작의 중심이며, 제작에 참여하는 디자이 너, 예술가, 개발자가 참고하는 가장 중요한 정보를 서술한다. 게임 디자인 문서 요소 중 대부분은 기업용 프로젝트나 홍보 행사를 위한 일회성 앱 제작을 비롯해 XR 제작에도 활용 가능하다. XR 개발용 게임 디자인 문서는 게임에서 중요한 배 경이나 등장인물과 같은 사항은 제거하는 경우가 많지만 프로젝트의 범위, 목표, 필수 고려 사항을 명시하는 것만큼은 유지한다.

예시로 들었던 리얼리티 UX를 **더블 다이아몬드 모델**과 객체지향 UX 절차의 측 면에서 살펴보자. 객체지향 XR 매핑 작업이 끝난 후 에셋 목록을 포함한 세부 사 항이 XR용 게임 디자인 문서에 업데이트된다. 이 지점에서는 누구를 위해 무엇 을 설계하느냐와 같은 제품 개발과 관련된 질문은 어느 정도 해소되고, 심성 모델 은 객체지향 UX에 맞춰 해석된 상태다. 또한 프로토타입 제작을 위한 필수 객체 가 결과로 도출되어 XR용 게임 디자인 문서 내 에셋 목록에 올랐을 것이다. 그다 음으로는 프로토타입을 제작해 검증하고 반복 수정하면 된다. 게임 디자인 문서 는 애자일 환경에 적합한 문서 양식으로 더블 다이아몬드 절차에 따른 진행 결과 를 포착하며, 연구 결과 같은 새로운 데이터가 확보될 때마다 실시간 업데이트가 가능하다.

컴퓨터 게임 제작에 활용되는 기존의 게임 디자인 문서 양식과 비교하면, XR용 게임 디자인 문서에는 실감형 미디어 특유의 변수가 추가된다. 이를테면 착용감 에 대한 고려 사항, 깊이의 입체감을 일관되게 유지하는 방법, 360도 음향과 같은 공간적 구성 요소에 의존하는 게임 역학에 대한 서술이 여기에 해당한다.

컴퓨터 게임을 위한 게임 디자인 문서는 대개 혁신적인 발상, 장르에 관련한 영감, 기존 게임의 개정 작업을 마친 후 생성되며, 구조와 배경, 단계 콘셉트를 설계하기 전에 프로젝트 관점에서 제작에 들어갈 수고를 모든 방면에서 둘러보는 기회를 제공한다. 한편 비게임 상품을 개발할 때 더블 다이아몬드 방법론을 따르는 상황이라면 XR용 게임 디자인 문서가 생성되는 시점은 매우 다르다. 더블 다이아몬드는 문제의 해결책을 찾기 위해 사용하는 접근법이다. XR용 게임 디자인 문서는 적합한 해결책이 도출된 후, 모든 필요한 구성 요소의 기록이 필요한 시점에서 XR 제작에 적합한 언어로 생성된다. 더블 다이아몬드의 두 번째 다이아몬드에 해당하는 시기에 새로운 프로토타입이 제작되고, 수정되고, 디자인 수정에 영향을 주는 검증 결과가 도출되며 게임 디자인 문서도 역동적으로 업데이트되고 활용된다.

4.5 확장현실과 의식 있는 디자인

의식 있는 디자인mindful design이라는 개념은 2000년대 처음 등장했으나 최근에서야 무게감 있게 다뤄지기 시작했다. 다크 패턴과 속임수 디자인을 우려하며 떠오른 대응책으로 볼 수도 있지만, 매체 과다 소비와 중독, 그리고 소셜 미디어 환경에서 사용자의 유해한 행동에 대한 사회적 불안이 낳은 결과물이기도 하다.

실감형 미디어가 주류 문화에 자리 잡게 된 후 생겨날 수 있는 잠재적 문제를 고려한다면 의식 있는 디자인은 앞으로 XR 디자인에 굉장히 중요한 역할을 할 것이다. 의식 있는 디자인의 철학은 사용자 지향적이며 초점 또한 사용자의 행동 변화, 디자인의 사회적 책임, 사용자가 겪을 수 있을 건강과 안전 문제에 대한 인지 등 XR 분야에서 점차 중요해질 주제와 맞닿아 있다.

의식 있는 디자인의 좋은 예는 애플의 iOS가 제공하는 스크린 타임 설정 기능이다. 스크린 타임은 사용자가 자신의 매체 소비 습관을 의식할 수 있게 도와주고, 사용자가 스스로 건강하지 못한 디지털 행동을 감지할 수 있도록 추적이 가능한 도구를 제공한다. 이 설정을 켜면 사용자는 자신의 iOS 기기를 클라우드에 연결한 뒤 사용 내역을 측정하게 되는데, 측정된 애플리케이션 사용량 데이터는 일이나 주 단위로 분석되어 요약 제공된다. 이와 유사한 기능은 안드로이드와 타사 제작 앱으로도 만나볼 수 있다.

사용자의 사생활을 존중하고 데이터 사용과 공유에 대한 투명성을 제공하는 것도 의식 있는 디자인을 실천하는 방법이다. 아울러 사용자 데이터와 관련된 설정을 사용자가 직접 제어하는 권한과 기능을 제공하는 것도 방법이다.

디지털 참살이(디지털 웰빙) digital well-being 는 장기적인 사용자 경험에 중요하다. 성공적인 제품은 많이 사용되기 마련이다. 따라서 애플리케이션 사용량을 디지털 상품의 성공을 평가하는 척도로 사용하기도 한다. 그러나 사용량에 초점을 맞춘 나머지, 상품의 잠재적인 부작용이나 부정적인 면이 쉽게 간과되거나 사업 조직의 눈에 띄지조차 못할 수 있다. 디지털 상품 이용에 관련된 사용자의 참살이를 경영의 장기적인 목표로 세워야 할 이유는 충분하다. 사용자의 유해한 디지털 행동은 사용을 중지시켜야 하는 상황을 비롯해 행동의 급진적인 변화를 초래하기도 한다. 실감형 미디어는 모바일 게임과 소셜 미디어가 한참 성장하던 시기에 사회적으로 얻은 교훈을 참고해야 한다. 의식 있는 디자인의 원칙이 고려되지 않은 확장현실 경험은 모바일 게임이나 소셜 미디어보다 더 큰 규모로 해를 가하고, 중독을 일으키고, 가정에 영향을 미칠 만한 파괴력을 갖기 때문이다(그림 4-10).

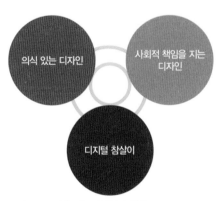

그림 4-10 의식 있는 디자인과 맥락

의식 있는 디자인을 수용하는 UX 디자이너라면 의식 있는 디자인의 특성을 사용자의 상호작용, 온보딩 경험, 안내 기능에 적용해야 한다. 의식 있는 디자인의 일반적인 주제는 다음과 같다.

- 가정과 기술의 균형
- 디지털 소비로부터 더욱 잦은 휴식
- 자녀 보호 기능
- 사용 제한 설정
- 사생활 정보와 데이터 공유 선택 사항에 쉽게 접근할 수 있는 사용자 권한 설정
- 포용성, 다양성, 접근성에 주의를 기울이는 것

의식 있는 디자인은 이와 같은 현실적인 실행뿐 아니라 사용자 행동을 거시적인 환경 문제에 연결시키는 것까지 포함한다. 이를테면 에너지 소비 감축과 쓰레기와 이산화탄소 배출 감소, 제품의 재활용 가능성과 같은 문제다. 물론 XR 기기나 디지털 상품이 환경에 악영향을 미치는 주범은 아니다. 그러나 콘텐츠 주제와 어울리는 사회적 문제를 연결해 문제 인지를 향상하고 지속 가능한 노력을 경험 설계에 녹여볼 수 있다. 목적지까지 여행하는 경험이나 상품이 소비자에게 도달하기까지의 여정을 체험하는 경험을 통해 수송이나 운송, 에너지 소비와 관련된 사회적 문제를 다루는 것이다.

실감형 미디어는 종종 현실도피 매체로 불리기도 한다. 따라서 제품의 주제와 연계된 사회적 문제에 대한 각종 인식 운동이나 비영리단체를 지지하는 메시지를 실감형 미디어에 도입하면 이러한 인식을 중화하는 좋은 방안이다.

사회가 XR을 수용하는 정도가 해마다 증가하면서, 정신 건강에 대한 우려도 더욱 늘어나고 있다. 특히 우울증이나 불안을 기저 질환으로 갖는 사람이나 중독에 취약한 인구 집단은 몰입형 경험에서 발생되는 인지 부하 현상에 더욱 민감하게 반응할 것이다. 게임 중독을 주제로 한 연구로부터 의미 있는 교훈을 발견하고 적용

해볼 수 있다. 게임 중독은 이제 세계보건기구에 의해 **게임 장애**^{gaming disorder}라는 명칭으로 분류되어 공식 장애로 인정받는다. 많은 분야에서 게임 중독을 주제로 한 학문 연구와 사례 분석 결과를 잘 기록해놓았고, 게임 중독 지원 단체도 많은 자료를 제공한다.

실감형 미디어와 디지털 XR 애플리케이션이 더 많은 사람들에 의해 받아들여지고 주류 문화로 자리 잡고 나면, 우리가 우려하는 문제들 또한 수면 위로 떠오를 것이다. 지금부터 XR 사용자의 디지털 참살이를 더욱 진지하게 고민해보는 것이야말로 진정한 미래지향적인 전략이다.

4.6 마치며

이번 장에서는 3차원 공간 분야에서 UX 디자인의 진화 과정과 사용자 상호작용에서 발생하는 고충을 창의적으로 해결하는 법을 알아보았다. 확장현실의 공간적 경험 설계를 위한 기초 원리로 더블 다이아몬드 UX 디자인 절차와 객체지향 접근법을 이용해 검토하고, 리얼리티 UX라는 문제 해결 방법도 함께 살펴보았다. 또한 게임 디자인의 뼈대가 되는 게임 디자인 문서와 문제 발견을 위한 프로젝트 관리 방식인 우다 루프도 소개했다. 끝으로 확장현실의 미래를 결정짓는 중요한 주제인 디지털 건강과 의식 있는 디자인을 의논해보았다.

선구적인 XR 플랫폼과 UX 고려 사항

5.1 여는 글

XR 상호작용을 프로토타입으로 제작하려면 어떤 방식이 효율적일까? 발상을 검증할 때는 어떤 애플리케이션과 도구를 활용하는 게 좋을까? 디지털 XR 상품을 향상시키고 실감 나는 콘셉트를 구현하기 위해 알아두어야 할 핵심 개념은 무엇일까? 이번 장에서는 이와 같은 UX 관련 질문에 대한 답을 구하기 위해 XR 애플리케이션 개발 분야를 선도하는 플랫폼과 프로토타입 제작 도구, 기술 트렌드를 살펴본다.

프로토타입 제작은 UX 디자인의 뼈대가 되는 중요한 작업이다. XR 분야에서 프로토타입은 제작 목적에 따라 두 가지 종류로 나뉜다. 첫 번째 프로토타입은 **발상용**으로 떠오른 생각을 구체화하고 의사결정자, 경영 협업자, 잠재적인 의뢰인과 같은 협업인들에게 발상안을 설명하고 의논하기 위해 제작한다. 또 다른 종류의 프로토타입은 **검증용**으로 발상안의 원형을 구현해 사용성을 검증하고 세부 사항을 수정하기 위한 토대로 활용한다. 프로토타입의 목적에 따라 제작 방식도 달라진다. 발상용 프로토타입은 충실도가 낮아 시나리오, 손그림, 3차원 **목업**^{mockup} 형태이며, XR 전용 프로토타입 제작 애플리케이션을 활용하기도 한다. 반면 검증용 프로토타입은 사용자 검증이 가능할 만큼 기능적이고 상호작용이 가능한 높은 충실도를 달성해야 하기 때문에 게임 엔진 기반으로 제작한다.

현재 XR 개발 분야에서 낮은 충실도의 발상용 프로토타입을 높은 충실도의 검증용 프로토타입으로 전환하는 절차는 웹과 모바일 애플리케이션 개발 환경에서만큼 수월하지 않다. 그러나 산업이 발달하고 관련 도구의 사용성과 접근 가능성이 증대됨에 따라 자연스럽게 개선될 것이다. 이미 여러 프로토타입 제작 도구가 한층 개선된 XR 개발 절차를 목표로 빠르게 진보하는 중이다. 마이크로소프트의 프로토타입 제작 도구인 **마켓**은 사용자가 XR 발상용 프로토타입을 제작한 후 이를 바로 유니티 게임 엔진으로 내보내는 기능을 통해 사용자가 유니티 게임 엔진 프레임워크에서만 존재하는 상호작용이나 기능을 손쉽게 추가할 수 있도록 한다. 그런 의미에서 마켓은 발상에서 검증, 그리고 최종 XR 상품 제출에 이르기까지 하나의 매끄러운 길을 마련해주는 셈이다. 반면 발상 절차와 검증 절차가 분리되는 경우도 있다. 발상 단계에서는 간단한 밑그림을 그려서 낮은 충실도로 콘셉트를 도출하는 데에 그친다면, 추후 단계에서는 높은 충실도의 검증용 프로토타입을 제작하기 위해 언리얼 엔진이나 유니티에 있는 XR 프레임워크를 이용해 상호작용을 위한 핵심 기능을 적용한다(그림 5-1).

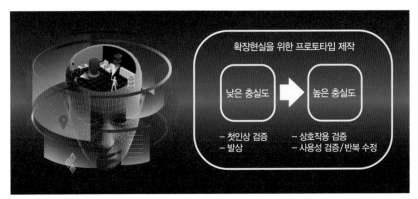

그림 5-1 XR 프로토타입 제작: 발상을 위한 낮은 충실도 프로토타입과 검증 및 반복 수정을 위한 높은 충실도 프로토타입 비교

UX 디자인의 방법론 측면에서 볼 때 프로토타입 제작 절차는 게임이 아닌 XR 애플리케이션을 개발할 때 훨씬 중요하다. 사용성 검증과 분석이 기반인 KPI나 특정 요구 사항을 고려해야 하는 경우이거나 확장현실에 익숙하지 않은 사용자가 표적일 때는 프로토타입을 통한 철저한 검증 작업이 필요하다. 특히 고도로 특화된 XR 애플리케이션일수록 사용자 경험이 사용자의 수용을 보장할 수 있는지가 성공 여부를 결정한다.

XR 기술은 이미 몇몇 중추 산업의 틈새시장을 개척했다. 그러나 사실 틈새시장을 공략하는 XR 애플리케이션의 상당수는 해당 산업에 상당한 가치를 기여할 수 있을지라도 많은 관심을 받지 못하는 게 현실이다. 이를 해결하기 위해 업계에서는 VR 실무자를 위한 뉴스레터나 특화된 기업용 플랫폼을 통해 성공 사례와 사례 분석을 공유한다. **비즈니스용 오큘러스**Oculus for Business가 대표적인 예다. 비즈니스용 오큘러스 리포트는 오큘러스의 기술을 이용한 혁신적인 비즈니스 해결책을 소개함으로써 업계에 혁신적인 활용 사례가 더욱 많은 관심을 얻을 수 있도록 지원하고, XR 기술이 게임이나 여가 상품 이상의 다양한 분야에서 활용될 수 있다는 것을 증명한다. 일례로 비즈니스용 오큘러스 리포트는 최근 VR 소프트웨어 개발 스타트업 **나노미**nanome1를 소개했다. 나노미는 대중의 관심을 거의 받지 못하는 틈새 사업 분야에서 고도로 특화된 XR 해결책으로 성공을 거둬낸 사례다. 나노미는 가상현실 기술을 이용해 선택적 저분자 치료법을 개발하는 생명공학 기업 **님버스 테라퓨틱스**Nimbus therapeutics의 분자 모델링 해결책을 제작했다. 나노미는 의약화학자, 구조생물학자, 생명공학 엔지니어가 표적 사용자인 만큼 가상현실 특유의 규율에 대한 이해가 부족한 사용자를 위해 온보딩 안내를 섬세하게 설계하고, 착용감에 대한 고려 사항을 더욱 철저히 다루었다(그림 5-2).

그림 5-2 오큘러스 퀘스트 2를 착용한 사용자가 나노미의 분자 설계 애플리케이션을 이용하는 모습

게임이 아닌 XR 애플리케이션 중 일반 소비자가 표적인 상품은 아직 틈새시장 수준이다. 그러나 몇몇 분야는 꾸준한 성장세를 보인다. 상품 구매를 고려하는 사용

---

1 https://nanome.ai

자를 위해 핸드헬드형 AR을 이용해서 환경(가구, 예술)이나 사용자(패션, 액세서리, 타투)에 상품의 가상 이미지를 덧입혀보는 가상 착용 애플리케이션이 대표적인 예다. 또한 확장현실은 교육 분야와 피트니스 분야에서도 성공적으로 활용되고 있다. 피트니스에서는 VR 피트니스 플랫폼인 **홀로핏**[HOLOFIT]이 대표적 성공 사례다(그림 5-3).

그림 5-3 VR 피트니스 앱 홀로핏 사용 화면

V리조트 부킹[VResorts Booking2]과 같은 차세대 VR 전자 상거래 애플리케이션은 아직 사이드퀘스트 플랫폼에서 초기 검증 단계를 거치고 있다. V리조트 부킹은 고급 휴가 상품을 몰입 환경을 통해 생동감 있게 전시함으로써 사용자의 구매 동기를 자극하고 구매 결정 절차를 향상시켜줄 것이라는 발상에서 출발했다. 구매 고려자에게 호텔과 관광 상품을 미리 경험시켜주는 시도는 여행 전자 상거래 분야의 자연스러운 진화 과정으로 보인다(그림 5-4).

---

2 https://www.vresorts.io

그림 5-4 V리조트 부킹에서 관광 상품을 구경하는 장면

XR을 기반으로 한 전자 상거래 애플리케이션이나 특수 분야를 위한 기업용 솔루션이 차세대 XR 산업에서 성공하기 위해서는 UX 디자인 과정에서 프로토타입 제작과 사용자 검증 과정이 매우 신중하게 다뤄져야 한다. 설계 시안을 프로토타입으로 제작하고, 콘셉트를 검증하고, 검증 결과를 반영해 설계를 수정하는 것은 웹과 모바일에서 만큼이나 XR에서도 중요하다. 문제는 XR의 프로토타입 제작 과정이 훨씬 더 까다롭다는 것이다.

모든 XR 플랫폼이 XR 프로토타입 제작 도구를 제공한다. 그러나 저마다 학습 곡선과 제공되는 기능이 다르다. UX 디자이너의 최종 목표는 중요한 검증 단계에서 완전한 상호작용이 가능한 높은 충실도의 프로토타입을 통해 콘셉트를 평가하는 것이다. 일부 프로토타입 제작 도구는 발상과 시각 스토리텔링 콘셉트를 표현하는 데 주안점을 두는 반면, 어떤 도구들은 비주얼 스크립팅을 통한 상호작용 설계를 지원해 높은 충실도 프로토타입을 제작할 때 더 적합하다. 이제부터 산업의 선두 주자들과 그들이 사용한 도구를 중심으로 선구적인 솔루션과 플랫폼 도구, 그리고 UX의 배울 점을 자세히 알아보자.

5.2 핸드헬드형 AR의 혁신

어도비는 핸드헬드형 AR 분야의 명실상부한 리더다. 어도비는 iOS와 안드로이드 플랫폼 전반에서 디지털 사업과 디자인 솔루션의 광범위한 생태계를 거느리고 있으며, 이를 기반으로 AR 미래 사업에 전념 중이다. 어도비의 **에어로**^{Aero}는 어도비의 AR 분야를 대표하는 제품이자 AR 디지털 콘텐츠의 창작과 출판을 지원하는 도구로, **믹사모**^{Mixamo}와 **서브스턴스 3D 페인터**^{Substance 3D Painter}와 함께 어도비의 3차원 제작 도구 제품군을 구성한다. 에어로는 AR 상호작용 설계 작업을 위한 사용자 친화적인 환경을 제공한다. 링크나 QR 코드를 생성해 작업물을 다른 사람과 공유할 수 있고 수신자는 에어로 앱을 설치한 후에 이를 열어볼 수 있다. 증강현실을 제작할 때 에어로를 주로 사용하지만, 유니티나 언리얼 엔진을 기반으로 한 높은 충실도의 핸드헬드형 AR 프로토타입 설계 시 객체의 상호작용을 제작하는 데 사용하기도 한다.

또한 에어로에서는 어도비가 2015년에 인수한 혁신적인 캐릭터 애니메이션 제작 도구인 믹사모를 통합해서 사용할 수 있다. 믹사모를 통해서 3차원 **캐릭터 리깅**^{character rigging}3을 자동화할 수 있고, 다양한 표준 게임 캐릭터 동작을 적용하는 편리한 방법을 제공하기 때문에 **인디 게임**^{indie game}4 개발 커뮤니티에서 널리 사용된다. 3차원 게임 에셋의 물리 기반 렌더링 질감 제작의 선구적인 도구인 서브스턴스 3D 페인터까지 더해 어도비는 3차원 창작물 제작을 위한 견고한 라인업을 구축했다. 이는 핸드헬드형 AR 플랫폼을 무대로 하는 발상 작업과 스타일 개발을 한 차원 강력하게 만들었다. 에어로를 통한 스타일 개발과 발상용 프로토타입 제작은 접근하기 쉽고 절차가 명료하다. 에어로는 UX 디자이너가 플랫폼이나 기술, 또는 프레임워크를 결정하기 이전부터 다양한 발상을 시도해볼 수 있게 하고, 사용자 검증을 통해 피드백을 받기 편리한 환경을 제공한다. 3차원 디자인이 공간형 스토리텔링 맥락을 통해 구현되는 과정을 검토할 수 있는 것이야말로 에어로

---

3 옮긴이_ 캐릭터 리깅은 애니메이션 작업에서 캐릭터를 창조할 때 맨 첫 단계로 캐릭터의 뼈대와 관절 따위를 기본적으로 설정하는 일을 일컫는다. 이후 작업에서 이를 토대로 다채로운 동작이나 표정 따위를 만들어낸다.

4 옮긴이_ 인디 게임은 비교적 저비용으로 제작할 수 있는 게임으로, 주로 개인이나 소규모 단체들이 개발하는 모든 게임을 칭한다. 배급사의 승인 없이 주제나 내용을 마음대로 구성할 수 있기 때문에 혁신성, 창조성에 의존하는 경향이 짙은 편이다.

의 주요 강점이다. 일반적으로는 이케아의 〈이케아 플레이스〉 앱과 같이 여러 AR 객체가 애플리케이션에 수록되어 증강현실에 시연되는 환경보다는 개별 AR 객체를 활성화하는 환경을 제작할 때 더 적합하다.

어도비 에어로를 활용한 공간 스토리텔링

어도비 에어로는 직감적인 사용성을 자랑하는 모바일 앱과, 객체의 행동 설계를 위한 도구들이 추가적으로 제공되는 데스크톱 앱 버전이 있다. 디자이너는 두 종류의 앱을 활용해 상호작용이 가능한 증강현실 장면을 구축한다. AR 애플리케이션은 수평적 표면, 수직적 표면 그리고 그림, 이 세 종류의 **앵커**anchor를 표적으로 인식해 최종 결과물을 증강현실로 구현한다(그림 5-5).

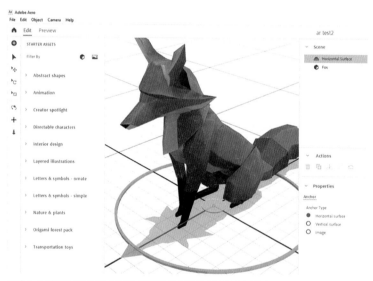

그림 5-5 어도비 에어로의 오른쪽 패널에 세 종류의 앵커가 표시된다.

이 세 종류의 앵커는 증강현실 장면이 공유되는 가장 흔한 사례를 반영한다. 예를 들면 사용자의 탁자 위(수평적 표면)나 근접한 벽(수직적 표면)에 증강현실 장면이 구현되거나, 책이나 잡지에 수록된 표식, 또는 벽화나 전시회의 벽면 예술과 같이 앵커로 미리 지정된 특수한 그림과 같다. 또한 에어로의 라이브러리에는 활성화 상태에서 특정 핀의 방향과 위치를 인식해 핀을 향해 이동하는 캐릭터와 같이 바로 적용해서 사용할 수 있는 에셋도 제공한다(그림 5-6).

그림 5-6 에어로에서 캐릭터가 'Pin1'을 대상으로 삼아 방향성 있게 움직일 수 있도록 '~로 움직이기 move to' 동작을 적용하는 화면

장면에 삽입되는 아이템에는 시작, **톡 치기**[tap], 근접성과 같은 개별 반응 유발 신호를 선택해 설정한다. 또한 활성화 상태에서 일어날 일련의 동작 순서는 동작 설계 기능을 통해 설정한다. 디자이너는 동작을 담고 있는 여러 설계 블록을 구성해 작은 줄거리를 구축한다. 에어로는 증강현실이 공유되는 가장 흔한 사례에 초점을 맞추어 관련 기능을 구성한다. 하나의 예로 증강현실을 통해 URL을 공개하는 경우, 짧은 줄거리를 다음과 같이 구성할 수 있다. 캐릭터가 콘텐츠 옆으로 걸어가고, 대기 상태로 사용자가 탭을 활성화하기를 기다린다. 탭이 활성화되면 애니메이션과 음성 메시지가 실행되고, 캐릭터는 캐릭터에 입력된 음성 메시지를 실행하면서 마침내 URL을 공개한다(그림 5-7).

그림 5-7 에어로에서 두 캐릭터의 연속된 동작을 정의하는 짧은 줄거리를 설계하는 장면

캐릭터 상호작용은 에어로를 통해 증강현실 장면을 설계하는 수많은 방법 중 하나일 뿐이다. 대개의 경우 디자이너는 공유형 AR 객체에 복잡한 **모션 그래픽**^{motion}^{graphic}을 입히는데, 이런 경우에는 에어로 데스크톱 전용 앱이 제공하는 폭넓은 범위의 애니메이션이 첨가된 3차원 에셋이나 모션 그래픽을 활용하면 좋다.

AR 디지털 콘텐츠 창작 도구

에어로를 통해 증강현실 장면을 구성하고 동작을 설계한다면, 3차원을 구축하고 질감과 애니메이션을 제작할 때는 **디지털 콘텐츠 창작**^{digital content creation}(DCC) 전용 도구를 사용한다. 디지털 콘텐츠 창작 도구 중 **블렌더 3D** ^{Blender 3D}는 인디 게임 제작자 사이에서 널리 사용되고 있고, **시네마 4D** ^{Cinema 4D}는 모션 그래픽 기능과 어도비 제품과의 우수한 통합성 때문에 모션 디자인에 특화된 디자이너가 선호하는 편이다. 어도비의 서브스턴스 3D 페인터나 **마모셋 툴백**은 스타일 개발과 질감 작업에 이용된다. 특히나 최종 결과물이 물리 기반 렌더링이 가미된 재질에 크게 의존하고 있을 때 적합하다(그림 5-8).

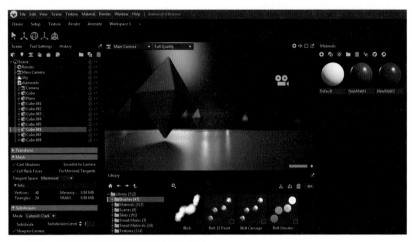

그림 5-8 마모셋 툴백으로 스타일을 개발하는 장면

애니메이션은 AR 객체의 가장 중요한 요소를 차지한다. AR 객체의 애니메이션은 객체가 사용자의 입력을 기다리고 있음을 시각적으로 표현하기 위해 빈둥거리는 동작을 무한대로 반복하거나, 증강현실의 특정 서사를 공개할 때 모션 디자인으로 표현하기도 한다. 애니메이션이 상호작용 디자인에서 AR 기술을 실감 나게 구현하는 중심추 역할을 하는 만큼 디자이너들은 소프트웨어 개발사 **누키가라**Nukeygara의 **아키쓰**Akeytsu와 같은 애니메이션 제작에 특화된 도구를 사용한다. 이는 애니메이션 순환을 프레임 단위로 조정해 여러 애니메이션이 서로 조화를 이루도록 최적화한다. 소프트웨어의 기능과 구성이 게임 애니메이션에 초점을 맞추고 있다는 사실은 아키쓰의 큰 장점이다. 유니티와 언리얼 엔진에서 모두 활용할 수 있는 미리 설정된 뼈대를 제공하고, 전반적으로 용이한 사용법과 편리한 순환 애니메이션 제작, 모션 디자인 절차의 효율성에 특화된 워크플로를 제공한다(그림 5-9).

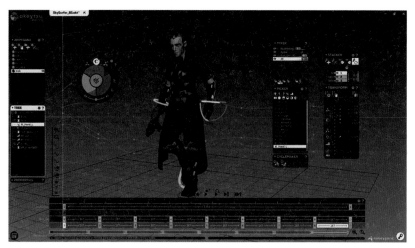

그림 5-9 아키쓰를 이용해 확장현실 캐릭터의 애니메이션과 모션 디자인을 설계하는 장면

일반적인 AR 제작 프로젝트는 다음과 같이 진행된다. 블렌더로 3차원 에셋을 설계하고, 마모셋 툴백이나 서브스턴스 3D 페인터를 이용해 스타일을 개발하고 질감을 입힌다. 아키쓰를 통해 3차원 객체 애니메이션을 적용하고, 어도비 에어로로 작업물을 들여와 객체의 행동을 배치하고 애니메이션 유발 효과를 설정한다. 최종 결과물이나 AR 객체 프로토타입은 링크나 QR 코드로 공유되어 사용자 검증을 진행한다.

어도비 에어로는 업계에서 영향력을 가진 도구로 핸드헬드형 AR 제작에 철저하게 초점을 맞추고 있으며, AR의 발전을 향한 어도비의 강한 집념을 보여준다. 에어로 플랫폼이 계속해서 사용자층을 키워나간다면, AR 공간형 스토리텔링의 산업 표준으로 자리 잡을 것이다. 창작자 대다수가 어도비 생태계를 이미 활발히 사용하고 있다는 사실 또한 그럴 가능성을 높여준다.

소셜 미디어의 AR

소셜 미디어 플랫폼 기업들은 어도비와 함께 핸드헬드형 AR 분야를 개척해나가고 있다. 소셜 미디어 메시지 서비스의 혁신적 존재인 **스냅챗**은 10여 년 전 기업 초창기 시절부터 AR 분야를 이끌어왔다. 스냅챗의 무료 창작 도구인 **렌즈 스튜디**

오는 스냅챗을 유명하게 만든 풍성한 AR 상호작용을 구현할 수 있는 세련된 개발 환경을 제공한다. 스냅챗은 단지 AR의 시각적 빼어남만으로 정상에 오른 것이 아니라, 전신 동작 추적과 같은 첨단 AR 혁신 기술을 진두지휘하고 있기 때문이기도 하다. 스냅챗이 시각 스토리텔러들의 천국이 된 이유는 스냅챗의 렌즈 스튜디오가 복잡한 행동 설계를 지원하는 비주얼 스크립팅 편집기를 포함해, AR 제작을 위한 풍성한 기능을 제공하기 때문이다(그림 5-10).

그림 5-10 렌즈 스튜디오의 재료 편집기와 비주얼 스크립팅을 이용하는 장면

스냅챗의 렌즈 스튜디오와 유사한 콘셉트인 **스파크 AR 스튜디오**는 페이스북과 인스타그램을 위한 AR 오버레이를 지원한다. 스파크 AR 스튜디오는 얼굴용 AR 오버레이 필터로 주로 알려져 있지만, 2차원 또는 3차원 견본을 이용해 AR 객체를 사용자의 환경에 배치시키는 객체 편집 기능도 제공한다. 스파크의 AR 객체가 환경과 어떻게 상호작용하는지 시연해볼 수 있는 혁신적인 방법으로 **스파크 AR 플레이어**Spark AR Player가 있다. 스파크 AR 플레이어는 오큘러스 퀘스트의 **오큘러스 앱 랩** 미리 보기 채널을 통해 사용 가능하며, 가상현실을 통해 스마트폰 사용자의 환경을 재현해낸다. 모바일 기기의 종류, 환경, 조명을 설정하고 스파크 AR 객체를 들여오면 가상의 사용자 환경에서 AR 객체를 시연해볼 수 있다. 데스크톱에 설치된 스파크 AR 스튜디오와 가상현실에 존재하는 스파크 AR 플레이어 간의 연결은 무선이고 즉각적이므로, 발상안을 빠르게 검토하고 쉽게 스타일을 반복 수정할 수 있다. 이러한 환경에서 XR 스타일을 개발하면 시간이 절약되고 여러 단계를 건너뛸 수 있다. 따라서 이와 같이 시너지를 만들어내는 도구의 결합이 앞으로

AR과 VR 애플리케이션을 위한 생산성 도구 분야에서 더 많이 생겨날 것으로 기대된다(그림 5-11).

그림 5-11 스파크 AR 스튜디오(왼쪽)로 제작한 프로젝트를 바로 오큘러스 퀘스트(오른쪽)로 전송해 검증하는 장면

핸드헬드형 AR 개발 환경

어도비와 소셜 미디어계의 거인들 외에도, 끊임없이 AR 개발 환경을 변화시키는 도구들이 있다. **블리파**Blippar와 **재퍼**Zappar는 AR 마케팅 경험 설계를 위한 솔루션으로, 브랜드를 운영하는 기업들이 손수 AR 창작물을 제작할 수 있도록 간편한 기능을 제공한다. 이러한 종류의 창작 도구들은 대개 구독 모델을 통해 사용할 수 있으며, 그림 표식이나 QR 코드로 활성화되는 핸드헬드형 AR 경험 제작에 적합하다.

아이잭EyeJack은 AR 창작물의 큐레이션과 배포에 특화된 핸드헬드형 AR 애플리케이션으로 각종 행사 환경에서 많이 사용된다. 아이잭의 창작자용 앱 역시 구독 모델 기반이며 그림 표식에 디자인물 레이어를 삽입해 애니메이션 효과을 유발시키는 작업을 간편하게 제공한다. 전시회나 행사에서 정적인 벽면 예술품에 동적인 AR 창작물을 중첩시켜 새로운 방식으로 스토리텔링을 전달하는 데 활용된다.

언리얼 엔진과 유니티 모두 애플의 AR키트와 구글의 AR코어를 지원한다. 유니티는 이를 위해 AR 기초 API와 구독형 AR 개발 툴킷인 **유니티 마스**^{Unity Mars}라는 환경 감지 데이터에 특화된 솔루션을 사용한다. 유니티 **에셋 스토어**^{asset store}는 여러 타사 솔루션을 제공한다. 가장 주목할 만한 AR 플랫폼은 **뷰포리아**^{Vuforia}다. 뷰포리아는 유니티와 통합이 가능해 널리 사용되는 AR 엔진으로, 높은 접근성과 용이성을 갖춘 덕분에 그림 표식 기반 AR 애플리케이션의 콘셉트를 빠르게 구현할 수 있다. 구독 기반이기는 하지만 뷰포리아의 지적재산권을 보호하는 워터마크가 삽입된 데모 버전을 이용하면 무료로 사용할 수 있다(그림 5-12).

그림 5-12 유니티 에셋 스토어에서 제공하는 뷰포리아

언리얼 엔진의 장점은 가장 흔하게 사용되는 AR 제작 도구들이 플랫폼의 제약 없이 하나의 모음집으로 통합되어 있다는 것이다. 또한 강력한 비주얼 스크립팅 시스템인 블루프린트를 지원해 코딩 작업 없이 빠르게 프로토타입을 제작할 수 있다는 것도 큰 장점이다. 유니티와 유사하게 다수의 특별한 AR 프레임워크와 툴킷이 언리얼 엔진 마켓플레이스에서 제공되기 때문에 디자인 절차를 시작하기에도 좋은 환경이다(그림 5-13).

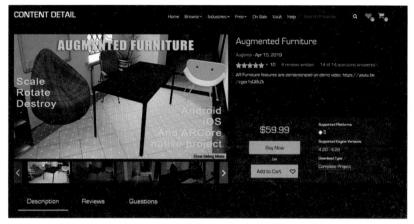

그림 5-13 언리얼 엔진 마켓플레이스에서 구매 가능한 증강 가구 툴킷

핸드헬드형 AR 상호작용 설계 환경은 날이 갈수록 사용자 친화적으로 변모하고 있다. 예컨대 애플의 맥OS의 통합 개발 환경을 위한 Xcode 툴킷Xcode toolkit은 애플의 AR 창작 도구인 **리얼리티 컴포저**Reality Composer를 포함한다. 시각적인 3차원 제작 환경은 디자이너가 가상 객체를 장면에 배치하는 여러 방식을 제공하고, 물리적 시뮬레이션에 의한 애니메이션과 반응 음향, 행동의 추가를 가능하게 한다. 구성 요소들은 .reality나 .usdz와 같은 경량 파일로 애플의 **퀵 룩**Quick Look으로 내보내져 전반적인 조화와 인상을 검증할 수 있다.

복잡하게 설계된 핸드헬드형 AR이라면 공유형 AR 객체의 상호작용 행동을 시연해보기 위해 특정 앱이나 소셜 미디어 플랫폼을 별도로 설치해야 하는 경우가 많다. 반면 **웹AR**은 앞으로 주목해볼 만한 예외 사례다. 여러 최신 브라우저가 웹AR을 지원하므로 별도의 프로그램 설치가 필요 없다는 점에서 플랫폼 중 가장 접근성이 좋다. 웹AR은 빠른 속도로 개발되고 있으며, **블리파, 재퍼, 8번째 벽**8th Wall5과 같은 기업들은 개발자와 디자이너가 웹AR로 구동이 가능한 차세대 애플리케이션을 설계할 수 있도록 툴킷을 제공한다.

---

5 https://www.8thwall.com

핸드헬드형 AR의 사용자 경험

어떤 종류의 AR 상호작용 속성을 눈여겨보아야 할까? 핸드헬드형 AR의 프로토
타입을 제작할 때 어떤 가능성을 고려해야 할까? 핸드헬드형 AR에서는 기기의
카메라와 현실에 중첩된 가상 객체가 경험의 중심이다. 이에 따른 사용자 경험 설
계의 기본 규칙과 고려 사항을 소개한다(그림 5-14).

그림 5-14 기본적인 핸드헬드형 AR 개념

- **환경적 맥락:** 사용자의 환경은 경험의 중심이다. 증강현실을 실행하기 위
  해 환경에 요구되는 필수 사항이 무엇인지 사용자에게 안내해야 한다. 또
  한 사용자가 자신의 환경에 가장 적합한 방식으로 속성을 설정할 수 있도
  록 선택 사항을 제공하는 걸 권장한다.

- **착용감과 안전:** 온보딩 경험과 교습, 안전 지도를 통해 사용자를 안내해야
  한다. 이를테면 몰입 상태에 있는 사용자가 급작스러운 동작을 취할 때 사
  용자가 위치한 물리적 환경을 주의해야 함을 경고해야 한다.

  핸드헬드형 AR의 착용감 역시 필수 고려 사항이다. 핸드헬드 모바일 기기
  는 제한된 시간 내에서 바른 자세나 특정한 각도에서 쥐고 있을 때 가장 착
  용감이 좋다. 사용자의 피로감을 덜어주기 위해서 핸드헬드형 AR과 상호작
  용하지 않고도 확장형 콘텐츠를 만날 수 있는 선택 사항을 사용자에게 제공
  할 수도 있다. 예를 들어 공간형 AR 환경에서 취득한 가상 아이템을 굳이

증강현실을 통하지 않고도 살펴볼 수 있는 방안을 제공해주는 것이다.

- **화면 바깥 영역 신호:** 왼쪽과 오른쪽 화살표는 사용자가 화면 바깥에 위치한 콘텐츠를 발견할 수 있도록 도와준다.

- **객체 상호작용:** 사용자에게 친숙한 동작으로 객체를 제어하거나, 3차원 힌트나 더 많은 정보를 암시하는 시각적 상징을 제공하는 것은 직감적이고 이해하기 쉬운 상호작용을 구축하는 방법이다. 또한 문자 사용을 최소한으로 절제하는 대신 진동 촉각이나 음향효과로 상호작용이 발생함을 표현해 전체 화면 구성의 단순성과 활용도를 높이면 경험의 질이 향상된다.

- **화면 조명과 재료:** 객체의 조명, 그림자, 표면의 반사광은 객체의 속성과 사용자 환경에서의 상대적인 위치를 표현할 때 중요한 요소다. AR 객체의 그림자는 표면으로부터의 거리를 암시해 사용자가 가상 아이템이 땅에 붙어 있는지, 어딘가에 붙어 있는지, 아니면 떠 있는지를 파악할 수 있게 한다.

대부분의 핸드헬드형 AR 개발 도구는 착용형 AR도 타깃 플랫폼으로 선택할 수 있도록 지원한다. 착용형 AR을 타깃 플랫폼에 추가할 경우 기기 종류에 따른 애플리케이션의 반응성을 고려해야 한다. 핸드헬드형 AR 기기는 일반적으로 어깨 높이 아래에 위치하는 반면, AR 글래스는 눈높이에서 실행된다. 따라서 AR 헤드셋의 입체적인 깊이 인지를 제대로 활용하기 위해서는 콘텐츠를 감상 거리에 맞게 조정해야 한다.

5.3 오큘러스 생태계

오큘러스는 VR 소비 시장을 점령하고 있다. 이 책이 쓰여지고 있는 현재, 오큘러스 퀘스트 2는 스팀 플랫폼에서 가장 많이 사용되는 헤드셋이다. 오큘러스는 소비자와 게임 장르에 초점을 맞추면서도 창작, 생산성, 개발 도구의 생태계를 인상적인 수준으로 구축했기 때문에 UX 디자이너의 업무에서도 활용도가 높다. 발상, 프로토타입 제작, 검증, 부서 간의 소통을 위한 다양한 도구를 살펴보자.

발상, 그레이박싱, 초기 프로토타입 제작

발상은 VR 개발을 위한 UX 디자인 절차에서 가장 중요한 단계다. 기획 단계에서 아무리 빼어난 VR 콘셉트일지라도, 3차원으로 구현되어 가상 세계 속에서 경험할 수 있어야 비로소 우수성을 검토할 수 있다. 따라서 구상 단계부터 3차원적인 기본 구성 요소와 깊이 레이어에 대한 대강의 계획을 세우는 것은 초기 단계에서 디자인 비전을 공유하는 데 도움이 된다.

지난 몇 년 사이 오큘러스 헤드셋을 지원하는 창작 도구가 많이 생겨났다. 오큘러스 퀘스트 전용 애플리케이션과 PC 전용 애플리케이션은 **오큘러스 링크**^{Oculus Link}를 통해 상호 연결된다. 도구 대부분은 기하학적 구조 창작과 표면 채색 작업을 지원하며, 일부 앱에서는 에셋 라이브러리를 통해 조각 작업을 비롯한 다른 종류의 작업도 지원한다. **그래비티 스케치**^{Gravity Sketch}는 대표적인 전문가용 제품 디자인 도구로 세분화된 표면과 복잡한 유기적 모양을 제작할 수 있다(그림 5-15).

그림 5-15 오큘러스 퀘스트를 통해 그래비티 스케치로 그레이박싱 작업을 하는 장면

그레이박싱grayboxing은 흔히 사용되는 게임 디자인 기법으로, 세부 표현과 정제된 환경 에셋을 추가하기 전에 질감 표현이 없는 단순한 기하학적 모형으로 공간의 얼개를 잡아내는 작업이다. 그레이박싱을 통해 경험 속에서 3차원 공간이 어떻게 활용될지, 어떤 아이템이 전면에 배치될지, 어떤 배경을 사용해야 할지, 레이아웃이 게임 진행에 어떤 방식으로 영향을 줄지 검토한다. 또한 본격적인 개발에 도입하기 전 그레이박싱 기법으로 발상안을 표현해 사용자와 의사결정자에게 보여주고 피드백을 수집하는 방식으로 전체적인 인상을 검증하기도 한다.

구글의 **틸트 브러시**와 어도비의 **미디엄**Medium은 몰입형 창작물 제작에 초점을 맞춘 도구로 가상현실 경험 발상 초기 단계에서 초안을 그릴 때 사용된다. 반면 오큘러스 퀼은 애니메이션과 카메라 위치에 따른 스토리텔링 설계에 더 초점이 맞춰져 있다. 애니메이션과 음향을 이용한 VR 서사를 개념화해 인상을 검증할 때 유용한 해결책이다. 프로토타입 제작 전용 도구인 **티보리**Tvori6는 오큘러스 링크로 연결된 PC 버전이나 퀘스트 전용 독립형 버전으로 이용할 수 있다. 현재는 베타 버전만 제공되며, 사용자 인터페이스 요소를 디자인할 때 강력하다(그림 5-16).

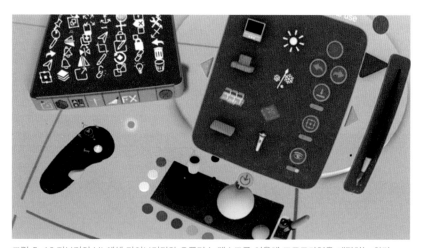

그림 5-16 티보리의 UI 에셋 라이브러리와 오큘러스 퀘스트를 이용해 프로토타입을 제작하는 화면

---

6 https://tvori.co

티보리는 XR 개발 환경에서 일반적인 UX, UI 작업을 할 때 필요한 여러 에셋을 제공한다. 휘어진 메뉴 화면, UI 객체, 2차원 UI 아이콘 꾸러미 등 사전 제작된 에셋이 담긴 라이브러리는 빠르게 VR 프로토타입을 제작할 때 활용도가 높다. 전문가용과 기업용 버전은 오큘러스 뷰어 앱이나 독립형 버전으로 내보내는 기능도 제공한다. 티보리는 또한 프로토타입 제작과 디자인 협업을 지원하는 도구 중 하나다. 다만 마이크로소프트의 마켓과 마찬가지로 앱 내부에서의 상호작용 로직을 설계하는 도구는 제공하지 않으므로, 프로토타입 제작 초기 단계의 시각화, 발상, 스타일 개발, 인상 검증 시에 더 적합하다.

프레임워크와 도구

상호작용 로직이 포함된 프로토타입을 제작하기 위해선 유니티나 언리얼 엔진을 기반으로 하는 프레임워크가 필요하다. 표준 상호작용 모듈이나 이동 방식을 기초부터 설계할 필요 없이 프레임워크에서 제공하는 사전 제작된 필수 상호작용 요소를 활용하면 되고, 추후 비주얼 스크립팅 도구인 언리얼 엔진 전용 블루프린트나 유니티 전용 볼트를 이용해 사용 요소를 확장하거나 자체 수정할 수 있다. **휴먼 코더블**Human Codable[7]에서 언리얼 엔진 전용으로 제작한 **고급 VR 프레임워크**Advanced VR Framework는 잘 짜인 VR 프레임워크의 대표적 예다. 고급 VR 프레임워크는 모듈형과 확장형 콘셉트를 제공하며, 가상현실을 통한 발표, 건축 설계의 시각화, 훈련, 제품 시연, 게임 제작 환경이 주요 대상이다. 이 시스템은 설정을 변경할 수 있는 구성 요소 기반이며, PC와 독립형 VR 기기에 사용 가능하다. 빠른 프로토타입 제작과 검증에 필수 구성 요소인 객체 상호작용, 탐색, 동적인 사용자 인터페이스, 멀티플레이어 선택 사항도 고급 VR 프레임워크에 수록되어 있다(그림 5-17).

---

7   https://humancodeable.org

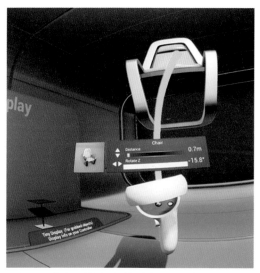

그림 5-17 휴먼 코더블이 제작한 언리얼 엔진 4용 고급 VR 프레임워크에는 타이니 디스플레이^{Tiny Display} 속성이 수록되어 있다. 이는 사용자가 쥐고 있는 객체를 작은 화면에 비추는 기능이다.

유니티 엔진은 **XR 상호작용 툴킷**^{XR interaction toolkit}을 통해 객체 상호작용, UI 상호 작용, 이동 방식이 통합된 기본 AR/VR 상호작용 구성 요소를 제공한다. 개발에 착수하기 충분한 수준의 구성 요소들이 제공되지만, 더 많은 상호작용 방식을 접 하고 싶을 경우 상업용 버전을 사용해야 한다. 상업용 버전은 이전에 인기를 끌 었던 오픈 소스 **가상현실 툴킷**^{Virtual Reality Toolkit}(VRTK)이나, **레이어케이크디자인** ^{LayerCakeDesign}이 개발한 **손동작 추적 상호작용 빌더**^{Hand Tracking Interaction Builder}처럼 손동 작 상호작용에 특화된 툴킷을 대체할 수 있을 정도로 다양한 상호작용 방식을 제 공한다. 게임사 **비어디드 닌자**^{Bearded Ninja Games}에서 제작한 **VR 상호작용 프레임워크** ^{VR Interaction Framework}8는 VR 헤드셋을 대상으로 하는 유니티 엔진 전용 프레임워크 중에서 가장 완성도가 높다. 휘어진 UI 통합, 등반, 3차원 표식과 같은 특화된 구 성 요소까지 포함해서 광범위한 상호작용 구성 요소를 제공하는 게 강점이다(그 림 5-18).

---

8 http://beardedninjagames.com/vr-framework

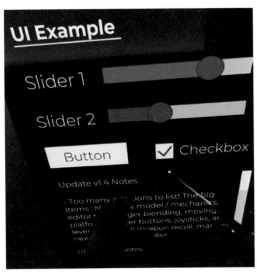

그림 5-18 게임사 비어디드 닌자가 유니티 엔진을 위해 제작한 VR 상호작용 프레임워크를 통해 UI를 제작하는 화면

프레임워크 사용 방법을 습득하는 데 상당한 시간과 노력이 소요되는 것은 사실이지만, 중요한 프레임워크 하나 정도는 익혀두는 것이 좋다. 프레임워크를 이용하면 발상을 상호작용이 완전히 가능한 수준으로 빠르게 구현해 검증할 수 있기 때문이다. 프레임워크는 일반적으로 디자인의 출발 지점이고, 엔진의 비주얼 스크립팅 환경은 제공된 요소를 맞춤형 기능으로 확장하는 도구를 제공한다.

상호작용형 VR 콘셉트의 검증은 오큘러스에서 제공하는 동반 도구인 **오큘러스 개발자 허브**Oculus Developer Hub로 편리하게 작업할 수 있다. 연결된 PC 화면을 녹화하는 기능은 프로토타입 제작과 반복 수정 절차에서 사용자의 경험을 시연할 때 큰 도움이 된다. 사용자의 경험을 편리하게 관찰하고 검증할 수 있기 때문에 UX 디자이너가 사용자들로부터 피드백을 얻기 위해 시행하는 질적 연구에도 유용하다.

프로토타입에 대한 피드백을 얻는 또 하나의 방법은 초기 접속 버전을 사이드퀘스트나 스팀, 오큘러스 앱 랩을 통해 공개하는 것이다. 이들은 공식 오큘러스 상점의 대체 플랫폼으로 까다로운 기준을 통과한 개발자만이 접속할 수 있다. **트라이앵글 팩토리**Triangle Factory의 〈**하이퍼 대시**Hyper Dash〉라는 멀티플레이어 VR 슈팅 게임은 오큘러스 상점에 공식 출시되기 이전, 개발 과정에서부터 사이드퀘스트 플랫폼의 커뮤니티로부터 피드백을 받았다. 한편 행사를 위한 제품 소개 앱과 같이 소규모 프로젝트가 피드백을 얻으려면 웹AR 버전을 먼저 제작하고 사용자에게 링크를 배포하는 방법을 사용한다. 이 절차를 위해 비영리단체이자 오픈 소스인 **모질라**Mozilla는 유니티 전용 **웹XR 내보내기**WebXR Exporter 구성품을 출시했다. 웹VR을 지원하는 브라우저에 VR 콘셉트를 투입시키는 절차를 간소화하며, 기기 환경에 대한 걱정 없이 발상을 반복 수정할 수 있다. 물론 통합형 오큘러스 브라우저를 비롯한 대부분의 최신 브라우저는 웹AR을 지원한다.

한편 협업과 모임 플랫폼도 오큘러스 생태계를 구성한다. 코로나바이러스의 세계적인 대유행 이래로 이런 서비스들이 점차 중요해지고 있으며, 팀 구성원이 여러 나라에 있는 국제적인 프로젝트에서도 점점 인기를 끌고 있다. 빅스크린, 알트스페이스, **모질라 허브**Mozilla Hubs9와 같은 VR 팀 모임 플랫폼이 가볍고 일상적이라면, **아서**Arthur10나 **스페이셜**Spatial11은 기업 회의 환경에 적합한 해결책으로 화이트보드나 에셋 들여오기 기능과 같은 생산성 도구를 제공한다. 가상현실을 통한 회의와 모임은 계속해서 성장할 것이고, 미래 디자인 협업의 중요한 일부가 될 것이다. VR 회의가 **줌**Zoom과 같은 화상회의를 대체하는 시대가 오면, XR 프로젝트를 위한 스타일 개발 단계에서 디자인 리뷰를 할 때 작업 중인 3차원 객체를 바로 가상 공간에 띄우고 논의하는 상상이 현실로 이루어질 것이다(그림 5-19).

---

9 https://hubs.mozilla.com
10 https://www.arthur.digital
11 https://spatial.io

그림 5-19 스페이셜을 통한 가상 회의에서 포스트잇 메모를 만드는 장면

5.4 마이크로소프트 홀로렌즈

착용형 AR 기술은 현재 기업용 시장에 초점을 맞추고 있다. 헤드셋 개발의 선두 주자 **매직 리프**는 본래 소비 시장을 공략했지만 기업 시장이 더 나은 사업 환경이라고 판단하고 방향을 전환했다. 당시 기술은 비용이 높았기 때문에, 엔지니어링, 창고업, 사내 의사소통과 같은 공업용이 아니고서는 소비자의 관심을 끌기 어려웠다. 마이크로소프트 역시 2016년 홀로렌즈 개발자 버전을 처음 출시한 이래로 기업용 시장을 표적으로 삼아왔다. 2019년 2월에 홀로렌즈 2가 출시되었을 때, 홀로렌즈 2는 이미 인상적인 기업 파트너 명단을 확보한 상태였다. 홀로렌즈 2는 UX 관련 영역, 특히나 디스플레이, 착용감, 상호작용 품질에서 중대한 발전을 이룩했다(그림 5-20).

그림 5-20 AR 헤드셋의 UI 상호작용

마이크로소프트는 개발자 커뮤니티와 **혼합현실** 생태계를 구축하며 AR 분야를 이끌고 있다. AR 클라우드에 지속적인 디지털 객체를 만드는 **애저 공간 앵커**Azure Spatial Anchor와 다중 사용자multiuser 혼합현실 플랫폼 마이크로소프트 **메시**Mesh가 마이크로소프트의 혼합현실 생태계 구축을 위한 노력을 보여주는 대표적인 제품이다.

AR 기술은 이제 곧 소비 시장으로 깊이 침투할 수 있을 만큼 발전했다. 지금부터는 시간과 가격 싸움이다. 곧 다가올 전환기를 맞이해 게임 개발자, 매체 플랫폼, 소비자 브랜드는 각종 도구를 실험 중이다.

혼합현실 거울 세계

2017년, 고전을 면치 못하고 있던 소셜 VR 선도 기업 **알트스페이스VR**을 마이크로소프트가 인수했다. 그 당시에는 이 사건이 마이크로소프트의 다중 사용자 VR 클라우드의 비전을 실현하는 데 중대한 역할을 하게 될 거라는 예상은 아무도 하지 못했다. 홀로렌즈의 수석 개발자 **앨릭스 키프만**Alex Kipman은 2021년 3월 알트스페이스VR에서 발표한 기조연설에서 소셜 VR과 이를 위한 인프라에 대한 비전을 발표했다. 마이크로소프트는 사생활, 안전뿐 아니라 데이터, AI, 혼합현실 서비스와의 통합과 같은 알트스페이스VR의 핵심 속성을 활용해 기업용 버전도 제공할 예정이다. 이 목표를 달성하기 위해 마이크로소프트는 메시를 이용해 알트스 페이스를 재건축 중이다. 따라서 알트스페이스VR은 마이크로소프트가 메시와 메 시의 기능을 뽐낼 수 있는 주요한 기회라고 볼 수 있다.

알트스페이스VR의 업그레이드는 알트스페이스VR을 가상 모임의 장이자 행사 공간으로 이용해온 기존 소비자와 실무자에게도 반가운 일이다. 알트스페이스VR 은 2013년 브랜드 초창기 이래로 스탠드업 코미디 공연, 음악 연주, 댄스 파티와 같은 오락적인 행사뿐 아니라 실무자를 위한 워크숍과 토론 모임을 통해 사용자 에게 상당한 가치를 제공하는 소셜 VR의 장으로 명성을 얻었다. 특히 2020년에 미국 네바다주 사막에서 개최되는 유명한 연례 행사인 **버닝 맨**Burning Man이 코로나 바이러스 대유행으로 인해 취소되었을 때 알트스페이스VR은 가상 버전 버닝 맨 행사 개최를 지원하며 대중들로부터 높은 평가를 받기도 했다.

마이크로소프트의 XR 생태계는 **혼합현실**mixed reality(MR)이라는 이름으로 브랜드화 되었다.[12] 혼합현실은 VR과 AR을 모두 지원하지만, VR 헤드셋 홀로렌즈야말로 품질, 기능, 도구의 측면에서 선구적 위치에 오른 획기적인 제품으로 평가받는다. 마이크로소프트의 클라우드 서비스 애저는 혼합현실의 뼈대가 되어 AR의 지속적 인 디지털 객체를 위한 인프라를 제공한다. **바이트**byte를 원자에, 디지털 객체를 물 리적 공간에 고정시키는 **거울 세계**는 공간적 앵커를 이용해 다중 사용자를 위한 디지털 세상을 건설할 수 있는 환경을 마련한다. 거울 세계는 **디지털 쌍둥이**(디지 털 트윈)digital twin를 만들고 물리적 장소를 가상으로 표현해낸다는 장점이 있다. 또 한 **지리 정보 시스템**geographic information system(GIS)으로 제공되는 공간 위치 데이터, **사 물인터넷**(IoT), 원격 조종이 가능한 연동 시스템을 데이터 인터페이스로 제공한 다. 이것이야말로 정부 서비스, 소비자용 애플리케이션을 비롯한 광범위한 산업 에 적용할 수 있는 미래지향적인 XR 개발의 비전이다. 이전에도 언급했듯이 마이 크로소프트만 이 비전을 꿈꾸고 있는 건 아니다. **공간 컴퓨팅 인프라**는 거울 세계, 혼합현실, 확장현실, 메타버스 등 다양한 이름으로 불리우며 애플, 구글, 메타를 비롯한 많은 기업이 집중하고 있다(그림 5-21).

---

12 https://docs.microsoft.com/ko-kr/windows/mixed-reality

그림 5-21 메타버스는 거울 세계 또는 실제 세상의 디지털 쌍둥이라 부른다.

마이크로소프트 마켓을 이용한 프로토타입 제작

마이크로소프트의 혼합현실 프로토타입 제작 도구인 마켓은 발상과 모형 작업에
필요한 풍부한 기능을 무료로 제공한다. 오큘러스 링크 데스크톱 사용자라면 스
팀 버전으로 사용할 수 있다. 별도의 플러그인만 이용하면 마켓에서 제작된 콘셉
트, 즉 화면 구성 요소나 인터페이스 모형을 유니티로 바로 보내 비주얼 스크립팅
도구인 볼트를 포함한 유니티의 다양한 도구로 실제 상호작용 로직을 적용할 수
있다. 마켓에 타사 플랫폼에서 제작된 기하학적 구조를 가져와 작업할 수 있고,
다양한 UI 객체, 문자와 선 디자인을 위한 도구로 XR 장면의 레이아웃과 시각적
인 상호작용 콘셉트도 설계할 수 있다. 초기 단계로 표현한 발상을 사용자와 의사
결정자로부터 인상을 검증해보고 싶다면 마켓은 개발의 훌륭한 시작점이다. 또한
의뢰인에게 새로운 XR 해결책을 제안할 때 마켓에서 제작한 몰입형 모형을 의사
소통에 활용하면 초반 제작의 효율성이 증대된다(그림 5-22).

그림 5-22 마이크로소프트 마켓으로 확장현실을 위한 발상 표현과 모형 제작 중인 모습

일반적으로 마이크로소프트 마켓으로 개발할 때는 전형적인 3차원 방을 가상현실 배경으로 설정한 뒤 AR 콘셉트를 검증하는 방식으로 작업한다. 이런 몰입형 디자인 방식은 '맥락을 고려하는' 디자인 접근과 몰입 중인 사용자의 관점에서 3차원 요소를 검증할 수 있다. 또한 확장현실 장면을 3차원상에서 직접 개념화할 수 있다. 즉, 직접 사용자처럼 가상현실 공간에 들어가 UI 요소의 3차원적인 위치의 거리 계산과 UI 서체 평가, 객체 시차 검증까지 할 수 있다. VR 프로토타입을 제작할 때 마켓이나 티보리 같은 도구 대신 사용할 대안을 찾고 있다면 **블렌더**와 같이 기본적으로 VR을 지원하는 3차원 소프트웨어을 이용해 완전한 3차원 모형을 설계하는 것도 방법이다(그림 5-23).

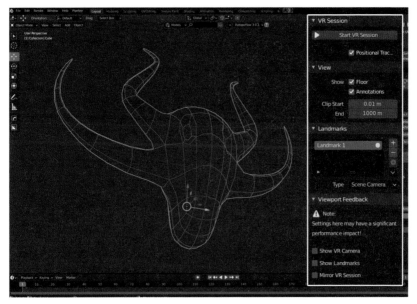

그림 5-23 블렌더를 이용한 VR 장면 점검

블렌더에서 제공하는 VR 장면 점검 플러그인은 기초적인 기능만 제공하지만, 유니티나 언리얼 엔진에 장면을 내보내기 전에 가상현실 환경에서 시각적인 콘셉트를 평가하고, 상호작용과 이동 방식을 통합할 때 충분히 유용하다.

혼합현실 툴킷

마이크로소프트의 **혼합현실 툴킷**은 UI와 공간형 상호작용을 위한 **크로스 플랫폼**cross-platform 입력 시스템이다. 혼합현실 툴킷의 프레임워크에서 제공하는 라이브러리에는 광범위한 상호작용 모듈이 포함되어 있어 빠른 프로토타입 제작을 지원한다. 혼합현실 툴킷은 대부분 홀로렌즈 2를 이용하는 프로젝트에서 사용되지만, 오픈XR, 윈도우의 혼합현실, 오큘러스 헤드셋도 지원한다. 또한 VR 컨트롤러를 지원하기도 하지만, 직접적인 손동작 상호작용에서 특유의 강점을 보여준다. 최신식의 견고하고 미래지향적인 AR 툴킷을 보여주는 데다 유니티(MRTK-Unity)[13]와 언리얼 엔진(UXT, MRTK-Unreal, 그리고 UX 도구)[14] 모두 지원한다.

마이크로소프트 홀로렌즈와 혼합현실 디자인 팀의 수석 UX 디자이너 박동윤 씨 [15]는 혼합현실 툴킷의 열렬한 옹호자다. 그는 UX 구성 요소가 사용되는 일반적인 사례뿐 아니라 공간 컴퓨터를 위한 서체와 같은 특수한 영역에서 UX가 어떻게 활용될 수 있는지에 관한 정보를 꾸준히 공유한다.

마이크로소프트 혼합현실 툴킷이 원격 객체 상호작용으로 제공하는 가시적인 선택 광선과 공중 탭 활성화를 살펴보면 오큘러스의 손동작 상호작용 콘셉트와 다소 비슷하다. 그러면서도 손바닥을 위로 올리는 동작을 통해 새로운 콘텐츠를 실행하는 독특한 콘셉트도 포함한다. 대부분의 기본적인 상호작용은 모든 XR 플랫폼에서 일관적으로 발견된다. 예외 사례로 홀로렌즈에는 손이나 눈 추적, 목소리 명령을 통한 터치 이벤트와 같은 특수한 속성을 제공한다.

마이크로소프트 혼합현실 툴킷의 최고의 장점은 면밀하게 설계된 상호작용과 UI 모듈의 맞춤 제작 기능이다. 객체를 잡고, 회전하고, 크기를 조정하는 기본 상호작용 방식을 비롯해 전형적인 UX/UI 문제를 해결하는 주목할 만한 모듈들이 잘 정비되어 있다(그림 5-24).

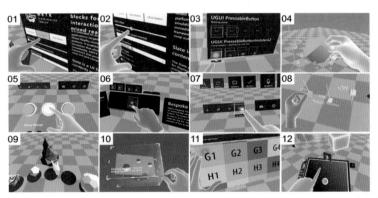

① UI 버튼 상호작용 ② UI 슬라이더 ③ 부피감 있는 UI 버튼 ④ 스내핑 ⑤ 3차원 버튼 ⑥ 탄력 있는 상호작용 ⑦ 부피감 있는 개별 UI 버튼 ⑧ 3차원 핀치 슬라이더 ⑨ 도킹 ⑩ 테두리 상자 조작 ⑪ 화면 이동과 확대/축소를 위한 동작 ⑫ 객체 색상 조작 기능

그림 5-24 마이크로소프트 혼합현실 툴킷의 상호작용 예시

---

13 https://docs.microsoft.com/ko-kr/windows/mixed-reality/mrtk-unity/?view=mrtkunity-2021-05

14 https://microsoft.github.io/MixedReality-UXTools-Unreal/README.html

15 https://dongyoonpark.com

① **UI 버튼 상호작용:** 모바일과 웹 UI의 버튼 터치 상호작용과 유사하다. 마우스가 버튼에 올라간 **호버**^{hover} 상태에서는 버튼이 강조된다. 손가락 터치 입력이나 **오버랩**^{overlap}되면 버튼은 색상을 바꾸면서 활성화된다.

② **UI 슬라이더:** UI 슬라이더는 사용자에게 익숙한 터치 인터페이스로 작동한다. 손가락 터치 입력이나 오버랩되면 색상이 바뀌며, 끌어서 원하는 위치로 옮길 수 있다.

③ **부피감 있는**^{volumetric} **UI 버튼:** 2차원 메뉴를 구성하는 버튼에 가까이 다가가면 3차원으로 변하거나 영구적으로 3차원 모양을 유지한다. 추가로 혼합현실 툴킷은 다양한 선택 사항을 제공한다. 예를 들면 버튼이 눌릴 때 문자와 아이콘이 버튼과 함께 밀려 내려가게 하든지, UI에 고정된 위치에 있도록 한다. 호버, 누르기, 활성화에 대한 시각적인 피드백으로 버튼의 색상이 바뀐다.

④ **스내핑**^{Snapping}**:** 스내핑은 3차원 객체를 공간에 맞춰 정렬한다. 일반적으로 사용자가 UI 요소나 상호작용 구성 요소를 이동할 때 사전 설정된 인터페이스의 구역으로 안내하는 기능이다.

⑤ **3차원 버튼:** 3차원 버튼은 실제 버튼과 생김새나 행동이 같다. 다만 버튼이 눌리면서 반응이 유발될 때 색상이 변하기도 한다.

⑥ **탄력 있는**^{elastic} **상호작용:** 혼합현실 툴킷에서는 탄력 시뮬레이션을 기반으로 용수철 시스템^{spring system}을 첨가하면 UI 패널이 활짝 열리면서 튕기는 애니메이션으로 흥미롭고 재치 있는 UI 이벤트를 도입할 수 있다. 이러한 종류의 물리 기반 시뮬레이션은 사용자의 인터페이스 상호작용에 유쾌한 놀이성을 더한다.

⑦ **부피감 있는 개별 UI 버튼:** UI 패널에 삽입된 버튼과 달리 독립적으로 존재하거나 일렬로 나란히 위치하는 버튼을 일컫는다. 가까이 다가갈 때 3차원 구조로 확장되며, 손가락으로 터치하거나 오버랩하면 색상 변화로 활성화 상태를 나타내기도 한다.

⑧ **3차원 핀치**pinch **슬라이더:** 작은 손잡이가 슬라이더에 달려 있어 엄지와 검지로 집어 조정하는 핀치 슬라이더 역시 3차원으로 구현 가능하다. 슬라이더를 조정하기 위해 엄지와 검지로 손잡이를 꼬집는 **핀치** 동작 자체가 터치나 오버랩처럼 반응 유발 요소가 되어, 실물 핀치 슬라이더를 이용할 때의 느낌을 그대로 구현할 수 있다.

⑨ **도킹**docking**:** 이동 가능한 3차원 상호작용과 UI 객체는 대개 기본 위치가 있다. 도킹 기능은 객체가 수거되어 반납될 때 정박시킬 수 있는 객체의 본래 위치를 표시한다. 일반적으로 객체가 도킹 기능에 의해 귀환되면 사용자가 객체에 조작한 크기, 회전, 크깃값이 모두 초기화된다.

⑩ **테두리 상자**bounding box **조작:** 사용자가 테두리 상자 와이어프레임의 어느 면을 활성화시키느냐에 따라 객체의 크기와 회전각을 조절할 수 있다. 이는 3차원 데스크톱 애플리케이션과 게임의 규율을 따르는 게 일반적이다. 테두리 상자가 항상 보이도록 선택하거나 사용자가 가까이 다가갈 때만 활성화되도록 선택할 수 있다.

⑪ **화면 이동과 확대/축소를 위한 동작:** 모바일 기기의 터치 상호작용과 유사하게 사용자가 UI 표면에 손을 포개거나 터치할 때 표면을 밀어냄으로써 화면을 확대/축소하거나 이동할 수 있다. 이 기능을 활성화하면 표면 위에서 양손을 모으거나 멀게 뻗어서 화면을 축소하고 확대할 수 있다.

⑫ **객체 색상 조작 기능:** 맞춤 색상 기능은 창작 XR 애플리케이션에서 활발히 사용된다. 객체의 색상 조작은 모바일 기기에서처럼 팝업형의 맞춤 기능 패널에서 손가락으로 밀어 원하는 색상을 선택한다.

지금까지 살펴본 마이크로소프트 혼합현실 툴킷의 대표적인 기능과 예시는 XR 애플리케이션에서 사용자가 UI, 객체와 상호작용하는 가장 흔한 방식이다. 여기서 확인할 수 있는 점은 손동작으로 직접 조작하는 방식의 기초가 매우 탄탄하다는 것이다. 고전적인 형식부터 재치 있고 직감적인 콘셉트에 이르기까지 다양한 구성 요소는 사용자가 이미 이해하고 있는 친숙한 콘셉트 기반이기 때문에 별도의 설명이나 사용 설명서가 필요하지 않다. 다음은 친숙한 콘셉트의 대표적 예다.

- **2차원 웹과 모바일 앱에서의 터치 상호작용 방식과 비교:** XR 손동작 상호작용에서는 기본 역학은 그대로 유지된 채 오버랩이 터치를 대체한다.
- **데스크톱 애플리케이션과 게임에서 사용된 3차원 객체 상호작용 방식과 비교:** 테두리 상자를 조작해 객체를 이동, 회전하거나 크기를 조정하는 상호작용은 3차원 앱이나 게임에서 자주 사용되는 방식이며 확장현실에서도 그대로 구현된다. 다만 확장현실에서는 마우스 포인터나 터치 동작 대신 손가락으로 핀치해야 한다.
- **실제 세계 속 물리적 상호작용 방식과 비교:** 객체는 모방한 실제 세계의 대상처럼 행동한다. 따라서 사용자는 실생활에서처럼 버튼을 누르고, 슬라이더를 조절하며, 객체를 물리적 속성에 따라 집어들거나, 밀거나, 던질 수 있다. 실제 세계의 촉각 저항은 오버랩 이벤트로 대체되며, 소리가 피드백된다.

대부분의 혼합현실 툴킷 상호작용이 사용자에게 익숙한 콘셉트와 심성 모델 기반이므로 직감적으로 이해할 수 있다는 사실은 UX 디자인에 의미하는 바가 크다. 가상현실에서 종종 가상 태블릿이 휴대 가능한 메뉴로 등장하는 것도 같은 이유다. 사용자가 실제 세계에서 모바일 기기와 친숙하기 때문에, 가상현실 속에서도 모바일 기기를 주요 메뉴로 사용하는 것을 편하게 느낄 것이라는 판단하에서다.

혼합현실 툴킷은 사용자에게 친숙한 콘셉트를 활용할 뿐만 아니라, 3차원 역학을 이용해 UI 규율을 한 단계 향상시켰다. 그 결과 더욱 명쾌하고 재치 있는 상호작용 덕분에 피드백의 시각적 전달력을 상승시켰다. 눌려지는 3차원 구조 버튼은 2차원 UI 메뉴의 확장으로써 **누르고 내리는**push-down 역학을 구현한다. 아울러 부피감과 색상이 변하는 더욱 강력한 시각적 피드백은 사용에 만족감을 더한다. UI 메뉴 패널이 확장될 때 용수철의 움직임이 반영된 탄력 있는 애니메이션 효과가 실행되면 유쾌함을 준다. 즐거운 인터페이스는 사용자의 집중을 유지시킨다.

앞에서도 언급했듯이 혼합현실 툴킷은 직감적인 손동작 상호작용뿐만 아니라, XR 컨트롤러의 버튼으로 작동하는 전형적인 상호작용과 선택 광선을 활용한 장

거리 상호작용 방식도 지원한다. XR 컨트롤러 상호작용 방식은 3차원 콘텐츠를 조작할 때와 객체를 당길 때 직관적인 움직임으로 향상된 기능을 제공한다.

혼합현실 툴킷의 강점은 광범위한 모듈의 종류와 모듈 행동을 세부적으로 수정할 수 있는 선택 사항, 그리고 유니티와 언리얼 엔진의 크로스 플랫폼 지원이다. 더불어 활동적인 개발자 커뮤니티와 방대한 양의 학습 자료가 존재한다는 것도 큰 장점이다.

데스크톱 UX/UI 도구로 확장현실 UI 프로토타입 제작하기

XR 메뉴의 상호작용 방식을 설계할 때 사용자 인터페이스에 집중해 프로토타입을 제작하면 시각 디자인 시스템, 즉 서체, 색상, 아이콘, 핵심 시각 요소 등이 AR과 VR 기기에서 의도한대로 구현되는지 확인할 수 있다.

만약 UI 디자인이 매우 민감하게 다뤄지거나, 디자인 시스템 요소가 상위 브랜드 영향으로 여러 시스템에 일괄 적용되어야 하는 경우라면 더욱 서체, 색상 팔레트, 아이콘의 양식, 그림과 같은 다양한 UI 디자인 요소가 확장현실에 잘 적용될 수 있는지 확인해야 한다. 그렇지 않은 경우 문자 가독성 저하나 활자 깜빡임 현상이 발생하거나, 시야각과 감상 거리 혹은 기기의 제약으로 UI 요소의 가시성과 이해도가 저하되는 문제가 발생할 수 있다. 가는 서체는 휘어진 화면에서 가독성이 떨어지고, 작은 버튼이나 UI 요소는 사용자의 활성화 작업을 불필요하게 어렵게 만든다. 데스크톱 도구로 사용자 인터페이스를 설계하고 있다면, 확장현실에 접속해 빠르게 메뉴 설계 상태를 확인해야 즉각적으로 문제를 발견할 수 있고, 다음 절차에서 문제를 추측하느라 불필요한 시간을 허비하는 것을 방지한다.

스케치, 피그마, 어도비 XD와 같은 UX/UI 애플리케이션을 위한 플러그인 생태계도 계속해서 새로운 해결책을 제공한다. 일부는 오직 잠깐만 빛을 보지만 말이다. 그중 하나는 활성화된 피그마 링크를 지원하는 **토치 AR**^{Torch AR}이었다. 현재 **드래프트XR** ^{DraftXR} 플러그인은 VR 호환이 되는 브라우저에 UI 프로토타입을 내보내는 기능을 통해서 **어도비 XD** 사용자가 가상현실에서 UI 프로토타입을 빠르게 미리 볼 수 있도록 지원한다(그림 5-25).

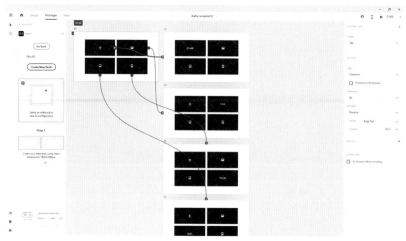

그림 5-25 어도비 XD 전용 플러그인 드래프트XR을 사용하는 화면

드래프트XR은 인터페이스 프로토타입의 최종 버전을 게임 엔진 위에 설계하기 전, 헤드셋으로 쉽고 빠르게 디자인을 확인할 수 있는 방법이다. 비록 기능이 제한적일지라도 간편하게 확장현실에 UI를 구현시켜주므로 서체, 색상, UI 요소를 검토하는 데 유용하다. 또 하나의 검증 방법은 디자인 요소와 포토샵 레이어를 직접 게임 엔진으로 들여오는 것이다. 이 절차를 지원하는 게임 엔진 전용 플러그인을 활용하면 훨씬 수월하다. 언리얼 엔진 플러그인 PSD2UMG는 PSD 파일 형식을 언리얼 엔진 UI 위젯 형식인 UMG로 변환한다(그림5-26).

그림 5-26 PSD2UMG 플러그인은 언리얼 엔진 마켓플레이스에서 다운로드 가능

유사한 방식으로 유니티의 플러그인 **Psd 2u GUI Pro**와 **Psd Import**는 데스크톱 UI 콘셉트를 유니티로 빠르게 불러들여 VR 시연 장면에 맞춰 검증할 수 있다.

VR, AR, MR 프로토타입 제작의 진화

XR 프로토타입 제작을 지원하는 도구와 플러그인 생태계는 지난 10년간 상당한 발전을 이루었다. 게임 엔진과 XR 프레임워크는 개선된 학습 자료와 확장된 플러그인 생태계, 특화된 해결책을 제공하며 더욱 사용자 친화적인 환경을 일궈냈다. VR과 AR 기술이 혼합현실 공간에 혼재하는 XR 애플리케이션의 미래에는 상호작용의 표준과 UI 규율의 일관적인 적용이 반드시 필요하다. 마이크로소프트의 혼합현실 툴킷은 상호작용 콘셉트가 다양한 기기 제품군에 적용되고, AR과 VR이 다중 사용자 혼합현실 환경에서 공유되는, 미래 세상에 대한 미리 보기라고 할 수 있다.

5.5 VR 투어: 360도 영상, VR180, 몰입형 사진 투어

게임 엔진을 기반으로 한 게임, 교육, 기업용 XR 상품뿐만 아니라, 360도 혹은 180도 VR 영상과 사진 촬영 기술을 이용한 VR 투어 분야는 핫스팟^{hotspot} 활성화, 음향 레이어, 스토리텔링 요소를 더해 실감 나는 콘텐츠 경험을 제공한다. 다만 실감형 콘텐츠에서 360도, 180도 VR 영상과 사진 투어(VR 투어) 분야는 종종 간과되곤 한다.

몰입형 영상과 사진 투어는 사진작가, 영화감독, 디자이너를 비롯해 창작자라면 접근하기 좋은 개발 환경을 갖추고 있다. 일반적으로 게임 엔진과 관련된 기술적인 지식이 요구되지 않고, 다수의 창작 도구가 오히려 영화 산업의 후반 작업에 필요한 제작 지식과 연계되기 때문에 VR 투어는 가상현실이 아닌 현존하는 장소를 배경으로 실감 나는 경험을 설계하는 방법을 제공한다.

VR 투어는 부동산과 관광업을 위한 커뮤니케이션 분야에서 상업적인 성공을 거뒀다. 부동산이나 관광 상품 구매를 고려 중인 사용자는 구매 결정을 내리기 전에 미리 생생하게 확인해보고 싶을 것이다. 코로나바이러스 대유행으로 공공 안전에 대한 우려와 여행과 모임에 제약이 생기면서 사람들이 실제 장소를 방문할 수 없게 되자 이러한 활용 사례가 더욱 큰 주목을 받았다. 이 분야에서는 일반적으로는 VR 헤드셋에 의존하기보다 표준 웹 브라우저를 통해 360도 경관을 제공한다. 현재 다양한 종류의 360도, 180도 카메라 상품이 시중에 나와 있으며, 소비자를 대상으로 하는 보급형 기기부터 방송국용 최고급 기기까지 판매하고 있다.

다음은 고려해볼 만한 다섯 가지 주요 형식이다.

- 360도 사진
- 입체 360도 사진
- 360도 영상
- 입체 360도 영상
- 입체 VR 180도 영상(VR180)

입체 버전의 사진과 영상에는 일반적으로 상하 또는 좌우 배열로 포착된 그림이 왼쪽과 오른쪽 눈에 각각 다르게 적용된다. VR180은 독특한 형식이다. 화소의 밀도와 해상도가 360도에 골고루 적용되는 것이 아니라 전방 공간에만 적용되기 때문에, 후방 각도가 사용되지 않아 굳이 고려할 필요가 없다. 주로 감상자의 정면에 있는 입체 콘텐츠의 품질을 최상으로 끌어올리고자 할 때 채택된다. 이 형식은 공연, 연주회, 연극과 같이 사용자가 카메라가 향하는 정면 무대에만 집중하는 콘텐츠에 적합하다. 반면 360도 형식은 전시회, 박물관, 장소 투어와 같은 탐험형 콘텐츠에 더 잘 어울린다.

VR 투어나 발표물을 게재하는 것은 꽤 간단하다. 유튜브나 특정 360도 플랫폼에 초점을 맞춘 실감형 미디어에 업로드하기만 하면 된다. 오큘러스는 **오큘러스 미디어 스튜디오**Oculus Media Studio라는 미디어 관리 도구를 통해서 전문 창작자의 작품 게시와 분석 도구를 제공하며, **오큘러스 TV** Oculus TV로 직접 연결하는 기능도 지원한다. 아울러 자체 소셜 네트워크를 통해 가상현실 밖에서도 사용자들이 쉽게 작품을 발견할 수 있는 기회도 제공한다(그림 5-27).

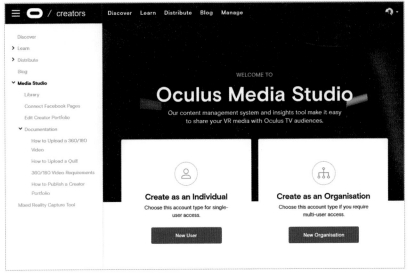

그림 5-27 오큘러스 미디어 스튜디오

VR 투어 콘텐츠 제작과 UX 고려 사항

대부분의 VR 투어 창작 도구는 웹 기반이며, 웹VR을 이용해 VR 헤드셋 브라우저로도 접속할 수 있다. 몰입형 웹 기반 도구는 주로 데스크톱과 모바일 기기에서 웹 브라우저를 통해 사용된다. VR 헤드셋의 대중적 수용이 확산되면서 VR 헤드셋으로 도구에 접속할 수 있는 환경은 추가적인 보너스 기능이다. **매터포트** Matterport[16] 툴셋은 360도 그림을 활용한 3차원 가상 웹 투어 제작과 소셜 미디어 공유 기능을 지원한다. 사용자가 오큘러스 퀘스트 헤드셋을 장착해 오큘러스의 웹 브라우저로 창작물에 접속하는 경우를 위해, 핫스팟 순간이동 기능이 포함된 VR 방문 체험도 제공한다(그림 5-28).

그림 5-28 오큘러스 퀘스트를 착용한 상태로 매터포트 투어를 체험하는 장면

핫스팟을 이용한 상호작용적인 사진 투어가 아니라 연속되는 영상이 적용된 VR 투어나 발표물을 투어로 제공하는 경우, 사용자는 마치 영화 촬영장에서 경험이 시작되는 것 같은 느낌을 받는다. 따라서 사용자가 환경에 몰입하기 위해 소개 영상을 비롯한 온보딩이 제공되어야 하고, 시각적인 스토리텔링은 방향 앵커를 통해 균형 잡힌 화면 구성을 제공해 사용자가 편안히 느낄 수 있도록 해야 한다. 사용자는 카메라의 관점point of view(POV)을 취해 서사의 등장인물이 되고, 환경은 맥락에 맞는 정보를 제공하고 관심거리를 부여해 지속적으로 사용자의 호기심을 자극해야 한다.

---

16 https://matterport.com

카메라가 움직일 때는 움직임의 속도를 안정화시키는 매끈한 전환 방식을 특히 고려해야 한다. 가상현실에서 기대치 못한 가속화된 움직임은 경험을 크게 방해할 수 있으며, 일부 사용자에게 불편함이나 메스꺼움을 유발하게 된다. 입체형 미디어에서 그림의 입체감을 부여하는 방식은 만족스러운 경험을 제공하는 데 상당히 중요하다. 일반적으로 전경, 중경, 후경으로 구성되며, 연속적으로 사건이 전개될 때 구성이 일관적으로 유지되어야 한다. 영상의 **크로스페이드**crossfade17처럼 기존 영상 매체에서 흔하게 쓰이는 효과는 입체 영상과 어울리지 않는 경우가 많다. 크로스페이드 대신, 영상이 검정색으로 점차 바래지고, 검은 배경에서 다음 장면이 서서히 드러나는 효과가 사용자에게 시각적으로 적응할 시간을 주기 때문에 더 바람직하다.

눈높이 맞춤에서도 일관성이 필요하다. 카메라가 사용자의 관점을 표현하는 만큼, 특정 키를 카메라의 눈높이로 설정하고 이를 일관성 있게 유지해야 한다. 고전적인 스토리텔링 원칙에서 관심을 유도하기 위해 활용되는 허구적 연속성, 시각적 긴장과 갈등, 동일화, 인과성은 여전히 유효하다. 또한 매체 특유의 고도의 강렬한 몰입 환경에 노출되는 사용자는 짧은 호흡과 휴식을 선호한다는 점을 잊지 말아야 한다. 몰입형 스토리텔링의 힘은 사용자를 서술자의 관점에 세워 다른 매체에서는 가능하지 못한 수준의 공감을 자아내는 데 있다. 이러한 경험을 향상시키는 도구와 기법은 예술 전시회에서부터 자연보호 조사 데이터에 이르기까지 모든 콘텐츠 종류에 적용 가능하다.

VR 투어 매체에 서사적 요소 첨가하기

여러 종류의 실감형 미디어를 혼합해 VR 투어를 설계할 때는 **3D비스타**3DVista18와 비디오 앱 제작 도구인 **헤드잭**headjack19 등 다양한 애플리케이션을 활용할 수 있다. 그중에서도 가장 유연하게 사용할 수 있는 도구는 오스트리아 개발 회사인

---

17 옮긴이_ 크로스페이드는 일종의 영상 장면 전환 기법으로, 실행하던 장면이 암전되는(fade out) 동시에 다음 장면이 밝아지는 (fade in) 방식을 통해 속도감 있게 화면을 전환할 때 사용된다.

18 https://www.3dvista.com/en

19 https://headjack.io

가든 놈Garden Gnome이 개발한 **파노2VR**Pano2VR[20]이다. 파노2VR의 데스크톱 전용 애플리케이션은 최신 VR 헤드셋과 호환 가능한 몰입형 웹사이트 경험 설계를 위해 실감형 사진과 영상을 편집, 패치, 연결, 맵핑하는 것이 가능하다. 또한 상호작용 요소, 핫스팟, 팝업, 서사형 음향을 추가해 완성도를 높일 수 있다(그림 5-29).

그림 5-29 파노2VR 편집기

파노2VR은 웹VR과 호환되고 웹페이지 또는 사이드퀘스트에서 다운받을 수 있는 타사 앱인 **VR 투어뷰어**VR Tourviewer를 통해 공유 가능하다. VR 투어뷰어는 오프라인 감상 기능을 지원하며, 로딩 화면, 메뉴, UI를 상업용 화이트 레이블white label로 맞춤 제작하는 기능을 포함해 다양한 환경 구성 기능을 제공한다(그림 5-30).

그림 5-30 VR 투어뷰어의 무료 사이드퀘스트 버전

---

[20] https://ggnome.com/pano2vr

파노2VR에 VR 투어뷰어를 함께 사용하면 여러 실감형 콘텐츠를 섞어 짜 맞출 수 있기 때문에 유연하고, 가장 많이 쓰이는 형식을 처리할 수 있으며, 핫스팟 반응 유발과 추가적인 매체 레이어를 활용해 안내형 투어 환경도 설정할 수 있다. 사용자들에게 친숙한 **포인트 앤드 클릭**point and click 상호작용 방식까지 제공해 경험이 부족한 사용자도 금방 친근하게 느낄 수 있는 쉽고 직감적인 경험을 결과물로 도출할 수 있다. 또한 배경음악과 음향 해설을 첨가하거나 팝업창에 추가 정보, 사진, 영상 콘텐츠를 수록해 더욱 풍성한 가상현실 환경을 제공할 수도 있다.

VR 투어를 위한 사용자 경험은 대개 시각적 구성물과 연속된 콘텐츠의 품질, 그리고 서사 구조에 의해 결정된다. 대본을 작성하고, 스토리보드에 구조를 짜고, 상호작용 행동 순서도를 첨가하면 사용자 흐름을 시각화하는 데 도움이 되고, 어디에서 흥미 유발 지점을 활성화시키면 좋을지 결정하기 수월해진다.

5.6 마치며

5장은 선구적인 플랫폼, 도구, 매체의 해결책을 살펴보면서 핸드헬드형 AR, 오큘러스 헤드셋, 홀로렌즈 기반의 AR 상호작용, 실감형 360도 매체에 적합한 해결책을 생각해보았다. 각 사례는 진화하고 있는 산업의 단면과, 차세대 매체의 혁신을 지탱하는 도구 생태계가 활발하게 발전하고 있음을 보여준다. 확장현실은 공간의 서사성이 주는 거대한 잠재력 때문에 UX 디자인 역사상 가장 위대한 혁명으로 불린다. 이러한 디지털 공간을 효율적으로 설계하고 매력적인 서사와 의미 있는 경험을 더하려면, 우리는 진화의 과정 속에서 패러다임 전환의 규칙과 잠재력, 기반 인프라를 파악해야 한다. XR 분야의 UX 디자이너는 미래 현실의 건축가로서, 인간이 언젠가 거주하게 될 디지털 공간을 개척하고 지도를 그려내는 중이다.

CHAPTER 06

현실적인 접근법
: 실제 개발 환경의 UX와 XR

6.1 여는 글

이번 장에서는 UX 디자인 절차를 실험적인 XR 개발 프로젝트에 적용해본다. XR과 블록체인이라는 두 신흥 기술이 연결된 디지털 경험에서 UX 방법론을 어떻게 적용해야 할까? **사용자 공감 지도**는 여전히 쓸모 있을까? 사용자 여정의 접점touch point을 공간적 경험에서 어떻게 표현해야 할까? 낮은 충실도에서 높은 충실도의 프로토타입으로 전환할 때 효율성을 높이려면 어떤 도구와 실무 방식을 활용해야 할까? XR 기술은 디자이너에게 많은 숙제를 안겼지만, 한편으로는 사용자 연구 방법과 검증 데이터 수집에 있어 새로운 기회와 접근 방식을 선사했다. 웹VR을 기반으로 한 사용자 상호작용 환경이 대표적인 예다. 따라서 이번 장에서는 XR 개발 환경에서 UX 실무를 진행할 때 유용한 새로운 접근 방법을 소개한다. 더 나아가 거시적인 관점에서 **인간-기계 인터페이스**human-machine interface(HMI)의 시대가 야기할 강력한 기회와 새로운 책임을 고민해본다. 그리고 다가올 새로운 시대에서 사회와 개인 그리고 디자이너가 기회와 책임 사이에서 건강한 균형을 맞추는 방법을 고찰해보며 이 장을 마무리한다.

디자인 싱킹은 제품을 올바른 방향으로 개발할 수 있도록 안내한다. 디자인 싱킹은 서비스와 제품이 어느 시장에 적용될 수 있는지 사용자의 관점에서 해석하는 방법을 제시하며 조금 더 창의적인 방법으로 제품의 방향성을 검토하도록 제안한다. 예컨대 디자인 싱킹 접근법 중에 '만약에...?'라고 운을 떼며 제품에 대한 새로운 질문을 던져보는 사고실험이 있다. '만약에 우리가 사업안을 재고해서 완전히 다른 사용자 집단을 대상으로 하는 플랫폼을 설계한다면 어떨까?' 이렇게 질문을 시작하고 답을 찾아나가다 보면 기회의 영역에 대한 이해를 넓히고, 사용자의 동기를 자극하는 요소와 그 동기가 경영 전략과 관계를 맺는 방법을 진단해볼 수 있다. 즉, 디자인 싱킹은 커다란 제품 개발 과제를 해결하고 불확실성에 직면하는 방식이다.

이번 장에서 소개하는 사례 연구 역시 디자인 싱킹을 이용한다. 만약 XR 기술이 예술품 수집 시장에 적용된다면 어떻게 활용될 수 있을지에 대한 질문에서 출발해, UX 디자인 절차를 거치면서 기술과 시장에 영향을 미치는 다양한 요소를 집중 분석한다. 특히 빠르게 진화하는 XR 개발 환경 속에서 UX 디자인 절차가 문제와 기회, 해결책을 포착하는 방식과 의사결정자의 이해도를 높이는 데 어떤 도움이 되는지 구체적인 해결책을 통해 알아본다.

본 사례 연구는 XR 산업의 끊임없는 환경 변화에 유연하게 대응해나가면서도 프로젝트를 안정적으로 진행시켜야 하는 XR 개발 실무 상황을 묘사한다. 특정 문제에 집중적으로 접근하는 단계적 방법론을 설명하기 위해 실험성이 높은 주제를 선정했고, 추진 계획서 작성에서부터 프로토타입 검증 단계까지 이르는 디자인 활동을 단순화하고 압축했다.

6.2 갤러리 X 프로젝트 1부: 연구와 발견

VR 미술관 갤러리인 **갤러리 X**^{Gallery X}는 '지금으로부터 20년 후인 2042년을 살고 있는 소비자는 어떤 방식으로 수집품, 장식품, 예술품을 구매하게 될까?'라는 상상에서 출발했다. 갤러리 X 개발 프로젝트는 **NFT**^{non-fungible token}(대체 불가능 토큰) 수집품과 **크립토 아트**^{crypto art}를 포함한 선구적인 디지털 예술 형식과 장르를 VR 사용자 집단에게 소개하는 새로운 형식의 가상 전시장을 설립하는 게 목표다 (그림 6-1).

그림 6-1 갤러리 X 콘셉트

갤러리 X는 VR을 활발하게 사용하는 이들을 표적 사용자 집단으로 선정했다. 이들은 디지털 예술 분야에서 성장세를 보이는 관객 유형이다. 현재 스팀 플랫폼에는 약 200만 명의 VR 사용자가 존재하며, 매해 94%의 사용자 성장률을 보인다. 디지털 예술, 특히 크립토 아트라 부르는 수집형 NFT(대체 불가능 토큰으로 고유한 블록체인 토큰이 원본 증명서 역할을 함)의 인기는 급성장 중이다. 크립토 아트 VR 전시회는 **VR챗**VRChat과 같은 소셜 VR 공간에서 이목을 끌었으며, **디센트럴랜드**Decentraland[1]나 **크립토복셀**Cryptovoxels[2]과 같은 VR 블록체인 전용 공간의 핵심적인 개념이다. 한편 디지털 예술 전반의 극심한 시장 변동성, 통화 투명성, 신뢰, 책임 문제에 대한 우려와 과도한 전력 소비, 크립토 분야의 **탄소 발자국**,[3] 높은 통신망 사용료로 인한 회의적인 시각도 존재한다. 한 연구 결과에 따르면 VR 게임 이용자 집단에서도 일부 이용자들이 크립토 아트 관련 주제에 대해 회의적이거나 부정적인 태도를 보이면서 분열이 일어나고 있다. 부정적인 태도를 초래한 원인 중 하나는 PC용 VR 애플리케이션을 실행하기 위해 종종 사용되곤 하는 고사양 그래픽 카드가 크립토 채굴 작업에 대량으로 사용되기 시작하면서 그래픽 카드의 가격과 재고량에 상당한 변화가 일어났기 때문이다.

이 프로젝트에서는 연구 활동과 사용자 인터뷰를 통해 표적 사용자 집단에 대한 통찰을 추가적으로 수집할 계획이다. 표적 사용자와 관련된 통찰 결과물은 이후 단계인 **친화도 지도**affinity map 제작과 발상 워크숍에 활용하며, 특히 해결책을 발상할 때 유용하다.

이상적인 프로토타입

VR 미술관, 디지털 예술, NFT 수집품 그리고 크립토 아트는 빠르게 진화하는 고도의 역동적인 분야다. 갑작스러운 인기로 인해 시장에는 새로운 출시가 넘쳐난다. 어쩌면 막대한 가치를 창출할 현세대의 금광일 수도, 또 어찌 보면 거품일 수

---

[1] https://decentraland.org

[2] https://www.cryptovoxels.com

[3] 옮긴이_ 탄소 발자국(carbon footprint)은 개인 또는 단체가 직접 또는 간접적으로 발생시키는 온실 기체의 총량을 의미한다. 여기에는 일상생활에서 사용하는 연료, 전기, 용품 등이 모두 포함된다.

도 있다. 갤러리 X는 이 상황을 기회로 받아들이고, 갤러리 X를 새로운 디지털 예술의 전시와 발견의 장으로 만들어 크립토에 관심이 있는 VR 사용자 집단을 유인하려 한다. 갤러리 X의 목표는 빠른 성장세를 보이는 디지털 예술 시장 분야에 발을 들이는 것이며, 추후 시장이 안정화되었을 때 추가적인 서비스를 제공할 수 있는 발판을 마련해놓고자 한다.

지금으로부터 20년 뒤에 NFT가 어떤 역할을 할지, 디지털 예술이 증강현실의 환경에 어떻게 자리를 잡았을지, 가상 수집품은 현실의 물리적 공간 어디에 존재하게 될지 상상해 시각화해보자. 미래 가상현실 속 NFT 공간을 상상해보는 것은 이 주제에 깊이 몰두하고 시나리오를 구상하는 데 도움이 된다. 이 시나리오 속에서 NFT 예술 수집가가 된 사용자는 사적 공간이나 디지털 벽 장식, 사적인 증강현실 공간, 공유형 가상현실 공간 등 곳곳에 위치한 수집품을 통해 자신의 정체성을 표현할 것이다. 크립토 채굴로 인한 전력 소비에 대한 우려는 선두 블록체인 기업들이 환경친화적인 **지분 증명**proof of stake(PoS)[4] 방식을 채택함에 따라 해결된 상태일 것이다. 반대로 지금으로부터 20년 전, 과거로 돌아가 오늘날의 시장의 모습을 만든 과거 시장의 동력과 혁신적인 이들의 마음가짐을 고찰해보는 것도 도움이 된다. 약 20년 전인 2001년에는 닷컴 버블dot-com bubble[5]이 발생하며 과도한 단기적 기대들이 무너졌고 결국에는 장기적인 비전만 살아남았다.

2000년대, 2020년대 그리고 2040년대로 시점을 빠르게 전환하며 시장의 흐름을 읽으면 역사를 움직이는 역동적인 거대 요인과 힘을 파악할 수 있다. 2021년 초부터 시작된 현재의 NFT 유행이 거품경제 현상으로 전환되어 사그라질 수도 있는 만큼, 시장 변동성을 극복할 수 있을 만한 강력한 사용자 혜택을 갖추는 것이 중요하다. 갤러리 X 프로젝트의 1부, 연구와 발견 단계에서 연구 활동을 통해 주요 문제를 파악하고 해결책 발상을 위한 영감을 수집하며, 프로젝트로 인한 브랜드의 득실을 파악해본다.

---

[4] 옮긴이_ 지분 증명이란 알고리즘의 한 형태로서, 이를 통해 암호화폐 블록체인 네트워크가 분산화된 합의를 얻는 것이 목표다. 이는 암호화폐 채굴을 활용하는 비트코인이나 이더리움과 같은 작업 증명 기반 시스템과 대조된다.

[5] 옮긴이_ 닷컴 버블은 인터넷 관련 분야가 성장하면서 산업 국가의 주식 시장이 지분 가격의 급속한 상승을 본 1995년부터 2000년에 걸친 거품 경제 현상이다. 흔히 닷컴 기업이라 불리던 인터넷 기반 기업이 설립되던 시기였으며 상당수가 실패로 끝났다.

추진 계획서

추진 계획서는 개요, 프로젝트 범위, 방향, 결과물, 진행 계획을 포함하며 추후 프로젝트가 진행되면서 계속 업데이트된다. 다음은 갤러리 X 추진 계획서의 주요 내용이다.

주요 목표

디지털 예술을 위한 VR 미술관을 디자인한다. VR 미술관에 접속한 사용자는 크립토 아트 작품과 같은 디지털 예술물을 발견하고, 즐겨찾기에 더하고, 상호작용할 수 있어야 한다. 미술관은 NFT 시장과 직접 연결된 몰입형 전시 공간으로서 수집가의 수집품을 전시할 뿐만 아니라, 예술가들이 발굴되고 홍보되는 소개의 장이 되기를 지향한다. 핵심 단어로는 발견, 맥락, 큐레이션이 있다.

표적 사용자와 시장

VR 미술관은 활발한 VR 사용자가 대상이다. 주요 표적 사용자 집단은 최신 기술에 능통한 사람, VR 게임 이용자이면서 크립토에 긍정적인 태도를 보이는 사람, 수집가, 투자자 그리고 VR 헤드셋 소유하고 있으면서 디지털 예술에 관심이 많은 사람이다.

프로젝트 세부 정보

미술관의 목표는 예술가와 수집가를 위한 가상현실 공간을 마련해 디지털 예술품을 전시하고 유용한 정보와 구매 추천 자료를 제공하는 것이다. 예술가, 수집가, 예술품 중개인, 전시 기획자와 같은 업계 관련인들에게 홍보 공간과 행사 자리를 임대하는 서비스도 제공한다. 미술관의 핵심 철학은 예술가와 수집가를 동등한 위치에 두는 것이다. 미술관이 예술가와 수집가에게 공평하게 전시 공간과 전시의 중요도를 분배함으로써 친근하고, 매력적이고, 몰입감이 높은 전시 환경을 조성하고자 한다.

경쟁 시장 정보

각종 단체와 XR 전시 공간은 진화를 거듭하며 떠오르고 있는 디지털 예술과 NFT 수집품 분야의 중요한 일부다. 현재 디지털 예술, 크립토 아트, 3차원과 가상현실 예술, NFT 수집품을 다루는 대표적인 공간으로 디센트럴랜드, 크립토복셀, 솜니움 스페이스Somnium Space, 6 다른 현실의 박물관Museum of Other Realities, 7 아트 게이트 VRArt Gate VR 8 그리고 현대 디지털 예술 박물관Museum of Contemporary Digital Art9이 있다.

결과물

기능을 갖추고 검증을 마친 프로토타입이며 현재 시장에 출시된 VR 헤드셋으로 이용할 수 있어야 한다.

발견 단계

발견 단계에서는 의사결정자(최소 6명에서 8명 사이)와 사용자를 대상으로 인터뷰를 실시해 질적 데이터를 수집한다. 질적 데이터 수집 결과에서 사용자들의 사고 패턴, 행동, 기대 등을 쉽게 파악하고 비교할 수 있도록 모두 동일한 대본으로 인터뷰해야 한다.

갤러리 X 프로젝트에서 VR 사용자를 대상으로 한 인터뷰는 페르소나의 특성을 파악하는 데 유용했고, 다음과 같은 주요한 통찰 결과를 도출할 수 있었다.

1. 디지털 예술 VR 미술관을 긍정적으로 생각하는 VR 사용자는 막상 공간에서 할 수 있는 것이 많지 않을 것 같다고 우려한다.

   해결책: 더욱 매력적인 방식으로 정보를 제공한다.

---

6 https://somniumspace.com
7 https://www.museumor.com
8 https://www.artgatevr.com
9 https://www.mocda.org

2. 크립토 아트에 호의적인 태도를 보이는 VR 사용자는 크립토 플랫폼의 신뢰성을 비롯해 탄소 발자국, 통신망 비용에 대해 우려를 표한다.

   해결책: 크립토 아트 작품을 전시할 때 탄소 발자국을 포함해 크립토의 품질에 대한 정보를 제공한다.

3. VR 사용자는 소셜 미디어를 통해 자신의 수집품을 친구들과 공유하고 싶어 한다.

   해결책: 수집가의 수집품 정보가 담긴 웹 페이지를 링크로 공유하는 기능을 제공한다.

전반적으로 VR 사용자는 흥미로운 전시 장소를 방문하고 다른 사용자와 상호작용하고 싶어 하는 것으로 나타났다. 사용자들이 가장 원하는 기능으로는 희망 예술품 목록(위시 리스트), 예술품에 달린 '좋아요' 버튼, 소셜 미디어를 통한 예술품 공유, 사적 수집품 공간의 공유가 있었다.

디지털 예술품 수집에 가장 큰 관심을 보인 VR 사용자는 트레이딩 카드[10] 같은 전통적인 수집품에도 관심을 보였다. 이러한 사용자 유형의 가처분소득은 평균 이상이고, 로빈후드Robinhood와 같은 투자 애플리케이션을 이용해 활발하게 거래 활동을 하는 편이다. 또한 사용자 인터뷰에서 NFT 개념의 타당성에 의문을 가진 사용자들의 의견이 더욱 명백하게 드러났다. 디지털 예술품 파일과 블록체인 데이터 유닛 간 연결의 온전성이 어떻게 보증될지에 대한 의문도 제기되었다. 이에 따라 미술관 자료로 블록체인 기술과 NFT 개념에 대한 부가적인 설명을 제공하는 방법이 신규 사용자에게 효과적일 것임이 분명하게 드러났다. 예를 들어 현대 미술계에서 전통적으로 사용하는 예술품 보증서의 역할을 설명하고, 이 개념이 디지털 영역에 어떠한 방식으로 적용되는지를 비교하는 교육적인 방법으로 소개할 수 있다.

---

10 **옮긴이_** 트레이딩 카드(trading card)는 각각 다른 다양한 종류의 교환(거래)과 수집을 의도하고, 판매와 배포를 전제로 제작된 감상용 카드다. 일반적으로 특정 분야(스포츠, 애니메이션, 아이돌 등)를 소재로 해 수십에서 수백 종류의 카드가 만들어져 이들을 하나의 시리즈로 한 봉지에 한 장 또는 여러 장 봉입한 형태로 발매되곤 한다.

한편 인터뷰를 참가한 의사결정자들은 갤러리 X가 디지털 예술품 발견을 위한 최상의 목적지로 거듭날 수 있도록 예술품 전시의 장을 마련하는 것이 이 프로젝트의 목표라고 설명했다. 추후 단계에서 부가 서비스 도입 가능성을 열어두는 것 역시 중요했다. 의사결정자들은 지금의 현상을 혼합 매체mixed media 플랫폼을 설계할 수 있는 기회로 보았다. 다시 말해 NFT 수집품을 비롯한 다른 형식의 작품들도 한데 모아 전시하기를 희망했고, 기존 예술 시장에서는 충분히 제공하지 못한 맥락적인 정보를 활용해 새로운 가치를 창출하고 싶어 했다. 예술가와 수집가, 그들의 이야기, 그리고 위치나 주제, 목적의식을 기반으로 하는 테마형 전시회를 통해 갤러리 X는 광고와 임대가 가능한 XR 공간 모델로서 수익을 창출할 수 있을 것으로 기대된다.

인터뷰 활동 결과를 요약하자면 다음과 같다.

해결 과제

VR 사용자는 NFT의 개념에 대해 확신하지 못하고 있으나, 개인적인 디지털 예술 수집품을 공유할 수 있다는 발상은 마음에 들어 한다.

해결책

디지털 예술품과 개인 수집품 공간을 소개하는 가상현실 경험을 구현하고, NFT 배경 정보를 비롯한 디지털 예술품의 정보를 제공한다.

탐구 단계

탐구 단계에서는 디지털 예술 분야와 관련된 더 많은 통찰을 얻기 위해 시장 연구와 함께 경쟁사를 분석하고, 주요 페르소나를 중심으로 한 사용자 공감 지도를 제작한다.

경쟁사 분석 결과, 대부분의 디지털 예술 관련 장소들은 크립토 투자자와 게임 이용자에 초점을 맞추고 있었다. 사용된 게임 그래픽은 기본적인 수준이었으며, 수집품 공개 전시라든지 정교한 소셜 기능은 결여되어 있었다. 반면 크립토 아트를 다루지 않는 VR 미술관들은 미적으로는 수려한 환경이었으나, 수집품이나 예술품 소유권을 소셜 기능으로 공유하는 방안은 제공하고 있지 않았다(그림 6-2).

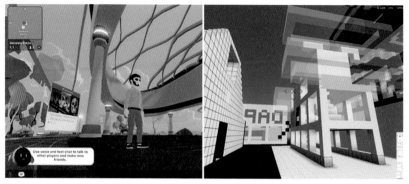

그림 6-2 NFT 마켓 리서치: 디센트럴랜드(왼쪽)와 크립토복셀(오른쪽)

지금까지 연구 활동의 모든 결과물을 종합해 사용자와 VR 미술관에 대한 근본적인 이해가 분명하게 드러나도록 요약하고 정리한다. 그중에서도 사용자 인터뷰 기반으로 제작된 공감 지도는 사용자 관점으로 파악한 주요 문제와 해결 과제를 나타낸다. 공감 지도는 네 가지 요소인 '말하다, 생각하다, 행동하다, 느끼다'를 사분면으로 시각화한다(그림 4-2).

'말하다' 구역에는 사용자가 실제로 언급한 표현을 포착한다. '생각하다'는 사용자의 행동 뒤에 숨겨진 사고를 분석한다. '행동하다'는 사용자의 실제 행동을 묘사한다. '느끼다'는 사용자의 실제 감정과 느낌을 담는다. 이렇게 채워진 각 구역은 페르소나의 특성과 고충을 입체적으로 이해할 수 있도록 돕는다.

말하다	**생각하다**
• 어떻게 그림을 다운로드하고 저장하지?	• 컨트롤러 버튼 설정을 잊어버리지 말아야
• 나만의 수집품 모음집을 만들고 싶어.	할 텐데.
• 수집품 모음을 소셜 미디어에 공유하려면	• 여러 선택 사항이 있는데 헷갈린다.
어떻게 해야 하지?	• 내가 옳은 것을 뽑았기를!
• 내가 믿을 수 있는 것들에만 투자할 거야.	• 새로운 것들을 발견할 수 있게 되어 신난
• 소개된 예술가 중 누가 가장 큰 잠재력을	다.
가지고 있을까?	• 전시품을 감상하는 건 즐거워.
• 뭘 골라야 할지 결정하기가 어렵다.	• 이 크립토 예술품은 얼마만큼의 탄소 발자
	국이 소모되었을까?
행동하다	**느끼다**
• 떠오르는 수집품들을 웹사이트에서 검색	• 선택에 확신을 갖지 못한다.
해본다.	• 새로운 발견에 설렌다.
• 제품들을 비교한다.	• 애플리케이션을 제대로 이용하지 못할까
• 투자자 뉴스레터를 구독한다.	봐 두렵다.
• 가족, 친구, 동료의 의견을 구한다.	• 선택을 앞두고 부담감을 느낀다.
• 다른 이들에게 자신이 배운 것을 가르쳐준	• 제한된 선택 사항에 지루함을 느낀다.
다.	
• 경험이 지루하거나 짜증나면 애플리케이	
션을 종료한다.	

페르소나, 사용자 여정, 사용자 이야기 제작

이전 단계의 공감 지도가 페르소나에 속하는 사용자 그룹 전체를 묘사했다면, 다음 단계에서는 페르소나 프로필을 통해 특정 인물을 집중적으로 묘사한다. 여기에서는 35세 남성, 보험중개인 토드Todd를 페르소나로 설정했다. 페르소나 프로필에는 인물에 대한 전반적인 개요가 담긴다. ① 니즈, 기대, ② 동기와 태도, ③ 좌절 요인, ④ 약력, ⑤ 활동 목표, ⑥ 주요 사용 매체와 선호하는 제품이 포함된다 (그림 6-3).

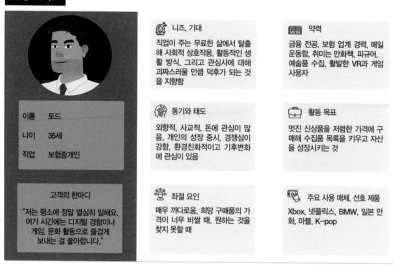

페르소나

니즈, 기대
직업이 주는 무료한 삶에서 탈출해 사회적 상호작용, 활동적인 생활 방식, 그리고 관심사에 대해 괴짜스러울 만큼 덕후가 되는 것을 지향함

약력
금융 전공, 보험 업계 경력, 매일 운동함, 취미는 만화책, 피규어, 예술품 수집, 활발한 VR과 게임 사용자

이름	토드
나이	35세
직업	보험중개인

동기와 태도
외향적, 사교적, 돈에 관심이 많음, 개인의 성장 중시, 경쟁심이 강함, 환경친화적이고 기후변화에 관심이 있음

활동 목표
멋진 신상품을 저렴한 가격에 구매해 수집품 목록을 키우고 자산을 성장시키는 것

고객의 한마디
"저는 평소에 정말 열심히 일해요. 여가 시간에는 디지털 경험이나 게임, 문화 활동으로 즐겁게 보내는 걸 좋아합니다."

좌절 요인
매우 까다로움, 희망 구매품의 가격이 너무 비쌀 때, 원하는 것을 찾지 못할 때

주요 사용 매체, 선호 제품
Xbox, 넷플릭스, BMW, 일본 만화, 마블, K-pop

그림 6-3 페르소나: 토드(사생활 정보 보호 차원에서 인물 사진은 그림으로 대체함)

페르소나가 완성되면 이를 바탕으로 사용자 여정을 짤 수 있다(그림 6-4).

사용자 여정

여정 단계	예술가 전시실		
행동 고객은 무엇을 하는가?	여러 전시실을 둘러본다.	예술품과 상호작용한다.	예술품에 '좋아요'를 입력하거나, 저장하거나, 위시 리스트에 올린다.
접점 서비스의 어느 부분에서 상호작용이 이뤄지는가?	순간이동 혹은 일반적인 이동	정보/시작하기/그만하기/입장하기/활성화하기	'좋아요'나 '즐겨찾기' 같은 버튼 누르기
고객 생각 고객은 무슨 생각을 하고 있나?	예술을 즐기고 있는 신난 상태다.	'이 예술품에 얼마나 많은 탄소 발자국이 소모되었는지 궁금해.'	
기회	각 전시 작품의 탄소 발자국 정보를 제공한다.		

그림 6-4 예술가 전시실에서의 사용자 여정

사용자 여정 지도는 다음 세 구역에서 새로운 경험을 선사한다.

- **온보딩**: 미술관 소개. 사용자의 기대감을 조성하고, 컨트롤러 버튼 기능에 대해 안내하기
- **로비**: 사용자가 어떤 전시와 미술관 기능을 이용할지 정하는 공간
- **전시실**: 예술가 전시실, 특별 전시, 예술 행사, 또는 수집품 공개 전시

여기서 가장 중요한 것은 각 경험에 대한 사용자의 생각과 행동, 접점을 표시하고, 사용자의 문제를 해결하거나 니즈를 충족시킬 기회의 지점을 포착해야 한다. 예를 들면 다음과 같다.

- **여정 단계**: 온보딩
- **행동**: 컨트롤러 버튼 기능이 표시된 화면을 본다.
- **접점**: 안내 화면
- **고객 생각**: 내가 이걸 잘 기억해야 할 텐데…
- **기회**: '도움' 버튼을 추가해 필요할 때마다 컨트롤러 버튼 기능 안내 화면에 접근할 수 있게 한다.

- **여정 단계**: 로비
- **행동**: 환경에 위치한 다향한 객체와 기능을 둘러본다.
- **접점**: 상호작용가능한 객체
- **고객 생각**: 좀 혼란스럽네. 내가 좋은 걸 고르기를 바란다(잘못된 선택으로 시간 낭비를 하고 싶진 않으니까).
- **기회**: 인기 있는 행사, 별점, '좋아요' 수를 보여준다.

- **여정 단계**: 예술가 전시실
- **행동**: 예술품과 상호작용한다.
- **접점**: 정보/활성화

- **고객 생각:** 이 크립토 아트의 탄소 발자국은 얼마나 될지 궁금하네.

- **기회:** 각 예술품의 탄소 발자국을 표기한다.

사용자 이야기(유저 스토리)user story를 제작할 때 페르소나와 사용자 여정을 참고한다(그림 6-5).

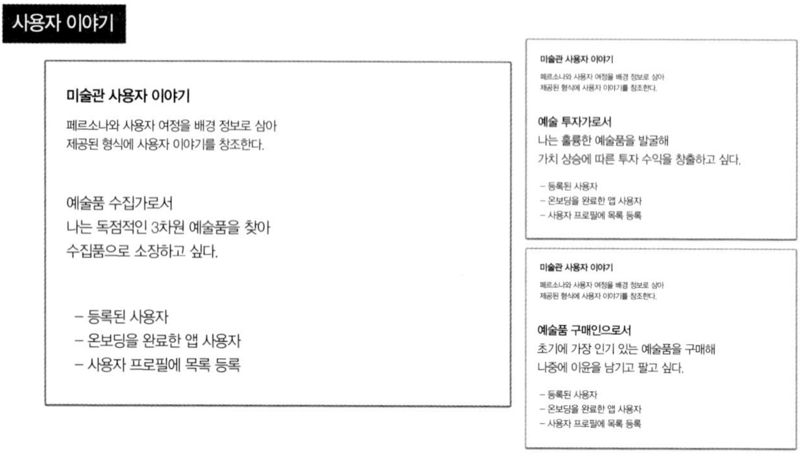

미술관 사용자 이야기
페르소나와 사용자 여정을 배경 정보로 삼아
제공된 형식에 사용자 이야기를 창조한다.

예술품 수집가로서
나는 독점적인 3차원 예술품을 찾아
수집품으로 소장하고 싶다.

– 등록된 사용자
– 온보딩을 완료한 앱 사용자
– 사용자 프로필에 목록 등록

미술관 사용자 이야기
페르소나와 사용자 여정을 배경 정보로 삼아
제공된 형식에 사용자 이야기를 참조한다.

예술 투자가로서
나는 훌륭한 예술품을 발굴해
가치 상승에 따른 투자 수익을 창출하고 싶다.

– 등록된 사용자
– 온보딩을 완료한 앱 사용자
– 사용자 프로필에 목록 등록

미술관 사용자 이야기
페르소나와 사용자 여정을 배경 정보로 삼아
제공된 형식에 사용자 이야기를 참조한다.

예술품 구매인으로서
초기에 가장 인기 있는 예술품을 구매해
나중에 이윤을 남기고 팔고 싶다.

– 등록된 사용자
– 온보딩을 완료한 앱 사용자
– 사용자 프로필에 목록 등록

그림 6-5 사용자 이야기

XR 개발 환경에 객체지향 UX 적용하기

이번에는 사용자가 상호작용할 객체를 발견하고, 각 객체의 기능과 관계를 정의해본다. 여기서 지난 4장에서 다룬 객체지향 UX(OOUX) 방법론을 도입한다. XR 맥락에 적용하는 객체지향 UX는 객체지향 UX가 일반적으로 적용되는 다른 분야와 비교할 때, 우선순위나 목표 면에서 미묘하게 차이가 난다. 객체지향 UX 방법론은 플랫폼에 구애받지 않으므로 어느 매체에도 적용 가능하고, 어떤 XR 객체가 공간적 여정에 띄워져야 하는지 쉽게 파악할 수 있고, 경험의 각기 다른 구역 속에서 객체들이 어떤 식으로 다양한 관계를 구성하며 기능하는지 직감적으로 진단해볼 수 있기 때문에 XR 설계 시 특히 탁월하다. 객체지향 UX 절차에서는 사용자 여정을 활용하며, 객체 발견 작업이 이뤄지는 첫 번째 단계(객체 정의)를 거쳐, 객체 기능 정의 단계가 진행된다. 즉, 객체들은 사용자 여정 지도에서 추출되며, 기능과 접점은 첫 번째 OOUX 보드에서 파악할 수 있다(그림 6-6). 예를 들면 다음과 같다.

- **객체 정의**: 온보딩 단계
- **접점 발생 구역**: 온보딩 화면
- **객체**: 컨트롤러 기능
- **객체 기능 제작 목적**: 온보딩
- **(이전 보드에서 도출한) 정의된 객체**: 컨트롤러 기능
- **객체 기능**: 컨트롤러 버튼 설명, 시각적인 안내, 메뉴 위치
- **문구**: 다음, 모두 넘기기

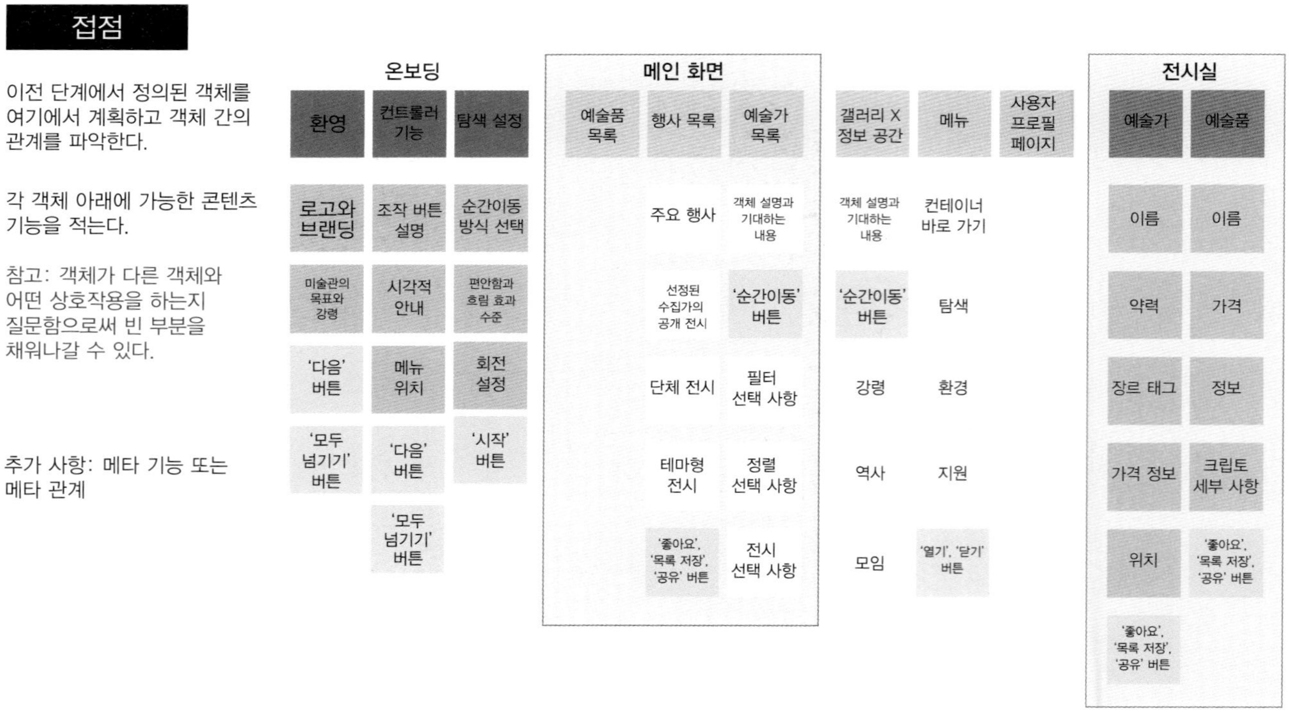

점검

이전 단계에서 정의된 객체를 여기에서 계획하고 객체 간의 관계를 파악한다.

각 객체 아래에 기능한 콘텐츠 기능을 적는다.

참고: 객체가 다른 객체와 어떤 상호작용을 하는지 질문함으로써 빠진 부분을 채워나갈 수 있다.

추가 사항: 메타 기능 또는 메타 관계

온보딩

환영	컨트롤러 기능	탐색 설정
묻고와 브랜딩	조작 버튼 설명	순간이동 방식 선택
미술관의 목표와 경령	시각적 안내	편안함과 몰입 효과 수준
'다음' 버튼	메뉴 위치	화면 설정
'모두 넘기기' 버튼	'다음' 버튼	'시작' 버튼
	'모두 넘기기' 버튼	

메인 화면

예술품 목록	행사 목록	예술가 목록
	주요 행사	객체 설명과 기대하는 내용
	선정된 수집가의 공개 전시	'순간이동' 버튼
	단체 전시	필터 선택 사항
	테마형 전시	정렬 선택 사항
	'좋아요', '목록 저장', '공유' 버튼	전시 선택 사항

갤러리 X 정보 공간	메뉴	사용자 프로필 페이지
객체 설명과 기대하는 내용	컨테이너 바로 가기	
'순간이동' 버튼	탐색	
경령	환경	
역사	지역	
모임	'열기', '닫기' 버튼	

전시실

예술가	예술품
이름	이름
약력	가격
장르 태그	정보
가격 정보	크림토 세부 사항
위치	
'좋아요', '목록 저장', '공유' 버튼	'좋아요', '목록 저장', '공유' 버튼

그림 6-6 객체 점검

다음으로 제작할 객체지향 UX 보드에 주요 객체 간의 관계를 표현한다. 객체의 이름과 함께 속성, 기능, 종속 객체도 적는다. 종속된 객체는 각 객체 아래 목록으로 표시해 관계를 시각화한다(그림 6-7). 예를 들면 다음과 같다.

- **객체**: 예술품
- **소속 목록**: 예술품 목록(열 상단)
- **객체 속성**: 제목
- **객체 기능**: 선택
- **종속 객체**: 예술가, 방문객, 행사

종속 객체는 예술품 객체가 다른 객체에 어떻게 의존하고 있는지를 드러낸다.

- **종속 객체 예술가**: 예술품은 예술가에 대한 정보를 드러낸다.
- **종속 객체 방문객**: 방문객은 예술품을 명단에 추가하거나, 공유하거나, 구매한다.
- **종속 객체 행사**: 예술품은 행사(전시회)의 일부다.

객체 간의 관계가 정의되면 접점에 추가한다. 객체와 기능의 숫자가 많거나 최소 기능 제품 프로토타입 설계가 개발 목표라면 객체의 우선순위를 설정하고 등급을 매기는 것이 더욱 중요하다.

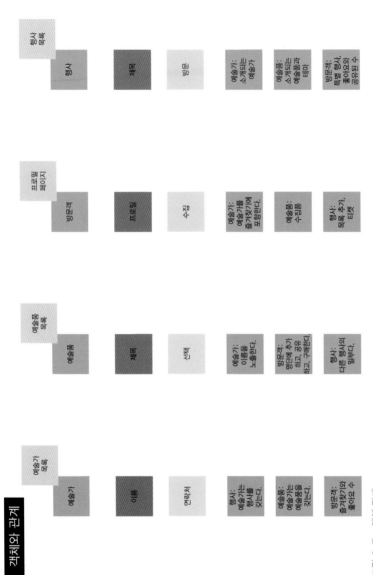

그림 6-7a 객체 관계

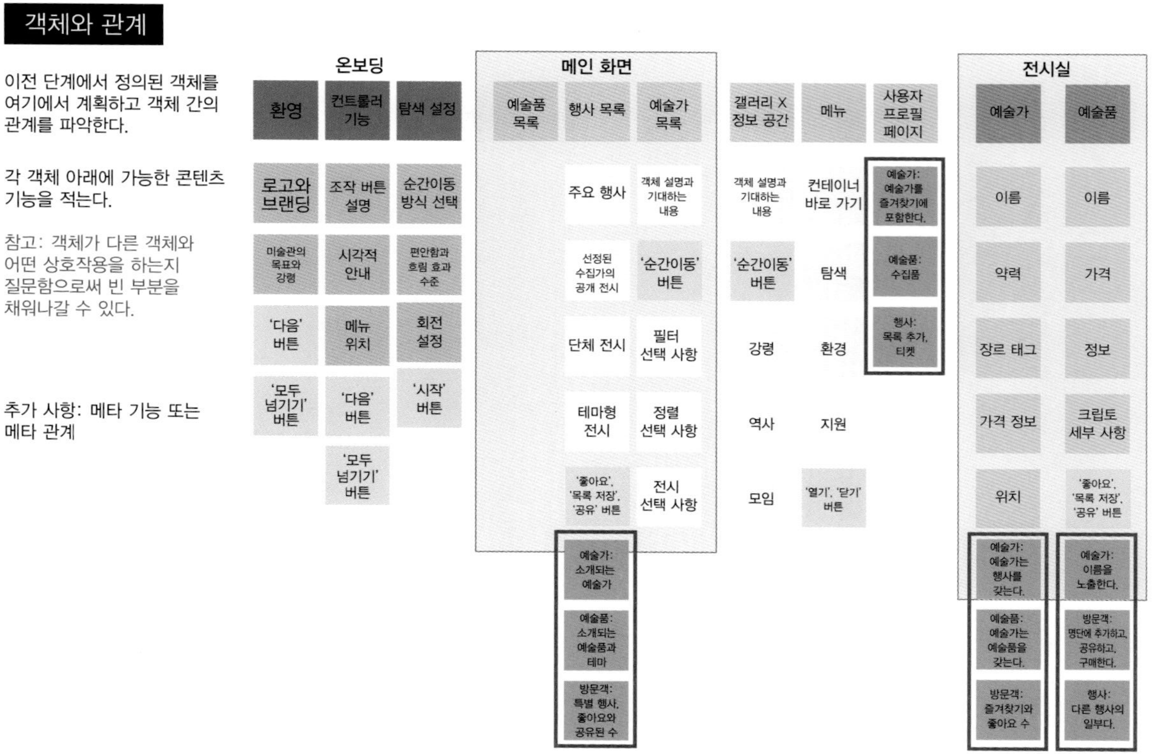

객체와 관계

이전 단계에서 정의된 객체를 여기에서 계획하고 객체 간의 관계를 파악한다.

각 객체 아래에 가능한 콘텐츠 기능을 적는다.

참고: 객체가 다른 객체와 어떤 상호작용을 하는지 질문함으로써 빈 부분을 채워나갈 수 있다.

추가 사항: 메타 기능 또는 메타 관계

전시실

예술가	예술품
이름	이름
약력	가격
정리 태그	정보
가격 정보	크림톤 세부 사항
위치	'좋아요', '목록 저장', '공유' 버튼

- 예술가: 예술가를 행사를 간다
- 예술가: 이름을 노출한다
- 예술품: 예술가를 찾는다
- 방문객: 행사에 추가하고 공유하고 구매한다
- 방문객: 출거찾기에 좋아요 수
- 행사: 다른 행사의 일부다

사용자 프로필 페이지 / 메뉴 / 갤러리 X 정보 공간

사용자 프로필 페이지	메뉴	갤러리 X 정보 공간
예술가: 예술가를 출거찾기에 포함한다	컨테이너 바로 가기	객체 설명과 기대하는 내용
예술품: 수집품	탐색	'순간이동' 버튼
행사: 목록 추가, 티켓	환경	강연
	지원	역사
	'열기', '닫기' 버튼	모임

메인 화면

예술품 목록	행사 목록	예술가 목록
	주요 행사	객체 설명과 기대하는 내용
	선정된 수집가의 공개 전시	'순간이동' 버튼
	단체 전시	필터 선택 사항
	테마형 전시	정렬 선택 사항
	'좋아요', '목록 저장', '공유' 버튼	전시 선택 사항

- 예술가: 소개되는 예술가
- 예술품: 소개되는 예술품과 테마
- 방문객: 특별 행사시, 좋아하는 공유되요 공유된 수

온보딩

환영	컨트롤러 기능	탐색 설정	순간이동 방식 선택
로고와 브랜딩	조작 버튼 설명	편안함과 효과 수준	회전 설정	'시작' 버튼
마술관의 환영과 강령	시각적 안내	메뉴 위치	'다음' 버튼	'모두 남기기' 버튼
'다음' 버튼	'모두 남기기' 버튼		

그림 6-7b 객체 관계가 추가된 객체 점검

이 시점에서 우리는 가상현실 경험에 삽입될 객체를 분명하게 정립할 수 있다. 객체지향 접근 방식은 사용자가 XR 객체와 어떻게 상호작용할지 계획할 수 있도록 돕는 동시에, 공간적 경험에 적용하기 좋은 정보 구조도 정립할 수 있다. 다음 단계에서는 프로젝트 연구 2부에 돌입해 본격적으로 프로토타입을 제작해본다. 먼저 스토리보드를 제작한 뒤 스토리보드의 객체를 XR 프레임워크 기능에 배치해보자.

6.3 갤러리 X 프로젝트 2부: 사고, 설계, 개발, 검증

스토리보드의 첫 버전은 앞서 개발한 사용자 이야기 기반이며, 시간순으로 펼쳐지는 단계별 행동을 글로 풀어 묘사한다.

문자형 스토리보드 제작

갤러리 X의 경험을 위한 **문자형 스토리보드**verbal storyboard는 여섯 단계로 구성되어 있으며 사용자 이야기 기반이다.

① **온보딩 1**: 음향 브랜딩 요소와 로딩 애니메이션과 함께 갤러리 X의 로고가 나타난다.

② **온보딩 2**: 컨트롤러 버튼 안내 사항이 적힌 화면이 뜬다. 사용자는 '넘기기' 또는 '다음'을 선택해 화면을 전환한다.

③ **로비**: 세 가지 장면 객체가 각각 다른 정보를 담는다. 방문객은 화면과 상호작용할 수 있다.

- **객체 1**: 전시회 행사 화면
- **객체 2**: 예술가 목록 화면
- **객체 3**: 미술관 기능에 대한 화면

④ **예술가 전시회:** 전시실 벽에는 액자에 담긴 NFT 예술품이 일렬로 걸려있다.

⑤ **예술품 상호작용 1:** 순간이동 상호작용 선택 방식을 표시한다.

⑥ **예술품 상호작용 2:** 예술품 옆에 정보를 암시하는 상징물symbol이 달려있다.

사용자는 더 많은 정보를 얻기 위해 이 상징물과 상호작용해 정보 표시 패널을 연다. 정보 표시 패널에는 예술품의 세부 설명도 포함한다. 예술가의 약력, 예술가와 예술품 정보 상세 페이지로 이동하는 '정보' 버튼, 그리고 크립토의 품질 정보 상세 페이지로 이동하는 '통계' 버튼이 있다. 또한 아래 계기판에는 사용자가 활성화할 수 있는 좋아요, 위시 리스트, 공유하기 버튼이 있다.

시각적 스토리보드와 낮은 충실도 프로토타입 제작

이전 단계에서 제작한 문자형 스토리보드 내용을 펜과 종이를 이용해 시각적으로 개념화한다. 이 밑그림이 시각적 스토리보드 도안이 된다. 시각적인 스토리보드는 3차원 레이아웃을 계획할 때 유용하고, 인상 검증에 활용되어 피드백을 빠르게 얻을 수 있다. 밑그림 작업은 시각적 콘셉트와 기본 개념을 구상할 때도 유용하다(그림 6-8).

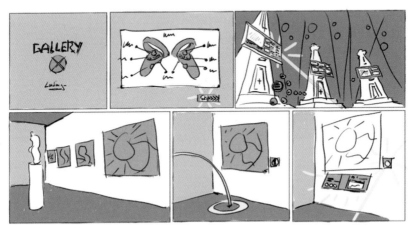

그림 6-8 스토리보드 도안

스토리보드 도안이 완성되면 블렌더 3D나 그래비티 스케치를 이용해 가상현실에 3차원 모형을 제작한다. 스토리보드 도안은 하나의 견본이 되어 3차원 그레이박싱으로 공간적 구도를 조성할 때도 유용하다. 블렌더에서 환경에 대한 구상을 모형화할 때는 실세계의 규모감을 그대로 적용하는 것이 좋다. 그래야 장면 속 실제 세계의 높이, 너비, 길이가 가상현실에 정확히 적용될 수 있다. 블렌더나 3차원 모형 제작 기능을 갖춘 여타 디지털 콘텐츠 창작digital content creation(DCC) 애플리케이션을 사용하면 그레이박싱에서부터 추후 상세한 콘셉트를 시각화할 때도 가장 중요한 에셋을 효율적으로 조립할 수 있다. 시각적 표현, 색상 팔레트 선정, 아이콘 시스템 개발 등 전반적인 시각 디자인 시스템 개발은 추후 단계에서 공간적 레이아웃을 검토하는 동안 진행된다. 서체, 핵심 그림, 브랜드 정체성과 같은 시각언어는 **무드 보드**mood board를 통해 개념화된다. 시각적 디자인 시안에 대한 평가는 프로토타입 제작 단계가 진행되는 동안 이루어져야 3차원 맥락에 적합하게 시안을 수정하고 우선순위를 쉽게 다잡을 수 있다(그림 6-9).

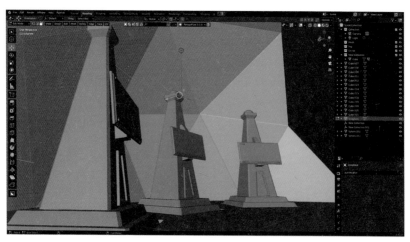

그림 6-9 블렌더를 이용한 그레이박싱 초기 작업

그래비티 스케치에 대략적으로 짜여진 3차원 레이아웃을 들여와 모형을 제작하고 세부적인 레이아웃을 수정하면 VR 헤드셋을 이용해 가상현실에서 요소가 어떻게 구현되는지 확인하고 시연하기 수월하다(그림 6-10).

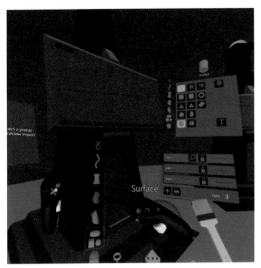

그림 6-10 그래비티 스케치에서 세밀하게 수정하는 화면

세부 사항을 더하고 난 뒤에는 사용자와 의사결정자로부터 피드백을 얻는 것이 중요하다. **5초 테스트**five-second test는 사용자나 의사결정자가 VR 헤드셋을 쓰고 컨트롤러를 조작하지 않은 채 가상현실 속에서 5초 동안 장면 레이아웃을 확인한 후 본인이 느낀 인상을 공유하는 일종의 인상 검증 기법이다. 5초는 매우 짧지만 첫인상을 결정하고 의도한 대로 사용자와 디자인이 소통하는지를 평가할 수 있는 충분한 시간이다. 인상 검증 작업을 효과적으로 실행하고 초기 피드백을 제대로 평가하기 위해서는 다음과 같은 질문을 활용하면 좋다.

- 어떤 요소들이 기억나나요?
- 방금 확인한 장면의 주제는 무엇이었나요?
- 여러분이 다음으로 해야 할 일은 무엇일까요?
- 장면이 펼쳐진 환경에서 편안함을 느꼈나요?

이 지점에서 불분명한 장면 요소 또는 불쾌감을 일으키거나 혼란을 일으키는 객체가 파악되면 이를 재배열하거나 재설계 혹은 제거한다. 일찍부터 피드백을 반영해 디자인 콘셉트를 진단하고 수정하면 프로젝트 초반부터 방향을 바로잡을 수 있다. 그럼 추후 프로토타입 제작 단계에서 사용자와 의사결정자로부터 검증되지 않은 의문스러운 아이디어를 실현시키는 데 시간을 낭비하지 않을 수 있다. 즉, 불필요한 작업을 줄이는 것이다.

발상, 디자인 콘셉트, 시각언어가 거의 확정되면, 스토리보드는 낮은 충실도의 3차원 발상용 프로토타입으로 전환된다. 3차원 발상용 프로토타입에는 모든 스토리텔링 요소가 포함되며, 이때부터 XR 프레임워크의 기능을 파악해 이들을 상호작용 요소로 시각적 콘셉트에 부여한다. 이 접근법은 4장에서 '리얼리티 UX' 사례 연구에서도 소개했다. 스토리보드 작업 초반이나 발상용 프로토타입 제작 단계에서 프레임워크의 기능을 파악해놓으면 프레임워크에 포함된 구성 요소가 어디에 적용될 수 있을지 미리 확인할 수 있기에 프로토타입 제작 과정이 쉽고 빨라진다. 이동 방식이나 순간이동과 같이 VR 앱에서 기본 기능이라고 여겨지는 표준 기능을 하나하나 손수 제작할 필요가 없다. 어떤 기능이 프레임워크에서 바로 사용 가능한지, 어떤 기능을 맞춤 제작해야 할지는 개발 범위를 평가하는 초기에 파악하는 것이 좋다.

리얼리티 UX는 현존하는 프레임워크 대다수가 수록된 데이터베이스이며 유사한 기능을 파악할 수 있는 참조 시스템일 뿐 아니라, 프로젝트에 적합한 프레임워크와 엔진 플랫폼을 찾을 때 매우 유용하다.

VR 갤러리 X 프로젝트의 경우 언리얼 엔진을 기반으로 휴먼 코더블에서 제작한 고급 VR 프레임워크를 사용한다. 이 프레임워크는 맞춤 제작 가능한 구성 요소도 여러 개 제공하는데, 본 프로젝트 개발에서 중요한 UI 패널과 원형 메뉴도 포함되어 있다. 리얼리티 UX는 각 기능을 식별 가능한 ID로 표시하고 기능에 대한 간단한 설명과 세부 정보로 이동하는 링크를 함께 제공하기 때문에, 팀 구성원 모두가 상호작용 방식이 어떤 식으로 구현될 것인지 확실히 이해할 수 있다.

높은 충실도 프로토타입 제작과 검증

지금까지 인상 검증과 반복 수정 작업을 거쳐 디자인 발상을 보완한 뒤, 중요도에 따라 콘셉트의 우선순위를 선정했다. 갤러리 X의 핵심 기능은 메뉴가 활성화된 사용자의 방, 위시 리스트, 공유 가능한 예술품, 예술품 정보 패널이다. 이제 핵심 기능을 갖추고 실제 상호작용이 가능한 프로토타입을 제작할 차례다(그림 6-11).

그림 6-11 예술품 정보가 담긴 계기판형 패널 UI 콘셉트[11]

이전 단계에서 리얼리티 UX 툴킷을 이용해 프레임워크 기능을 미리 표시했기 때문에, 스토리보드에서 어떤 기능을 어느 장면에서 활성화할지 파악하는 것이 훨씬 수월하다. 갤러리 X에서는 고급 프레임워크에 포함된 원형 메뉴 기능과 패널 기능을 사용한다(그림 6-12).

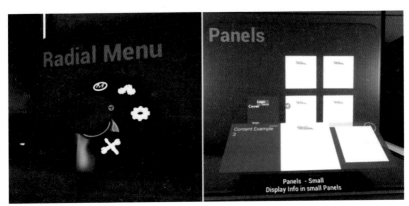

그림 6-12 고급 프레임워크에 포함된 원형 메뉴와 패널 기능

XR 프로토타입 제작은 웹과 모바일 앱 제작 환경보다 더욱 복잡하고 시간이 많이

---

11 @josh_abolade와 @zazulyazizAziz의 피그마 테마를 기반으로 제작했다.

소모된다. 3차원 에셋을 제작할 때는 3차원 모델링, 물리 기반 렌더링을 통한 질감 표현, 애니메이션 같은 작업이 필요하다. 3차원 창작물 제작 과정의 제작 범위에 따라 프로젝트 1부에서보다 더 긴 시간이 소요되기도 한다. 3차원 에셋 제작이 완료되면 게임 엔진에서 조립되고 배치된다. 여기서 프레임워크 기능이 조정되거나, 맞춤 수정되거나, 장면의 맥락에 맞춰 최적화된다. 또한 상호작용이 의도된 방식대로 장면에서 구현되는지 시연도 해봐야 한다. 높은 충실도의 VR 프로토타입은 시각적 충실도나 상호작용의 완성도 측면에서는 최종 완성물에 가깝다. 그러나 프로토타입의 범위는 핵심 콘셉트와 발상을 검증하는 데 집중하는 편이다 (그림 6-13).

그림 6-13 언리얼 엔진을 이용한 프로토타입 제작 화면

프로토타입이 사용자 검증이 가능할 정도로 완성되면, 어디서 어떤 방식으로 검증을 시행할지 결정한다. 대중을 상대로 검증하고 싶다면 사이드퀘스트 플랫폼이나 오큘러스 앱 랩, 또는 스팀의 앞서 해보기early access 출시를 검토해보자. 대중을 상대로 한 검증 평가는 사용자의 반응을 수집하고, 필요에 따라 사용성이나 핵심 콘셉트에 대한 피드백을 받는다. 그러나 대부분의 경우, 특히 특수 사용자 집단이나 산업이 대상인 기업용 또는 B2B 애플리케이션 프로토타입은 대중에게 공개되지 않는다. 이러한 성격의 프로젝트에서는 프로토타입을 **안드로이드 응용프로그램 패키지**Android application package(APK) 파일로 전송해, 검증 협력자의 헤드셋에 설치하

거나, **사이드로딩**sideloading을 통해 소프트웨어가 설치된 헤드셋으로 조직 내에서 자체적으로 검증하는 것이 최선의 방법이다. 후자는 중소규모의 프로젝트, 특히 행사나 B2B 영역에서 많이 채택한다. APK 파일을 사이드로딩을 통해 설치한 뒤에 사용자를 초대해 다양한 방식으로 검증을 시행한다. VR 애플리케이션이라면 별도의 화면을 통해 사용자 검증 장면을 관측하고 기기나 오큘러스 개발자 허브를 통해 녹화한다. 검증 활동의 목표는 사용자가 상호작용하는 방식과 그들의 의견을 분석해 무엇이 가장 중요한 기능인지, 어디에서 사용자 고충이 발생하는지 파악하는 것이다. 분석 시에는 사용자의 기대에 어긋나는 상호작용 방식, 사용자가 행동을 마무리 짓지 않은 구역, 사용하지 않은 기능에 대한 피드백에 초점을 맞춘다.

가상현실을 통한 검증 방식은 다른 매체와는 조금 다르다. 많은 경우 사용성이 가장 큰 논지가 되기 때문이다. 물론 사용성은 XR 분야에서 가장 큰 우려 중 하나지만, 때로는 연구의 초점을 흐려 제품의 섬세한 목적에 대한 탐구를 방해하기도 한다. 거의 대부분의 사람들이 이동 방식과 객체 상호작용과 같은 기본적인 VR 기능을 선호하므로 프로토타입이 본인이 기대한 방식과 다르게 구현되거나 자신의 취향에 맞게 조정하는 데 시간이 걸린다면 사용자는 쉽게 짜증을 내거나 산만해질 수 있다.

원칙적으로 검증 과정은 모든 디지털 상품에 적용되는 정립된 표준을 따른다. 본격적인 검증 활동에 앞서 사전 질문을 던지고, 사용자에게 임무를 부여한 다음(네 또는 아니오 같은 단답형으로 대답할 수 있는 질문은 지양해야 함), 사용자가 상호작용하는 모습을 화면을 통해 관찰한다.

갤러리 X 프로토타입 검증 활동에서 부여된 사용자 임무는 다음과 같다.

- 메인 메뉴로 가주세요.
- 다른 방으로 가주세요.
- 행사 X를 찾아주세요.
- 가장 좋아하는 예술품 양식을 찾아보세요.

또는 사용자의 특정 행동에 대한 추가 질문을 하기도 한다.

- 사용자분께서 지금까지 한 번도 위시 리스트 방을 확인하지 않으셨는데, 이유가 뭘까요?

검증 완료 후 추가로 전반적인 경험과 프로젝트에 관한 질문을 한다.

- 바꾸고 싶은 게 있다면 뭔가요?
- 가장 좋아하는 VR 앱과 오늘의 경험을 비교하자면 어떤가요?
- 오늘 경험 중 최고를 뽑자면 무엇일까요? 무엇이 최악이었나요?

모든 사용자 검증 활동이 종료되고 나면 UX 사용자 검증을 위해 정리된 양식에 따라 표준 카테고리와 태그를 수집된 데이터에 적용해 결론을 도출하기 유용한 상태로 편집한다. 사용자 연구는 프로토타입을 검증하고 사용성 문제를 발견하기에 좋다. 게다가 차후 개선해야 할 기능에 대한 통찰과 추가되면 좋을 만한 기능에 대한 영감도 얻을 수 있다.

프레임워크가 이미 갖춰진 상태에서는 세부 수정과 반복 수정 작업이 상당히 쉬워 빠르게 사용성 오류를 개선할 수 있다. 이 단계의 목표는 적합한 결과물을 도출할 수 있을 때까지 검증하는 과정을 통해 편파적이지 않은 데이터를 획득하고, 데이터로 얻은 교훈 기반으로 기능을 세부 수정하고 프로토타입을 계속해서 개선해나가는 것이다.

더블 다이아몬드 절차와 결과물

갤러리 X 프로젝트의 UX 디자인 절차를 더블 다이아몬드 모델(4장 참고)로 표현하면 다음과 같다(그림 6-14).

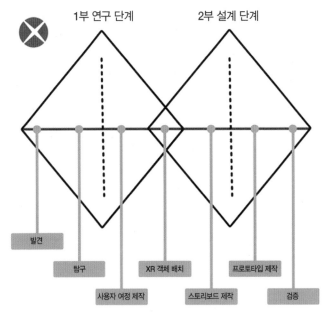

1부 연구 단계   2부 설계 단계

발견

탐구   XR 객체 배치   프로토타입 제작

사용자 여정 제작   스토리보드 제작   검증

그림 6-14 더블 다이아몬드로 표현한 VR 갤러리 X 개발의 진행 단계

요약하자면 사용자 연구를 통해 확산적 사고를 하고, 집중할 주요 문제를 추려내는 수렴적 사고 활동을 거친 뒤, 사용자 여정 모델을 통해 객체를 정의하고 객체 간의 관계를 배치한다. 객체로 구성된 스토리보드를 개발한 뒤에는 XR 프레임워크의 기능과 연결시킨다. 다음 단계에서 주요 기능을 갖추고 상호작용이 가능한 높은 충실도의 프로토타입을 개발한다. 이 프로토타입을 이용해 사용자의 검증을 거치고 검증 내용을 토대로 세부 사항을 수정한다.

더블 다이아몬드는 제품 개발 시 발상을 실현하는 과정에 사용자 중심적인 평가를 도입했다. 갤러리 X 프로젝트 역시 더블 다이아몬드 모델을 적용해 가치 있는 통찰을 많이 얻을 수 있었다. 예컨대 사용자 인터뷰를 통해 갤러리 경험에서 NFT 개념에 대한 정보 제공이 중요함을 깨달았다. 사용자들은 NFT의 가치와 장기적 투자 전망에 대해 확신하지 못하고 있었다. 물론 크립토 아트의 열렬한 지지층과 블록체인 낙관주의자가 믿는 것만큼 관련 기술이 미래에 번성할 것이라고 완벽히 장담할 수는 없다. 그러나 예술품 거래 시장의 맥락에 맞춰 NFT의 가치를 설명하는 정보를 제공하는 것만으로도 충분히 유용하다.

가상현실은 교육 목적에 적합한 매체다. 웹 페이지나 영상으로 전달하기에는 지루하고 복잡한 어려운 주제를 몰입형 환경에서 상호작용과 시청각 요소를 활용해 풍부하게 다룰 수 있기 때문이다. XR과 블록체인이라는 두 신흥 기술의 시너지와 디지털 예술의 잠재력을 몰입형 스토리텔링과 데이터 시각화 통해 표현해보는 것은 엄청난 기회다. 예컨대 갤러리 X의 맥락에서 순수예술품 수집가와 미술품 중개업자에게 증명서가 어떤 역할을 하는지 설명하는 경우를 상상해보자. 행위 예술처럼 물리적 형태가 없는 현대 예술품의 원본 증명서와 크립토 아트 소유권을 비교하면 설명하기가 훨씬 쉽다. 수집가는 단지 소유권을 기록하는 증명서를 구매하는 것에서 그치지 않고, 소유권을 통해 예술가의 작업 여정의 일부가 된다. 여기서 말하는 여정이란 예술가가 작품 활동을 하면서 점차 명성을 얻고 가치를 높이는 성장 과정을 말하며, 수집가가 이 과정에 참여하게 됨을 의미한다. 예술가와 수집가는 이러한 생태계에서 동등한 입장을 취하므로 그들의 협력, 믿음, 책임감이 중요한 역할을 한다. 역사적으로 이 체계는 엘리트주의적인 순수예술 수집가 집단의 사회에서 폐쇄적으로 관리되어왔다. NFT는 이러한 전통을 깨고 예술 소유권의 개념을 대중의 무대에 올렸고, 확장현실 세계의 필수적인 요소로 떠오르는 창작자 경제체제를 이끌고 있다.

블록체인 관련 문제가 해결되고 열풍의 먼지와 과잉 흥분의 열기가 수그러들고 나면 훨씬 접근이 쉽고 풍요로운, 새로운 형태의 거래의 장을 만나볼 수 있게 될 것이다. 예술계는 한때 전설적인 수집가 진 폴 게티Jean Paul Getty와 같은 특수 엘리트가 장악하는 영역이었다. 유명한 관광 명소인 J. 폴 게티 미술관J. Paul Getty Museum은 폴 게티가 수집한 예술품을 통해 자신의 열정과 성격을 표현하는 하나의 수단이었다. 자선 활동과 투자 활동이 적당히 섞인 전통적인 성공 공식은 오늘날 디지털 경제체제에 적합한 민주적이고 편리한 방식으로 더 많은 사람들에게 확산되고 있다. 신흥 XR 경제에서는 누구나 본인의 수집품으로 가득한 가상현실 박물관을 세울 수 있다. 개성을 표현하고 공유할 뿐 아니라, 디지털 예술가를 지원하는 방식으로서 그리고 그들의 신념이 가치로 성장하는 것을 보기 위해서 말이다. NFT의 주요 기능으로 자주 언급되는 '디지털로 뽐낼 권한'은 수집가가 자신의 여정을 대중과 공유함으로써 개성을 표현한다는 의미다. 갤러리 X 프로젝트에 숨은 비전은 예술품 수집 활동을 더욱 즐겁고, 매력적이고, 미래지향적인 경험으로 만들면서 신흥 확장현실 공간과의 시너지를 도모하고, 블록체인이 주도하는 탈중앙화된 웹 3.0 시대의 잠재력을 실현시키는 데 있다.

지금까지 살펴본 갤러리 X 프로젝트에서는 UX 디자인 절차에 따라 사용자의 관점에서 주제와 관련된 잠재적 문제를 탐구하고, 개발에서 집중해야 할 가장 중요한 문제를 도출했으며, 해결책을 프로토타입으로 구현하고, 사용자 검증을 통해 제품을 개선했다. 또한 XR 개발 환경에 최적화된 객체지향 UX 접근법을 적용하고 리얼리티 UX 툴킷을 활용해 공간상의 객체들을 파악하고, 이들의 속성과 관계를 정의 내린 뒤 스토리보드에 VR 프레임워크의 기능을 배치했다.

아울러 갤러리 X의 개발 지침과 마케팅 철학으로 **스토리브랜드 프레임워크**StoryBrand Framework를 사용했다. 스토리브랜드 프레임워크는 일종의 스토리텔링 공식으로 가장 중요한 사업 메시지를 사용자에게 전달하기 위해 사용된다. 이 프레임워크의 강령은 사용자를 브랜드와 브랜드 서사의 영웅으로 만드는 것이다. 프레임워크를 창안한 **도널드 밀러**Donald Miller는 브랜드가 안내자 역할을 할 때 진정으로 사용자의 문제를 해결할 수 있다고 믿었다. 브랜드 스토리텔링은 경험 경제 속 실감형 미디어가 활약할 수 있는 중대한 기회의 도구다. 확장현실을 통해 브랜드 이야기를 전달하면 2차원 미디어 형식의 한계를 넘어 훨씬 친밀하고 사용자 개인에게 최적화된 관계를 형성할 수 있다.

6.4 XR 프로젝트를 위한 UX 전략, 분석, 데이터 수집, UX 감사

사용자의 행동을 녹화하고 추적하거나 사용자 인터뷰를 통해 데이터를 수집하고, 수집된 데이터를 통합해 통찰을 추출하는 활동은 일종의 UX 리서치 관찰 기법이다. 원칙적으로 사용자 연구에서 데이터를 수집하는 방식은 웹과 모바일 사용자를 대상으로 할 때와 XR 사용자를 대상으로 할 때 큰 차이가 없다. 다만 XR 산업의 특성상 관련 기술과 도구가 어느 정도 성숙해지면 시선과 같은 사용자 동작을 추적하는 데 있어 더욱 높은 정확도를 보이게 될 것이다. 현재 시선 추적, 신체 추적과 녹화, 심지어 뇌−컴퓨터 인터페이스가 최고급 시스템이나 연구 프로젝트에서 활용되고 있다. 하지만 UX 리서처들이 윤리적 기준과 프레임워크에 부합하면서도 기법을 충분히 활용할 수 있는 절차와 소프트웨어 도구를 쉽게 이용할 수 있으려면 시간이 조금 더 걸릴 것으로 보인다. 그때까지 사용자 연구는 전통적인 기법에 초점을 맞춘다. 그러나 XR 기술을 자주 접하지 않는 일반 사용자에게 확장현실 경험은 아직 낯설다는 인상이 지배적이기 때문에 전통적인 기법만을 활용해 섬세한 통찰을 이끌어내기에는 한계가 있다. 또 다른 문제는 XR 분야에 전략적으로 도전하는 기업들이 제작한 문서를 제외하고는 XR 사용자 검증 사례 연구와 자원을 접하기가 드물다는 사실이다.

모질라 XR 자료

비영리단체 **모질라 재단**Mozilla Foundation이 제공하는 온라인 리포트, 연구, 통찰, 배경 정보는 XR 개발 업계에서 눈에 띌 만한 참고 자료다. 모질라 재단은 **파이어폭스**Firefox나 **선더버드**Thunderbird와 같은 오픈 소스 소프트웨어 도구로 잘 알려져 있다. 1998년 설립된 모질라는 '**이윤보다는 사람을 쫓으며, 개방적이고 전 지구적인 인터넷을 발전시키자**'는 강령하에 영리기업들과 힘의 균형을 이루며 인터넷뿐만 아니라 확장현실이라는 신개척지를 일구어왔다. 모질라는 XR 프로젝트를 통해 웹 브라우저인 **파이어폭스 리얼리티**Firefox Reality, **웹**VR, **에이프레임**A-Frame 그리고 **모질라 허브**를 개발했다. 또한 3차원 공간 제작 도구 **스포크**Spoke를 비롯해 다중 사용자 VR 환경을 맞춤으로 제작하는 기능도 지원한다.

모질라는 블로그[12]를 통해 주기적으로 사용자 연구 결과를 공유하는데, VR을 위한 사용자 연구 방법론처럼 흔하게 접하기 힘든 자료가 많아 참고하기 좋다. 일례로 모질라 허브는 최신 기술에 능통한 6명의 사용자가 파트너와 진솔하게 상호작

---

12 https://blog.mozvr.com

용하는 방식을 관찰하는 질적 연구를 시행했다. 이 연구는 소셜 VR 제품에 대한 피드백 수집이 목적이었다. 이 연구에서 제품의 발달 수준이 높을수록 사용자의 기술 습득 능력 수준이 무관해진다는 흥미로운 결과가 도출됐다. 이 통찰은 낮은 충실도의 프로토타입을 가지고 사용자 검증을 진행할 때는 기술의 잠재력을 판단할 수 있을 만큼 XR 기술에 대한 이해도를 갖춘 사용자를 선정하는 것이 이상적이라는 통념을 입증한다. 반대로 말하면 XR 기술에 익숙하지 않은 사용자를 대상으로 추상적인 콘셉트를 검증하면 유용한 데이터를 얻지 못할 가능성이 크다는 뜻이다. 설사 이 사용자가 표적 사용자 집단에 속할지라도 말이다. 또한 사용자로부터 솔직하고 유용한 결과를 얻기 위해서는 사전 검증과 사후 검증 인터뷰를 시행하고, 연구에 참여하는 사용자들이 컨트롤러 조작과 프로토타입 탐색에 익숙해질 수 있는 시간을 충분히 주는 것이 중요하다.

웹VR 기반 사용자 피드백

웹VR은 초기 발상과 콘셉트에 대한 사용자 피드백을 얻고자 할 때 대단히 효과적이다. 특히 직접 만날 수 없을 만큼 멀리 떨어져 있는 팀 구성원과 소통할 때나, 코로나바이러스 대유행 기간 동안 대면이 힘든 상황이 많아지면서 웹VR은 더욱 유용해졌다. 모질라는 웹VR의 시대를 이끄는 선구자다. 유니티 웹 내보내기 패키지와 다중 사용자 웹VR 개인 공간을 제공하는 **모질라 허브**[13]가 대표적인 예다. 웹VR은 사용자가 사용하는 기기와 무관하게 발행된 링크만 가지고 있으면 가상현실에 바로 접속할 수 있으므로 개발 중인 제품을 원격으로 검증할 때 이상적이다. 모질라 허브를 이용해 소셜 VR 공간에서 검증을 진행하면 연구자가 사용자와 함께 가상현실에 존재하면서 검증 절차를 관찰하고 안내할 수 있다. 일반적으로는 장황한 개발 절차를 거치지 않고서는 만들 수 없는 **완벽에 가까운 환경**을 제공하는 것이다. 웹VR에서는 모질라가 자체적으로 제작한 웹VR 프레임워크인 **에이프레임** 또는 **스포크**[14]와 같은 3차원 창작 도구를 통해 VR 제작물을 신속하게 공

---

13 https://hubs.mozilla.com
14 https://hubs.mozilla.com/spoke

유하고, 검증을 진행하고, 반복 수정할 수 있다. 스포크에서 제공하는 주요 에셋을 이용하면 온전한 3차원 장면을 구현할 수 있고, 이를 소셜 VR 공간으로 변신시켜 허브에서 공유하고 검증할 수 있다(그림 6-15).

그림 6-15 모질라 스포크(왼쪽)와 허브(오른쪽)

스포크는 디자이너가 시각적인 VR 발상이나 공간 레이아웃에 대한 기본적인 실행 가능성을 검증하고자 할 때 제작물을 웹VR 링크로 만들어준다. 헤드셋을 착용하고 가상현실 속에 들어가 발상을 3차원으로 관찰해야만 콘셉트로서 적용이 가능한지 아닌지 분명하게 판단할 수 있는 경우가 많다. 가상현실을 통해 3차원 장면을 차근차근 검토할 때는 2차원 화면에서 확인한 거리, 높이, 장애물, 방 인지감, 방향이 확연히 다르게 느껴진다. 사용자 연구 프로젝트에서 사용자가 어떻게 행동할지 검증해보려면 사용자와 함께 직접 가상 환경을 체험하면서 사용자를 관찰하는 것도 좋은 방법이다. 사용자와 함께 가상현실 환경에 존재하면 환경의 레이아웃, 객체, 시각언어와 관련된 질문을 적절하게 던질 수 있다. 사용자와 연구자 간의 대화 속에서 발견성, 안내, 탐색, 잠정적 혼란 요소, 불필요한 장애물, 미적 혼란 또는 구성과 외관상의 매력에 대한 사용자의 인상이 자연스럽게 드러날 것이다.

웹VR은 플랫폼 자체의 특성과 웹VR이 제공하는 상호작용 방식의 한계를 고려한다면, 개발 초기 단계에서 환경 설계를 검증할 때 가장 적합하다. 특히 교육이나 훈련 목적으로 개발되는 상품에서 자주 사용되는 간단하고 양식화된 환경을 검증할 때 유용하다.

웹VR, 모질라 허브, 스포크의 대안으로 마이크로소프트의 **알트스페이스VR**을 통해 맞춤 환경을 제작하는 방법이 있다. 이를 위해서는 알트스페이스VR의 월드 베타World Beta 기능을 활성화해야 하고, 맞춤 제작 환경을 업로드하기 위해 유니티 플러그인을 설치해야 한다. 맞춤 제작된 알트스페이스VR 환경의 장점은 알트스페이스VR 플랫폼에서 활동 중인 사용자를 모집할 수 있고, 사용자가 자연스럽게 공간에 방문할 기회가 있다는 것이다. 사용자 피드백을 수집하기 위해 알트스페이스VR에서 별도의 행사를 개최할 수도 있다. 알트스페이스VR은 가장 오래된 소셜 VR 공간 중 하나로, 주요 사용자층이 기술에 대한 이해도가 높고, 전문적이고, 협조적이다. 따라서 VR에 대한 강한 친밀감을 보이고 VR 콘텐츠와 사용자에 대한 통찰력을 갖춘 사용자층으로부터 피드백을 얻을 수 있는 최상의 환경이다. 알트스페이스VR이 제공하는 맞춤 제작 기능은 현재 제한적이지만, 마이크로소프트의 메시 플랫폼을 향한 야심찬 로드맵과 비전을 고려해보면 앞으로 성장할 가능성이 높다.

XR 프로젝트를 위한 UX 감사

UX 감사UX audit는 전자 상거래 상품의 실적을 증진시키기 위해 종종 시행되며 디지털 경제의 중요한 개념으로 성공적으로 자리 잡았다. UX 감사의 일반적인 목표는 UX 관련 문제를 제거하고, 고객 경험과 경영 목표가 일치할 수 있도록 문제를 해결하는 데 도움이 될 만한 데이터와 추천 행동 방침을 제공하는 것이다. 이런 의미에서 UX 감사 활동은 실제 설계 단계를 제외한 UX 디자인 절차와 유사하다. 최종 단계에서 디자인 결과물을 도출하는 대신, 사용자 경험 전반에 대한 평가를 관찰한 결과 목록과 추천 방침의 형식으로 제공한다. UX 감사 절차는 사용자와 사용자의 목적 의식을 이해하기 위함인데, 이를 위해 사용자 인터뷰를 진행하거나 사용자 통계, 온라인 리뷰, 소셜 미디어 수치를 기반으로 한 양적 데이터를 수집해 통찰을 도출하기도 한다. 또한 의사결정자와 인터뷰를 통해 경영 관련 정보를 수집해 경영 목표에 대한 이해를 키우는 것 역시 매우 중요한 작업이다.

XR 산업의 성숙도가 높아지고 AR과 VR 애플리케이션에서 전자 상거래가 기본 구성 요소로 자리 잡으면서 XR 사용자의 구매 활동이 활발해지면 XR 애플리케이션 제품을 위한 UX 감사는 더욱 중요해질 전망이다. 현재 게임 산업에서 게임 내 구매, **애드온**add-on, 구매자 전용 콘텐츠 등 전자 상거래 요소가 일반화된 걸 보면 이 예측은 더욱 그럴싸하다. 전자 상거래 분야 말고도 기타 제품 관련 KPI를 위한 UX 감사와 사용성 리뷰도 있다. 제품 관련 KPI에는 **게임 반복성**replayability, 사용자 관여도, 실행 시간, 사용자 유입 성장률처럼 사용량 데이터와 사용자 행동 또는 태도로 측정할 수 있는 것들이 주로 선정된다. 행동 관련 XR KPI는 구체적으로 다음과 같다.

- **포기율**: 경험이 완료되기 전에 종료되는 경우의 빈도
- **사용자 전환율**: XR 초기 사용자 등록 비율
- **문제와 좌절**: 측정 가능한 사용성 문제, 이를테면 상호작용 방식을 바꾸기 위해 사용자가 거쳐야만 하는 메뉴 단계의 수
- **임무 성공률**: 처음부터 끝까지 임무를 완수한 이들의 비율
- **임무 소요 시간**: 임무를 완수하기 위해 소요된 시간
- **만족도로 측정될 수 있는 태도**: 전반적인 만족도, 콘텐츠나 기능과 같은 세부 분야의 만족도
- **추천/소셜 미디어 점수**: 소셜 미디어에 공유되거나 추천된 빈도

6.5 마치며

이번 장에서는 UX 디자인 방법론이 공간적 컴퓨팅에 어떻게 적용되는지와 UX 방법론의 제품 개발 순환 과정을 따를 때 XR 프로토타입 제작 시 발생할 수 있는 난관에 효율적으로 대처하는 방법을 설명했다. 갤러리 X 프로젝트 사례 연구의 1부는 연구와 발견 단계로, 페르소나와 사용자 여정을 설정하고 객체지향 방법을 이용해 XR 공간을 배치함으로써 발상 과정을 표현했다. 2부에서는 협력적인 원격 워크숍을 기반으로 NFT 예술 경험을 설계하고, 검증하고, 반복 수정하는 과정을 설명했다. 실험적인 사례 연구를 통해 UX 원칙이 XR 공간에서도 얼마든지 적용될 수 있음을 증명했고, 더블 다이아몬드 모델 기반으로 UX 절차가 단계적으

로 시행되는 과정을 살펴봤다. 또한 UX 감사 활동과 데이터 수집에 대해서도 알아보았고, 소셜형 웹VR 공간이 초기 발상과 사용자 검증에 얼마나 유용한 도구가될 수 있는지도 살펴봤다.

마지막 절에서는 한 걸음 물러나 몰입형 3차원 공간에서 공간적 서사가 어떻게펼쳐지고 있는지 거시적으로 고찰해본다. XR 산업은 다층적이고 많은 것이 불확실한 미래 사회에 어떤 식으로 영향을 줄 것이며, 이러한 미래 사회에서 디자이너의 역할은 무엇일까?

6.6 미래는 여기에

확장현실이 현실로 다가왔다. 현재 수백만 명의 사용자가 확장현실에 접속하고있다. 그러나 확장현실은 아직 틈새시장에 갇혀 있다. VR 헤드셋이 전체 XR 헤드셋 시장의 90% 이상을 점유한 가운데, 착용형 XR 시장의 53%를 오큘러스가차지하며 산업을 이끌어나가고 있다(카운터포인트 리서치^{Counterpoint Research} 2021년3월 기관 조사 결과). 현재 XR 산업 대부분은 게임 중심이지만 기업, 교육, 훈련,소셜형 상호작용과 같은 다른 영역으로 빠르게 확장 중이다. XR 산업은 애플이자체 제작한 XR 제품을 출시하는 순간부터 두 자리 숫자의 성장률을 보일 것으로전망된다. 마이크로소프트와 같은 기업들이 차세대 경제를 위한 인프라를 구축하고 있으며, 합리적인 가격의 착용형 AR 제품이 곧 대중 시장에 출시될 것으로 기대된다. 우리가 현재 목격하고 있는 것은 디자인 역사상 가장 큰 성장의 기회다(그림 6-16). 게임 〈퐁^{Pong}〉¹⁵에서 〈하프라이프: 알릭스〉까지 도달하는 데에는오랜 시간이 걸렸지만, 이제 모든 것은 점차 가속화되고 있다.

---

15 옮긴이_ 1972년에 출시된 최초의 아케이드 비디오 게임으로, 탁구를 모방한 2차원 스포츠 게임이다.

그림 6-16 확장현실: 디자인의 미래

차세대 성장 이야기: XR을 위한 UX

확장현실의 시대에 접어들었지만, 우리는 아직도 대답을 기다리는 수많은 문제를 두 손 가득 안고 있다. 탐험이 가능한 3차원 공간에서 XR 상호작용 방식 패턴을 어떻게 최적화할 수 있을까? 복잡한 정보를 어떤 식으로 조직해야 미래지향적이면서도 XR 친화적인 정보 구조로 구성할 수 있을까? 공간적인 배치 작업과 사용자에게 신체, 손, 시선, 음성 입력을 통한 직감적인 상호작용 방식을 제공하는 것은 기본적인 디자인 활동으로 자리 잡았다. VR 게임 〈파퓰레이션: 원Population: ONE〉에서 친구를 추가하려면 주먹 인사 동작을 해야 하는 것처럼 놀라울 만큼 단순하고 직감적인 경험 요소가 이 새로운 시대를 더욱 매력적이고, 즐겁고, 이해하기 쉽게 만들 뿐 아니라, 물리적 공간의 상식을 그대로 활용할 수 있어 사용자에게 편안함도 선사한다.

XR 산업의 디자인은 공간의 원근법을 통해 깊이감과 다차원성을 만들어내고 스테레오 음향으로 지각을 배치한다. 뿐만 아니라 **동작 시차**motion parallax, 상대적 크기, 음영, 원근법, 오클루전을 도구 삼아 공간을 설계해낸다. 동시에 설계 시 다양한 사용자 유형을 고려해야 하고 사용자가 키, 체형, 능력, 공포심, 선호 사항, 불안 수준에 따라 설정을 조작할 수 있는 맞춤 기능도 제공해야 한다. 포용성 있는 디자인이란 사용자의 다양한 심성 구조를 반영하는 것이며, 이는 이상적인 시각 범위에 UI를 배치하는 것만큼이나 중요한 디자인 원칙이다. UX 디자이너는 미지의 영역을 탐험하는 모험가이자 여정을 안내하는 선구자이자인 만큼 해야 할 일이 상당히 많다.

XR의 미래: 기회와 위기의 균형

우리는 지금 역사적인 새로운 시대의 문턱에 서 있다. 10년 내지 20년 후 미래의 어느 날, 2020년대 초기를 돌아보면서 세상이 어찌 그리도 매끄럽게 공간 컴퓨팅의 시대로 접어들 수 있었는지 혼란스러워할지도 모른다. 그때가 되면 가상현실과 증강현실 속에서 유년기를 보낸, 일명 **확장현실 원주민**^{XR native} 세대와 공존하게 될 것이다. 그들에게는 증강현실로 구현된 안내서를 들고 새로운 피트니스 기기 조작법을 배운다거나, 가상 사무실에서 업무를 보는 동안 친구들과 아바타를 통해 안부를 주고받거나, 가상 부동산 투자 논의를 위한 VR 모임에 참여하는 것이 너무나 자연스럽고 일상적일 것이다. 'XR을 우선순위로' 여기는 제품 개발 접근법이 표준으로 자리 잡을 것이고, UX 디자이너는 너무나 많은 의미 있는 업무를 맡게 될 것이다. 디자이너는 가치를 창출하는 XR 상품을 설계하는 동시에, 데이터 소유권, 사용량, 사용자 동의, 사용자 보호와 같은 프레임워크 구축과 타당한 사용자 관리 방법을 옹호하는 등 사용자의 입장에 서서 사용자의 권익을 보호하는 역할도 할 것이다. 새로운 시대에서는 개인 데이터 또한 새로운 수준에 도달해 생체 측정 데이터, 시선 운동 패턴, 동작 프로필, 신체적 유사성, 사적 환경, 행동, 판단 양식이 공간적 사용자 데이터의 일부가 되어 활용될 것이며, 그만큼 사용자가 조작의 위험에 노출될 가능성도 높아질 것이다. VR 선구자 **자론 러니어**가 지적했듯 가상현실은 사람과 자아를 아름답게 이어주는 표현 매체가 될 수 있지만, 동시에 데이터 소유권과 같은 중요한 문제가 적절히 관리되지 못할 경우 궁극적인 행동 조작의 도구가 되어 진정한 사악함을 드러낼 수 있는 가능성도 가지고 있다.

확장현실이 이끄는 상상 경제체제를 동력으로 삼아 인간중심적인 미래 사회가 열리리라는 낙관적인 전망을 할 만한 이유는 충분하다. 차세대 디지털 전환은 더욱 환경친화적인 경제로 나아갈 수 있는 변화의 힘을 갖고 있다. 디지털은 기본적으로 환경친화적이지 못하다. 높은 소비 전력, 폐전자제품, 구식 인프라의 결과로 인해 디지털 오염으로 얼룩져 있다. 그러나 급진적인 최적화 작업을 통해 조직적 차원에서 더욱 친환경적이고 지속가능한 미래를 창출해낼 가능성이 있다.

코로나바이러스 대유행은 소통 방식을 가상 환경으로 전환해도 경영에 큰 지장이 없다는 것을 증명했다. 가상 관광은 여행 버킷 리스트에 오르는 관광지에 가해지는 탄소발자국을 줄일 수 있는 방법이기도 하다. 어느 날 우연히 들은 어느 낯선 이들의 대화가 이 생각의 유효성을 증명해주었다. 낯선 이는 이렇게 말했다. '가상현실을 통해 기자Giza에 있는 피라미드를 보았어. 정말 멋졌어. 진짜 그곳을 다녀온 것만큼 멋진 경험이어서 당장 내 여행 버킷 리스트에서 지워버려도 될 정도였다니까.'

패스트 유통fast retail은 또 어떠한가? 인간은 쇼핑을 사랑한다. '새것이 오고 옛것은 사라진다'는 표현은 소비자의 실내 장식, 가구, 액세서리 쇼핑 철학에 적용되곤 한다. 세계적인 공급망이 지구의 숨통을 조이고 있는 상황에서 우리는 '인간의 충동구매 행동을 디지털 상품에 전환시켜보면 어떨까?'하고 상상해볼 수 있다. 디지털 세상에서는 상품 개발을 위해 그 어떤 나무도 잘려나갈 필요가 없고, 상품을 운송하기 위한 배나 컨테이너도 필요하지 않으니 말이다. 가볍고 영속적으로 존재하며 초고해상도를 갖춘 착용형 XR 제품이 사용자의 환경을 꾸미는 데 활용되는 콘셉트가 이미 시장의 기대를 받은 바 있다. 새로운 서랍장을 사는 대신, 기존 서랍장에 디지털 AR 가죽을 입히는 것이다.

디지털 상품 경제는 게임 산업에서 성공을 거둔 적이 있다. 게임 이용자는 아바타의 외모를 꾸미기 위해 가상 액세서리를 소액 결제한다. 이러한 사업 모델은 가상 객체가 실재하는 물체 위에 완벽히 배치될 수 있는 단계에 이르면 실제 세계에서도 곧바로 적용될 수 있을 것이다. 증강현실 레이어는 정보 제공을 위해 기능적으로 활용될 뿐 아니라, 풍부한 미적 요소를 제공함으로써 새로운 가치를 창출할 것이다. '공원이 내려다보이는 19세기 양식의 대저택에 거주하는 것을 꿈도 꿔보지 못하셨다고요? 당신의 아파트를 바로 그렇게 탈바꿈해드릴 수 있습니다.' 이 마케팅 문구야말로 탈바꿈형 XR 미래 산업을 대표하는 슬로건이 될지도 모른다. 이는 동시에 지금껏 경험해보지 못한 수준으로 현실 공간을 제작할 수 있으면서도 얼마든지 기존의 불쾌한 것들을 제거할 수 있다는 뜻이다.

하지만 기회와 함께 심각한 책임도 따른다. XR 기술을 이용해 서랍장처럼 인간의 외모도 탈바꿈할 수 있을까? 현재진행형인 **딥페이크**deepfake16의 논의를 새로운 차원으로 끌어내는 질문이다. 현실 세계를 설계하는 것은 엄청난 기회다. 책임감을 갖춘 UX 디자인은 사회가 기회와 위기 사이의 균형을 맞추는 과정에서 중대한 역할을 할 것이다.

XR 미래주의: 현실을 설계하다

몰입형 기술의 혁명은 이제 막 SF 소설을 따라잡고 있다. 실제 세계와 가상 세계의 경계가 흐려지면서 우리의 타고난 감각과 무궁무진한 상상력을 향상시키는 새로운 세계가 펼쳐질 것이다. 상상 경제로 접어들면서, 우리 자신 또한 감상자에서 참여형 패러다임의 참여자로 전환된다. 여기서 3차원 공간은 서사의 무대이자 팔레트다. 디자이너가 정복하고, 습득하고, 재정비해야 하는 새로운 규칙서이기도 하다. 본격적인 XR 혁명 시기에 돌입하면 UX 채용 시장은 지금껏 한 번도 목격한 적이 없는 수준으로 불붙듯이 타오를 것이다. 모든 산업과 경영이 XR 접근법을 필요로 하게 될 것이다. 사용자 경험에서 '경험'이라는 단어는 본래 문자 그대로의 의미보다는 접근법의 철학을 암시하기 위해 도입되었다. 그러나 물리적인 움직임, 거리, 신체, 손, 머리 동작이 상호작용 디자인의 필수 요소가 되는 몰입형 공간, 즉 디자이너가 문자 그대로의 '경험'을 설계하는 영역에 다다른 현재로서는 사용자 '경험'이라는 단어의 채택이 선견지명처럼 보일 정도다. 확장현실과 공간적 정보의 서사적 측면이 활용된 사용성 시스템과 데이터 구조로 인해 언어는 새

---

16 옮긴이_ 딥페이크는 딥러닝(deep learning)과 가짜(fake)의 혼성어로 인공지능을 기반으로 한 인간 이미지의 합성 기술이다. 악의적인 사기 콘텐츠를 만드는 데 사용되어 논란이 되기도 한다.

로 정립될 것이며, 이러한 현상은 사용자가 직접 자신의 인지를 설계할 수 있도록 새로운 힘을 실어줄 것이다.

인간의 의식은 인지의 결과물이다. 따라서 지금의 기술혁명은 궁극적으로 우리가 인류라는 종을 재창조하고 있다는 뜻이다. 디자이너는 이러한 인류의 장기적인 여정의 조력자이며 막중한 책임을 어깨에 짊어지고 있는 주인공이다.

용어 사전에서는 본문에서 자주 등장하는 핵심 용어의 정의를 간단히 소개하고, 본문의 맥락 속에서 이 용어들이 어떻게 다뤄지는지 설명한다. 특히 혼합현실[mixed reality](MR)은 다양한 정의가 혼재하기 때문에 자세한 설명이 필요한 대표적인 예다.

XR(extended reality, 확장현실)

확장현실(XR)은 가상현실(VR), 증강현실(AR), 혼합현실(MR)을 비롯해 모든 종류의 공간 컴퓨터 상호작용 방식을 일컫는 포괄적인 용어다. 종종 공간 컴퓨팅 또는 실감형 미디어와 동일한 의미로 사용되기도 한다.

VR(virtual reality, 가상현실)

가상현실(VR)은 상호작용이 가능한 인공적인 3차원 환경이다. 가상현실은 인간의 상상력만큼이나 확장성이 무한하다. **닐 스티븐슨**[Neal Stephenson]의 1992년 소설 『**스노 크래시 1, 2**』(문학세계사, 2021)와 **어니스트 클라인**[Earnest Cline]의 2011년 소설 『**레디 플레이어 원**』(에이콘출판사, 2015)에서와 같이 가상현실은 대중문화 속 SF 소재로 자주 사용되어왔다.

AR(augmented reality, 증강현실)

증강현실(AR)은 실재하는 현실 세계 위에 더해진 정보 레이어다. 증강현실은 휴대전화나 태블릿에서 핸드헬드형 AR로, 혹은 AR 헤드셋이나 안경과 같은 착용형 AR의 형태로 실세계에 정보 레이어를 더한다. AR 기술은 일반적으로 카메라를 사용해 환경 추적 기능을 구현하며, 이를 통해 증강현실로 구현된 디지털 객체와 사용자가 상호작용한다.

실감형 미디어(immersive media)

실감형 미디어는 모든 종류의 XR 매체를 일컬을 뿐 아니라, 이론적으로는 VR 동굴 자동 가상 환경^{cave automatic virtual environment}(CAVE)[1]이나 입체형 관람과 같은 상호작용이 없는 매체도 포함한다. 실감형 미디어는 확장현실(XR) 또는 공간 컴퓨팅과 동의어로 사용되기도 한다.

공간 컴퓨팅(spatial computing)

확장현실 맥락에서 공간형 상호작용을 일컫는 포괄적인 용어다. 공간 컴퓨팅은 사물 인터넷(IoT)을 기반으로 한 거래와 인프라 기술과 같은 확장현실(XR) 이외의 기술까지 포함한다. 확장현실(XR)과 동의어로 사용된다.

MR(mixed reality, 혼합현실)

혼합현실은 다음과 같이 여러 정의를 갖는다.

1. 혼합현실(MR)은 증강현실(AR)과 동의어다. 두 용어 모두 사용자의 실재 환경에 가상 객체를 배치하는 것을 의미한다.
2. 혼합현실(MR)은 가상현실(VR)과 증강현실(AR)이 하나의 기기에 통합된 상태를 묘사한다. 예를 들어 VR 헤드셋에 AR 기능이 추가되어 카메라 투과^{see-through} 기능을 통해 가상현실에서 증강현실로 전환되어 증강현실과 상호작용이 가능한 경우다. 이러한 기기는 MR 헤드셋이라 부르기도 한다. 또한 AR 헤드셋에 VR 기능이 갖춰져 있다면 투명한 상태였던 안경알

---

[1] 옮긴이_ 프로젝터로 그림을 실내에 투영해 새로운 가상 환경을 조성하는 기술이다.

이 흐려지면서 주변 실재 환경을 차단하고 완전한 가상 환경을 시야에 구현한다. 이를 MR 헤드 마운티드 디스플레이(HMD)라 부른다.

3. 혼합현실(MR)은 애플리케이션을 기반으로 가상현실(VR)과 증강현실(AR)이 혼재된 상태를 일컫는다. 예를 들어 어떤 소셜 XR 공간을 제공하는 애플리케이션이 AR 기기와 VR 기기 모두에 공유될 수 있다면 이를 혼합현실 애플리케이션이라 부른다.

4. MR은 마이크로소프트 혼합현실Microsoft mixed reality의 약어로서 마이크로소프트의 AR 또는 VR 기능이 적용된 모든 종류의 마이크로소프트 헤드셋을 일컫는 브랜드명이다.

5. 혼합현실은 그린 스크린에서 촬영된 화면에 가상 카메라(예: 언리얼 엔진)를 이용해 가상 배경을 입히는 혼합 촬영 기법을 일컫기도 한다.

혼합현실(MR)의 논란과 원문에서 혼합현실 용어 사용

혼합현실이라는 용어의 사용이 가장 논란을 일으키는 경우는 혼합현실을 가상현실(VR)과 증강현실(AR) 사이에 위치한 별개의 기술로 칭할 때다. 최근 인터넷상에서는 혼합현실을 실재 환경에 객체를 끼워 넣을 수 있는 기술로 규정하며 증강현실보다 역량이 높다고 해석하는 이들이 늘고 있다. 이러한 관점은 증강현실을 투영 전용 방법으로, 혼합현실을 가상 객체 삽입 방법으로 구분하는 데서 비롯되었다. 그러나 이와 같은 정의는 혼란만 초래할 뿐이며, 혼합현실의 최근 발달사만 훑어보더라도 이러한 의미로 혼합현실을 일컫는 기술 문서나 학계 자료는 존재하지 않는다는 걸 쉽게 파악할 수 있다.

AR 객체가 실제 세계에 존재하는 물체와 나란히 또는 물체 뒤에 위치시키는 **오클루전**occlusion 기능이 증강현실의 특징 중 하나가 아니라, 혼합현실의 특징으로 별도

용어 사전

로 표기되어야 한다는 주장은 최근 증강현실 발달사의 관점에 부합하지 않는다. 그러면 도대체 이 혼란의 발단은 어디서부터 시작되었을까? 폴 밀그램^{Paul Milgram}과 후미오 기시노^{Fumio Kishino}는 1994년에 혼합현실이라는 개념을 소개하면서 이러한 분류를 시도했다. 결국 변이된 혼합현실의 정의가 AR 개발 산업에 자리 잡게 되었다.

오클루전은 의심이나 논쟁의 여지없이 분명한 증강현실의 특성이다. 혼합현실의 범위 내에서 오클루전이 없는 증강현실과 오클루전이 적용된 증강현실을 구분하려는 태도는 증강현실이라는 용어의 혼란을 가중시키고 이미 다양한 정의를 내포하고 있는 혼합현실의 본질을 더 흐리게 한다. 이러한 구분이 문제를 해결할 때 유의미하지도 않다. 이러한 이유로 이 책에서는 혼합현실을 '개선된 증강현실'로 바라보는 관점을 거부하고, 앞서 소개한 혼합현실의 다섯 가지 정의만을 인정한다.

가장 바람직한 접근 방식은 혼합현실(MR)을 개방적이고 유연한 용어로 받아들여서(마이크로소프트가 그러하듯이) 확장현실(XR)과 같은 의미로 사용하거나, 소비자 대상 출판물에서 종종 그러하듯 증강현실의 동의어로 사용하는 것이다. 또한 혼합현실이라는 용어 자체에서 뜻하는 바를 소비자가 즉시 이해할 수 있다는 것도 하나의 장점이다.

3DOF(three degrees of freedom, 3자유도)

3자유도는 오큘러스 고^{Oculus Go}와 같은 초기 VR 헤드셋에 사용되었다. 위치 변화에 대한 인식 없이 회전하는 움직임만 추적하기 때문에 사용자의 관여도를 떨어뜨리며, 실내 공간을 활용한 공간적 상호작용이 이뤄져야 하는 상황에는 적합하지 않다. 개발자들은 상상력을 발휘해 게임플레이 상호작용만으로도 3자유도의 한계를 뛰어넘을 수 있는 단순하지만 효과적인 방법을 고안해왔다. 3자유도 헤드셋은 더 이상 자주 채택되지는 않지만, 기술의 간단함과 유연함 덕분에 특정 상황에서 적절하게 활용할 수 있다. 암흑같이 어두운 환경에서나, 비행기에서와 같이 움직임이 제한된 경우가 이에 해당된다. 따라서 미래에 실감형 미디어 플레이어로 다시 등장할 가능성이 있다.

6DOF(six degrees of freedom, 6자유도)

6자유도는 3자유도의 회전 움직임에 따른 3개의 축 데이터(X, Y, Z)와 더불어 위치에 따른 3개의 축 데이터(X, Y, Z)를 추적하는 상호작용 형식이다. 6자유도에서 사용자는 컨트롤러의 위치 변화를 이용해 손을 뻗어 가상의 아이템을 잡거나 온라인 배틀 게임에서 수그려 몸을 숨기는 등의 행동을 할 수 있고, 컨트롤러가 라켓이 되는 스포츠 게임에서 더욱 사실적인 동작을 구현해낸다.

인사이드아웃 트래킹(inside-out tracking)

휴대전화와 독립형 헤드셋이 XR 기기로 사용되는 경우에 선호되는 동작 추적 방식이다. 헤드셋이 헤드셋 자체의 움직임과 컨트롤러의 움직임을 추적한다. 오큘러스 퀘스트와 최신 윈도우 VR 헤드셋은 인사이드아웃 트래킹을 활용한다.

아웃사이드인 트래킹(outside-in tracking)

추적을 위한 센서가 별도로 고정 설치되며, 이 센서가 일정한 시간 간격으로 내뿜는 적외선을 헤드셋과 컨트롤러가 감지해 동작을 추적하는 정확도를 높인다. **밸브 코퍼레이션**^{Valve Corporation}의 **스팀VR**^{SteamVR}과 **HTC 바이브**^{HTC VIVE} 헤드 마운티드 디스플레이(HMD)를 위한 **라이트하우스**^{Lighthouse}가 이 추적 방식을 채택하면서 기술로 정립되었으며, 오늘날까지도 **밸브 인덱스**^{Valve Index} 헤드 마운티드 디스플레이에서 사용되고 있다. 아웃사이드인 트래킹은 추가적인 부속물과 신체 전체의 동작 추적이 가능해 대형 VR 아케이드에서 종종 사용된다.

핸드헬드형 AR(handheld AR, HAR)

핸드헬드형 AR 플랫폼은 2차원 화면을 갖춘 모든 모바일 기기에서 구동되는 AR 애플리케이션을 의미한다. 핸드헬드형 AR 플랫폼은 모바일 기기의 카메라를 사용해 환경 속에 배치된 가상 객체를 추적한다. 핸드헬드형 AR은 상호작용의 범위와 실행 영역이 사용자를 둘러싼 360도 환경이기 때문에 몰입형으로 간주한다.

UX 디자인(UX design)

사용자 경험^{user experience}(UX)은 인간을 우선순위로 두는 제품 디자인 접근법이다. 최종 사용자가 절차, 서비스, 제품과 상호작용하는 데 있어 관여된 모든 측면을 다루며, 시각 디자인, 상호작용 디자인, 사용성, 정보 구조를 포함한다.

디지털 제품/상품 디자인(digital product design)

UX 디자인과 거의 동일하게 사용된다. 그러나 사용자 데이터 수집과 같이 사용자의 관점과 관련되지 않는 영역도 포함한다는 것이 차이점이다. 또 하나 이론적인 차이는 사용자 경험과 경영 목표를 동등한 위치에 놓고 다룬다는 것이다. UX 디자이너가 제품 디자이너로 채용되는 경우가 매우 많다.

게임 디자인(game design)

게임 디자인은 디지털 상품 디자인과 목표가 동일하다. 다만 게임 디자인은 오락형 소프트웨어에 중점을 두며, 다른 디자인 접근법을 사용한다. 초기 연구 활동, 콘셉트 프로토타입 제작, 검증 등 디지털 상품 디자인과 공유하고 있는 영역이 있다 보니, 오락 분야에 속하지 않은 제품을 제작할 때 사용되기도 한다. 이 경우에는 게임 제작에 사용되는 원칙과 제작 방법론, 도구를 채용한다.

UX/UI 디자인(UX/UI design)

일반적으로 UI 디자인은 사용자 인터페이스user interface(UI) 상호작용의 시각적이고 미적인 측면에 집중한다. 서체, 레이아웃, 색채 조합, 브랜딩에 대한 고려가 이에 해당된다. 웹과 모바일 애플리케이션 개발에서 UX/UI 디자인은 전체의 시각적인 경험을 관장하며, 3차원 상호작용형 앱과 게임에서는 주로 메뉴 상호작용에 집중하는 경향이 있다.

이 책에서 웹과 모바일 디자인은 2차원 UX 디자인의 주요 영역으로 소개되었다. 그러나 일반적으로는 소프트웨어 UI 디자인도 포함된다. UX 관련 직종이 웹과 모바일 앱 디자인 개발 분야에 집중되어 있다 보니, 본문에서는 웹과 모바일 디자인 분야를 주로 언급한다.

또한 이 책에서는 제품/상품 디자인을 UX 디자인과 같은 의미로 사용한다. 엄밀히 말하면 UX 디자인은 이론상 우선순위 시스템이 다르고, 때때로 사고방식이 차이나기도 하지만, UX 디자이너가 제품 디자이너로 채용되는 업계의 통상적인 상황이 이 책의 주요 관심사인 만큼 본문에서는 두 용어의 차이점을 깊이 다루지 않는다. UX 디자인 용어 자체를 제품 디자인으로 대체하는 것 또한 최근 업계의 추세다. 제품 디자인이라는 용어가 넓은 범위의 디자인에 관여하고픈 야망을 담고 있기도 하고, UX 디자이너의 실무를 더욱 현실적으로 반영하고 있기 때문이다. 현실적으로 UX 디자이너는 어느 상황에서든지 경영의 시각과 목표를 디자인에 반영할 수밖에 없다. UX 디자인과 제품/상품 디자인은 정확히 동일한 디자인 싱킹 절차를 따른다.

INDEX

INDEX

INDEX

INDEX

INDEX

INDEX

INDEX

INDEX

INDEX

INDEX